青少年足球
体能训练图解

哈利·多斯特（Harry Dost）

[德] 彼得·希巴拉（Peter Hyballa）　　　著

汉斯－迪特尔·波尔（Hans-Dieter te Poel）

曹晓东 张杰 谭智元 译

人民邮电出版社

北　京

图书在版编目（CIP）数据

青少年足球体能训练图解 / （德）哈利·多斯特，
（德）彼得·希巴拉，（德）汉斯-迪特尔·波尔著；曹晓
东，张杰，谭智元译. -- 北京：人民邮电出版社，
2020.5
ISBN 978-7-115-52397-6

Ⅰ. ①青… Ⅱ. ①哈… ②彼… ③汉… ④曹… ⑤张
… ⑥谭… Ⅲ. ①青少年－足球运动－运动训练－图解
Ⅳ. ①G843.2-64

中国版本图书馆CIP数据核字(2019)第257334号

版权声明

免责声明

本书内容旨在为大众提供有用的信息。所有材料（包括文本、图形和图像）仅供参考，不能替代医疗诊断、建议、治
疗或来自专业人士的意见。所有读者在需要医疗或其他专业协助时，均应向专业的医疗保健机构或医生进行咨询。作
者和出版商都已尽可能确保本书技术上的准确性以及合理性，并特别声明，不会承担由于使用本出版物中的材料而遭
受的任何损伤所直接或间接产生的与个人或团体相关的一切责任、损失或风险。

内 容 提 要

高水平足球运动员通常拥有令人惊叹的体形和身体素质，这往往离不开严格的足球体能训练，而这些训练应从青
少年时期就开始进行。本书作者基于前沿的体育科学研究结果和多年的丰富执教经验，向读者提供了科学、系统和实
用的青少年足球体能训练方面的指导，包括提升基本的跑动能力、跳跃能力、投掷能力和力量、协调能力、速度等身
体素质的训练和游戏及整体训练方案的设计，帮助打造全面发展的青少年足球运动员，为其职业生涯打下坚实的基础。
此外，本书还分析了处于不同年龄段的青少年足球运动员的特点和训练重点。无论是专业足球运动员还是业余足球爱
好者，都可以通过阅读本书，学习如何在安全和不犯规的前提下高效提升场上运动表现。

◆ 著　　　[德] 哈利·多斯特（Harry Dost）
　　　　　　彼得·希巴拉（Peter Hyballa）
　　　　　　汉斯-迪特尔·波尔（Hans-Dieter te Poel）
　　译　　　曹晓东　张　杰　谭智元
　　责任编辑　王若璇
　　责任印制　周昇亮

◆ 人民邮电出版社出版发行　　北京市丰台区成寿寺路 11 号
　　邮编　100164　电子邮件　315@ptpress.com.cn
　　网址　http://www.ptpress.com.cn
　　北京七彩京通数码快印有限公司印刷

◆ 开本：700×1000　1/16
　　印张：24　　　　　　　　　　2020 年 5 月第 1 版
　　字数：369 千字　　　　　　　2024 年 8 月北京第 5 次印刷
　　著作权合同登记号　图字：01-2016-6541 号

定价：128.00 元
读者服务热线：(010)81055296　印装质量热线：(010)81055316
反盗版热线：(010)81055315
广告经营许可证：京东市监广登字20170147号

目录

致谢

在此对教练们表示万分的感谢，同时特别感谢足球专家汉斯·迈耶（Hans Meyer）、弗雷德·罗滕（Fred Rotten）和埃里克·滕哈格（Erik ten Hag）及特温特足球俱乐部的全体成员。他们提出的需求及众多问题帮助我进一步了解了职业球员的体能训练需求。同时，能够和汉斯－迪特尔（Hans-Dieter）及彼得（Peter）一起共事，实在是太美妙了。哈特里耶克（Harteliijk），谢谢你！

——哈利·多斯特（Harry Dost）

谨以此书献给我的支持者和伙伴们，包括 J. 欧林（J. Eulering）博士、K. 保罗（K. Paul）博士、R. 努尔（R. Naul）博士、A. 诺伊迈尔（A. Neumaier）博士、W. 库恩（W. Kuhn）博士、D. 泰佩尔博士（D. Teipel）、圣斯塔利什卡博士（St. Starischk）、M. 格罗塞尔（M. Grosser）博士、R. 富克斯（R. Fuchs）、保罗·瓦格纳（Paul Wagner）、R. 赫林斯（R. Herings）、K. H. 德尔加尔斯基（K. H. Drygalsky），以及在位于施特拉伦和埃森的州级训练中心和位于多特蒙德的国家训练中心工作的同事、前教练、所有的德国－荷兰教练和德国科隆体育大学。衷心感谢我的朋友、领域内的专家：我的同事哈利、彼得和爱德华（Eduard）。团队协作真的非常棒："这是一项更出色的（人类）运动！"

——汉斯－迪特尔·波尔（Hans-Dieterte Poel）

谨以此书献给德国－荷兰足球教练，同时万分感谢我的两位顶级教练同事，汉斯－迪特尔和哈利，感谢他们惊人且有趣的通力协作！

——彼得·希巴拉（Peter Hyballa）

爱德华·费尔德布什（Edward Feldbusch）提供帮助。

（德国科隆体育大学运动与表现科学专业）

推荐序

众所周知，最近几十年，足球比赛发生了巨大的变化。比赛节奏变得更快，断球变得更难，对体能的要求显著提高。这也引起了对传统研究的质疑。

青少年训练应该从什么时候开始，先进的、符合体育科学原理的足球专项训练应该是什么样的？这本书将尽力回答这些问题。

在此过程中，作者特别强调了现有教材知识和当下国际研究文献的结合，这些研究均围绕关于足球的具体问题展开。现在，仅仅提倡"赛场很重要"或"每回合必进"的足球格言已经不够用了。

任何期待这本书中"食谱"的人都会失望。这种期望是不现实的，因为在顶级足球比赛中，球员在体能技战术和心理等方面的综合能力上的差别可能只有3%~5%。

相反，在当下和未来，一位有兴趣的、积极参与的读者，根据新的科学研究成果，掌握已知的、可靠的发现是相当必要的。这本书为此提供了一个很好的基础。

我希望所有的读者不只是喜欢阅读这本书，还应该有动力去尝试书中的建议并进一步发展它们。

——霍尔格·布罗伊希（Holger Broich）博士

拜仁慕尼黑足球俱乐部体能教练

德国，慕尼黑

2015年3月

前言

（源自：Kicker, 104, p.13, December 22, 2014.）

年轻的球员、教练和指导人员经常会问，应该在足球训练中的什么时候引入体能训练，如何将体能训练融入足球训练，以及应该将哪种类型的训练和游戏作为训练的基础。通常，训练量有限，而负荷量和要求都很高（特别在业余足球比赛中），因此球员进入男子或女子联赛前不会进行有组织、有计划的体能训练。此外，随着青春期的开始，雄心勃勃的青年球员经常在家或健身房进行个人训练，很少与团队教练就训练内容和方法进行协调或讨论。有意为之的个人训练会导致训练负荷的集中，这在一定程度上违背了现代足球训练的初衷，且与球员的需求状况没有关联。

增加过多的肌肉往往伴随着柔韧性降低（在运动技能方面也是如此）、耐力降低及受伤频率提高，这些都是可确定的负面影响。

当被问及之前的话题时，我们总会发表以下声明。

> 体能训练应从青少年时期开始。青少年球员的与足球运动表现相关的体能因素的训练，在数量和质量上与成人不同。

但是，从现代足球身体或专项训练的意义上来讲，体能训练是什么？

相关学科一般将球员的体能表现能力定义为与体能有关的表现因素：耐力、力量、速度和敏捷性（Weineck，2004）。由于敏捷性不仅与耐力有关，还特别影响协调能力和技术（这里有关最佳动态时空执行），我们在后续章节（见第3章、第4章和第17章）中讨论足球中最佳的协调能力训练。我们也遵循目前体育学科的课程和学习规定，这些规定越来越重视协调能力和技术，要求在课堂和课程中对二者进行理论思考和实际运用。

我们选择了一个类似于大家普遍熟知的五金商店的结构，即读者可以按照团队需求选择和安排"材料"。他们可以自由地选择。足球体能训练没有普遍的理论，在某些时候我们故意向读者提供理论片段。但是，这些内容均来源于德国及其他国家的潜心研究，并在有关的段落中加以强调，用这种方法，我们科学的工作标准就会在全书中保持一致。

躯干稳定性类游戏开发

因为，没有充分发展的协调能力基础，球员在踢球时会遭遇麻烦。我们要当机立断！

此外，在这本书中，我们聚焦于运动的基本形式、技巧，通常包括对跑动、跳跃、投掷形式运动的指导（见第9~15章）。力量训练以几乎类似游戏的形式在训练场上完成，在第16章中介绍。

随着训练和比赛中表现的不断提高，越来越多更加具体的训练方法被引入，以进一步提高球员的竞技水平。因为，总体而言，顶级球员以他们极高的运动能力为特点。这就是为什么一般和专项的力量训练（为了精英足球）在足球教学中起着重要作用。

一些作者将力量训练和运动训练区分开（Wirth et al., 2012）。在进行这种区分时，他们认为，力量房中的中、高负荷一般力量训练的目标是发展最大力量和爆发力。运动训练使用了许多训练和游戏类型，目的是发展高质量的跳跃、投掷和冲刺。这是为了促进增加的力量向足球中的目标动作转化（Wirth et al., 2012）。

因此，在最好的技术水平上，运动训练应通过快速的动作和低阻力，在力量能力和目标动作之间发挥枢纽作用。[1] 它的目的是充分适应球员的功能系统，遵循专项需求的特定适应原则（也被称为SAID原则）。从生物学和体育科学的角度来看，这是毫无争议的（Gambetta, 2007; Steinhöfer, 2008; Issurin, 2013）。

在长期的力量训练中，为了继续吸引年轻球员，特别是那些不具有顽皮性格的球员，在中长期需要所有相关人员高度的行为控制，并应以吸引人的方式不断对其进行修改、呈现和实施。这就需要教练和指导人员的创造力。这本书的目的是要激发同样的灵感——这就是我们非常关心的问题。理论参考框架的选择和展示基于参考文献中已经存在的研究结果。我们特地对个别章节的内容进行了详细、精确和图形化的呈现，这些内容可以在实践中用于个人、小组或团队的训练。我们通过相应的参考文献

1　读者以后应该考虑这种区分。然而，在训练实践中，力量训练这一术语通常存在。由于不够明确，我们提出了力量和运动训练这一术语。

（见参考文献）提供了进一步的分析和解释。

任何一个在没有过度训练的情况下致力于弥补身体能力短板的个体都会成为一个更好的球员。链条的坚固程度取决于它最薄弱的一环。这个老生常谈的观点表明，一个球员的弱点迟早会在比赛中暴露出来。在第9~20章，读者可以找到关于如何消除它们的具体建议。与此同时，这些实际的建议并非"食谱"。教练、指导人员和球员应该始终优先考虑他们的教学方法（特别是在青少年足球中），还要考虑他们的社会和教育意图，然后根据这些因素使用书中所呈现的训练方法。

> "这就是为什么我在实践之外做了很多的事情。我在力量房或球场待更长的时间。球员们越来越年轻，身体变得越来越强健。在过去，我们可以用视觉解决问题，这在今天已经不可行了。为了保持高水平的竞技状态，你必须要进行高强度训练。但我觉得这样很好。"
>
> ——纳尔逊·瓦尔德斯（Nelson Valdez），31岁，法兰克福足球俱乐部前锋

（源自：a Kicker interview from February 23, 2015, 18, p.78）

> CHAPTER

01

第1章 全面性是立志成为顶级足球运动员的必备条件

德国是2014年世界杯冠军。

"马里奥·格策（Mario Götze）通过胸前停球，改变球的运动轨迹到自己的跑动线路上，在一个创造性的左右晃动后，左脚凌空抽射，以厘米级的准确性将球打向球门的远角紧挨球柱内侧。"

——卡尔海因茨·怀尔德（Karlheinz Wild）

（源自：Kicker, November 3, 2014, p.8）

朋友们一起玩耍

与有潜力成为顶级球员的球员一起进行全面的工作，尤其是对他们进行一般和专项指导，在很多方面，对专业教练和指导人员都具有很大的吸引力。这些"全能"教练、指导人员和球员对待任何事情都始终保持着的开放态度，他们高效地感知和判断不同情景的能力和适应环境、快速了解情况并做出出人意料反应的能力，给人们留下了深刻的印象。

对于我们而言，帮助球员发展这些能力并挖掘出最大潜能是主要的挑战。

意识到这一重大责任在现代足球中起着重要的作用。最近几年，足球发展迅速，尤其是在运动素质的主要方面：速度、协调能力、力量和耐力，甚至使用了不同术语。

> "足球是一项团队运动，但实际上，又必须像个别项目一样训练。战术、技术以及场上发生的一切都是在团队框架中完成的。但在耐力、力量、速度、柔韧性等方面，又应该尽可能单独进行训练。当然，这需要付出巨大的努力。"

（源自：Broich，July 8，2013）[1]

在此背景下，术语"全面性"指的是应获得的表现因素，其在专业文献中被证如下。

- 符合儿童和青少年的自然动作需求。
- 要求训练作为多维可塑性存在的基本概念。例如，全面性也意味着跳跃和旋转动作（左/右）的最佳发展，而且这些动作还经常结合了空间定位。
- 肌肉平衡的发展和维持（预防肌肉不平衡）。
- 避免训练内容结构单一，从而造成能力的过早发展和停滞，特别是在进阶和高水平训练中（Martin et al.，1999）。
- 巩固运动技能基础，以促进球员在足球比赛中有最好的表现。

---

1 霍尔格·布罗伊希是德国科隆体育大学的运动科学家、德国足协U19教练及运动防护师，曾担任勒沃库森足球俱乐部体能教练11年。自2014年7月以来，他一直担任德国拜仁慕尼黑足球俱乐部的运动表现诊断专家和体能主管。因此，他必须在主教练瓜迪奥拉（Guardiola）和球队医生汉斯-威廉·穆勒-沃尔法特（Hans-Wilhelm Müller-Wohlfahrt）间进行交流沟通。

运用大量已掌握的动作技能，更快速、更轻易地掌握不熟悉的动作。即使年龄不断增长，全面训练可以不断地提高专项能力，同时又能避免过快"专项化"而只局限于足球。

但是，在我们看来，全面性并不代表随意、漫无目的以及为了运动而运动。相反，在选择练习类型和规则时，雄心勃勃的教练和指导人员常会关注负荷的结构及预期的效果。在这本书中，"全面"训练聚焦于足球比赛中的预期目标结构（Martin et al., 1999）。如今的足球训练越来越重视协调能力和技术、柔韧性、力量、动作速度和踢球能力。

在特别考虑实证结果的情况下，协调能力训练不应再被视为独立于当代足球技术训练的概念（Hossner, 1995；Roth, 1996；Szymanski, 1997；Roth and Kröger, 2011；Weineck、Memmert and Uhing, 2012）。

本书将为读者提供大量简单、易学、实用的练习方法，其目的是提高个人全面的运动能力，特别是青少年球员。本书所选择的训练内容和实施步骤的多样性反映了体能训练中的一个重要因素——这也是本书的主题，即中枢神经系统的全面训练如何变得有效。但有些内容并没有收录于此书之中，例如，通过自由重量训练来提升最大力量和爆发力的内容。这个内容是"经典"重量训练的主要目标（Zawieja, 2008；Zawieja and Oltmanns, 2011）。

探索动作。训练也可以像游戏一样

> CHAPTER

02

第2章 从0到60！打造基础

> "赢得比赛的是在赛场上全神贯注的球员，而非双眼盯着记分板的球员。"

到目前为止，一份有充分根据的体育科学发现表明，球员的运动表现取决于技术、心理、体能、社会技能表现、战术认知能力、以性格为基础的与体质和健康相关的因素（见图2.1）（Weineck, 2004；Weineck, 2007）。

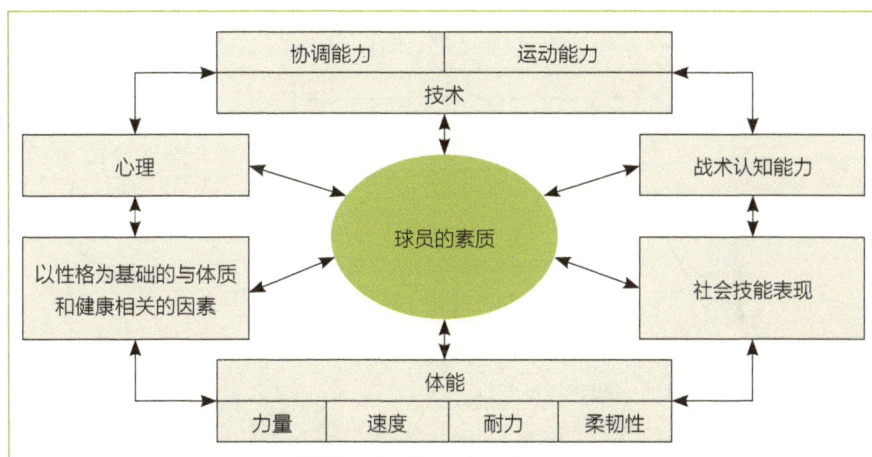

图2.1　球员运动表现的组成部分（Weineck, Memmert and Uhing, 2012）

当以当前的一些其他研究（Di Salvo et al., 2007；Patra, 2011）的结果为基础来描述对时下精英球员的需求概况时，一切正如韦内克等人（Weineck et al., 2012）所述：在一场对速度、加速度和控球有着极高要求的比赛的关键阶段，协调能力和技术表现能力可能限制运动表现。

此外，对职业球员的体能要求是在90分钟高于"世界竞技水平"的比赛中跑动距离接近8.85~14.4千米（根据球员在比赛中的位置），上百次加速、起跳、传球、射门、头球、带球和拦截。与体能相关的能力，是复杂行动能力的基础，决定了球员的运动表现（Weineck, Memmert and Uhing, 2012）。

因此，教练必须通过训练为球员打下广泛的基础，让这些年轻球员具备良好的协调能力、体能、心理和认知，并能应对各种压力。最终在18~21岁通过适当的训练提升运动表现，充分发掘自身潜力。图2.2的成长金字塔可视化了这一基础目标。

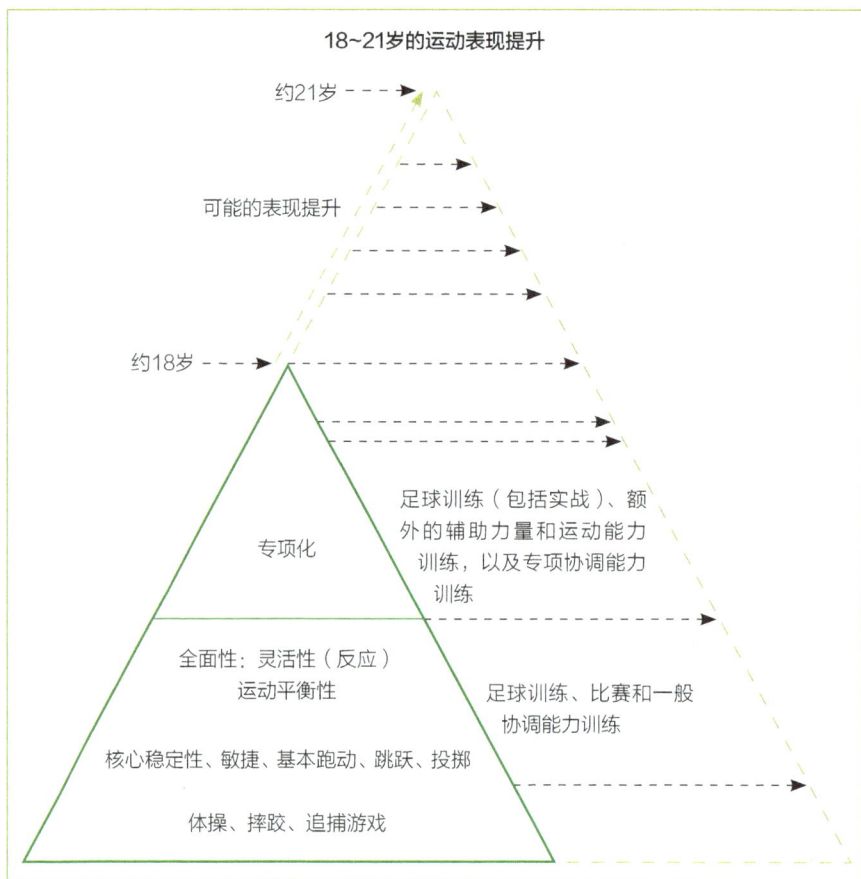

图2.2 成长金字塔：基础的宽度决定了开发目标或级别[1]

图2.2展示了目前所有已知的球员表现能力的基础组成部分（Weineck, Memmert and Uhing, 2012），决定了发展的目标，同时有助于球员提升能力，发挥自身潜能（目标：达到顶级比赛水平），从而避免出现专项运动能力过早停滞。同

---

1 我们将一般和专项的协调能力训练视为发展协调技术表现能力的补充训练。

时，身心发展突增或者环境因素也会导致运动能力下降。这些也是必须恰当解决影响运动能力的方面。[1]

以少年儿童（7~13岁）训练为例，可以发现，强调协调技术能力特别有利于提升他们的认知能力、信息处理能力、注意力持续时间以及趣味性创新能力。此外，儿童在上完小学之后就可以达到80%永久的协调能力水平。因此，经验证实，经过训练的协调能力可以对儿童学习新事物有非常积极的影响，其质量、变量和情景的可用性（Roth and Kröger, 2011）。

作为教练，我在训练儿童和青少年时发现，过早进行足球训练常导致天才儿童保持"永久的才能"。大多数情况下，在培养他们达到顶级球员水平之前，他们往往缺少运动动作技术基础。此外，研究发现，随着足球专项训练量和强度的增加，有限基础往往会导致他们无法忍受压力问题、动力问题、过早展现出的运动障碍或学业困难及心理问题（Te Poel and Hyballa, 2011）。

成长金字塔也象征着一个经常被忽视的经验事实。例如，在当今足球运动中，可以假设，年龄为10~59岁的球员能够进行技术优化训练，并且保持学习效率一致（Wollny, 2002）。根据此事实，每个人可以学习到远远超出足球以外的东西。球员自身掌握的动作技术越多，那么他就可以更好、更快、更准确地以变化且经济的方式接近个人目标，达到个人顶级水平。

并不存在青少年球员学习的黄金年龄，因为训练贯穿于整个运动生涯。

一名球员要想获得绝对的运动能力，必须具备广泛的基础，尤其是与体能和协调能力相关的基础。

鉴于过去已经有很多关于这个主题的文章发表，这里并不探讨关于人才诊断的问题（Williams, Lee and Deilly, 2000；Hohmann, 2001；Memmert and Roth, 2003；Neumann, 2009；Hyballa and te Poel, 2013）。相反，我们将在这里提出

---

1 从2014—2015赛季开始，德甲俱乐部可以自由决定保留还是裁撤U23球队。而有些德甲球队则决定解聘他们的U23球队教练和球员。关于这个决定的利弊，争论还只是刚刚开始，因此必须密切监视，尤其是关于教练将青少年球员培养成专业球员方面的事宜。

一个术语：心态。是当前职业足球的训练和比赛中扮演着越来越重要的角色。

对于我们而言，心态是一种对待压力的思考方式，其中包括以下几方面。

- 效力于大俱乐部、选择团队以及自身的隐式和显式需求。
- 对自身表现的要求。
- 解决发展任务。[1]
- 竞技运动和学校、大学、训练或者职业等方面的双重压力和负担。
- 经常的高强度和大运动量的训练。
- 很多比赛和日常活动。
- 增加与顶级球队之间的对抗。
- 意料之外的对手和队友行为（如在德比比赛和艰苦比赛时）。
- 处理疼痛、受伤和恢复。
- 面对获胜和失败。
- 大量的行程以及不断改变的住宿环境。
- 报告和媒体报道压力。
- 父母、亲戚、队友和朋友的期望。
- 恶劣的场地和气候条件。

球员必须正视这些问题，预料、认识、分析并专注地处理这些问题，控制好情绪，以有利于比赛的方式忍受挫折。因为在这些压力之下，很多立志成为职业球员的人才都放弃了自己的梦想。

1　根据发展任务概念，每个人在不同的人生阶段都必须解决特定的发展任务。在青少年竞技运动中，有规范性的（如掌握价值系统）和与运动相关的（如学会情绪控制）发展任务（Ohlert and Kleinert, 2014）。

"在足球运动中，没有比努力和对自己充满信心更好的方法了"。二者的结合可以开启通往胜利之门。这个诀窍放之四海皆准。儿童球员必须内化这一点。有些球员具备超凡的技术，他们也在不断地努力。他们的努力只是没有被人发觉而已。但是，有时候有些比较年轻的球员没有体会到这一点。他们觉得只需具备其中一种或可以两种都不具备，这是错误的想法！我们每天都必须证明自己，即使是在训练的时候，也要向教练、队友证实自己，但是最重要的是向自己证明自己。"

——丹蒂（Dante），拜仁慕尼黑足球俱乐部和巴西国家足球队球员

（源自：a Kicker interview with M. Zitouni, December 2, 2013, p.13）

> CHAPTER

03

第3章 在足球运动中，什么是协调能力和全面性

协调能力的组成部分已经得到充分的阐述，在这一点上，我们只会简述它们在足球方面的特殊重要性。更详细的信息见韦内克等人（Weineck, Memmert and Uhing, 2012）的研究。

- **时空定位：**确定在空间中的定位，接着快速判断当前和接下来的比赛情形。

- 动作感的区分（**区分能力**）：微调和控制动作或某些身体部位的动作。例如，在比赛中铲球时，快速调整上半身的动作，使自己可以同时看到队友或者对手以及球，从而实现控球、传球或射门。在足球运动中，这往往与方向相关。

- 动态的平衡感（**平衡能力**）：能够在失去平衡的情况下，快速减速、扭转和转身是快速行动的前提条件，特别是在比赛中。作为初学者（也可以针对高水平球员），在跳跃、头球以及掷界外球时，都必须具备良好的动作平衡能力。此外，当结合技术训练时，可以在协调能力技术优化过程中取得相当大的进步。在青少年和高水平足球运动中，平衡训练是采用特定的游戏训练和强调本体感受训练。

- 动作反应——听觉、触觉和视觉（**反应能力**）：在足球比赛中，使用恰当的动作信号做出快速反应的能力是非常重要的。此外，反应能力是速度技能的组成部分。

- 在复杂动作中的节奏感（**调整节奏的能力**）：做出动作时（如减速或加速），甚至完全改变动作（如换脚踢球）在足球中是非常重要的。不断适应对手以及对手的比赛风格，如适应比赛制度、施压类型、外部条件（如场地和天气等），以及不同的比赛分数和排名，调整个人行为是足球比赛中重要的组成部分。这些方面要求球员进行恰当的练习和训练。在训练过程中，必须考虑球员个人的位置，是一名喜欢带球以及传球敏捷速度的球员，还是在场地上不管带球与否都动作灵活且能够快速改变方向的球员？

动态的平衡感：保持平衡并避免身体接触

- 衔接动作的能力（**衔接能力**）：足球技术应该被看作整体技术。在头球动作中，将身体部分动作转换为有效的连续性动作必须提前进行高强度且长期的练习和训练。可使用科化（Coerver）足球训练法。

在足球训练中，协调能力的构成要素是球员的训练过程中要完成的任务，它们受到哪些因素的影响是足球训练的关键问题。

协调能力

- 有效感觉运动学习能力的基础。
- 决定使用身体能力的程度。
- 提升学习和再学习的可能性，即使年龄较大了。
- 从其他运动中促进获得运动技术能力。
- 最有价值地主动预防损伤。

具备协调能力使球员能够自由地掌握足球中可预测以及不可预测的事（Weineck, Memmert and Uhing, 2012）。协调能力与身体表现能力因素相结合，分析能力和已经获得的运动技能、技术（大量的运动）和运动经验在运动中实现。因此，它们代表了一种工具，在长期的训练中（如基础、提高、高水平训练）能够被优化，在比赛中能够有效地、不受伤地运用下列技能。

- 反应并快速行动。
- 解读和观察比赛。
- 提前行动以便阻止危险情形发生。
- 能够倒地或翻滚并快速起身。
- 能够争抢头球并保持控球权。

这意味着以下几点。

- 具备起跳的力量、平衡和定位能力。
- 在任何情形下快速、敏捷和精确地做出反应。

协调和敏捷的爆发力因素对于训练和比赛是非常重要的。在球员带球或无球的情况下，它可以作为速度、力量、耐力、技战术能力以及技能的主要动作要求之间的连接环节。在尽可能多地使用运动器械的情况下，准确和快速地控制个人协调能力动作训练可以看作是阅读比赛能力的前提。

特别是韦内克、梅默尔特和尤因（Weineck, Memmert and Uhing, 2012）在

他们最近发表的一篇令人印象深刻的论文，基于体育科学原理的足球最佳协调能力训练，从理论和实践展示了协调能力训练是基于变化原则的。要求教练在练习和训练过程中做出以下工作。

- 提供复杂动作情形。
- 球员能够体会到动作感、动作质量的提升和从球员的角度完成。
- 训练球员的特殊能力（如身体意识、形成自己的观点、动作感知及全面性与专项性）。

教练的角色是由主题的复杂性所引导的：全面的、令人感兴趣的、可信的、有决定性的。应该对球员"常规足球动作"以外的发展和问题保持开放态度。不管是目标明确的个人以及共同的训练，还是不同运动表现因素的全面和可变化的训练，由此培养球员的自由思维。在我们的评估中，在青少年球员训练过程中，尤其是全面性概念是技能转移的重要刺激。

快速学习新的运动技能并通过协调能力训练扩大训练内容

> CHAPTER

04

第4章 哪些因素影响足球运动员的协调能力

"在时间、准确性和可变性的极端压力之下，协调能力可以看作是现代足球中最重要的组成部分。"

（源自：Weineck, Memmert and Uhing, 2012, p.7）

正如第3章所提到的，协调能力通过球员的分析能力、比赛经验及身体素质等因素，受到运动过程中控制和调节过程的影响。

身体素质对足球协调能力影响巨大。在现代足球比赛和训练中，速度能力至关重要（见第17章）。它是由球员在长期训练过程中应优先发展的子技能决定的（见表4.1）。

表4.1 影响球员速度的因素（Weineck, 2004）

因素	说明
动作速度 例如，在较小的空间进行3对3训练	尽可能快速且有效地一起练习（技术、战术以及协调能力要求）
快速动作 无球，加速和减速	在无球的情况下，尽可能快地完成周期和非周期的动作（冲刺跑、减速、转身和翻转）
反应速度 例如，与一名队友一起进行反应训练	对意料之外的动作做出快速反应（球、对手、队友）
快速制定决策 例如，很多大型、小型以及特定的比赛情形	在非常短的时间里从多个选择中做出恰当的决定
预判速度 例如，提升执行和考虑各种不同比赛情形的比赛意识	快速预判
认知速度 例如，练习熟悉和不熟悉的比赛情形	通过视觉和听觉信息，学会快速评估当前比赛情形

　　因此，快速冲刺并不只是一个与身体能力有关的表现因素。球员还必须具备力量、耐力以及承受冲刺训练等课程压力的心态（内在动机方面）。此外，球员还必须具备节奏感和速度，以便拉开与对手的距离或缩短自身步幅。在比赛中，这个过程有时候可以通过降低重心的方式完成。因为球员在任何时候都要应对对手的撞击（肩对肩），因此，球员必须在冲刺加冲撞的过程中学会在肌肉放松和收缩之间保持平衡。同时，通过这种方式，球员可以在测试中结合动作技能。这也再次体现了足球运动的高度复杂性。

"在防守方面，我是有一定想法的，在进攻方面，我必须进球。但是，这并不是一件容易的事情。有时候，我会问自己，在对方禁区防守如此严密的情况下，这些孩子们该如何击中目标……"

——努里·沙欣（Nuri Sahin），多特蒙德足球俱乐部和土耳其国家足球队球员

（源自：Kicker, March 9, 2015, p.19）

CHAPTER

05

第5章 人才培养是青少年足球发展的使命和目标

> "根据当前的流行观点,协调能力是动作学习能力、运动天赋或者运动相关能力的基础。"

(源自:Roth, 2005, p.327)

第2、第3和第4章的评论强调,促进协调能力发展的协调能力全面训练对球员的个人和最佳表现能力发展至关重要。人才培养必须遵循目标导向、系统化、连续性、沉浸性以及进步性的原则(Höhner, 2012)。根据当前的运动科学研究现状,首选实现最佳协调能力的教学方法是通过"校园足球"。这意味着将游戏的方法与差异化学习方法相结合(Schöllhornet et al., 2006; Roth and Kröger, 2011; König, Memmert and Moosmann, 2012; Weineck, Memmert and Uhing, 2012; Roth et al., 2013; Roth et al., 2014; Roth and Hegar, 2014; Schöllhorn,Hegen and Eckhoff, 2014)。考虑到教育观念和建议方法,这些内容可被总结为表5.1展示的基础足球教学。

表5.1　涉及通过各种带球游戏进行学习的基础足球教学[1]

在基础教学中，青少年球员必须具备各种比赛的技术、协调能力、战术技能和基础知识，同时通过各种不同的体育游戏提升自身能力。青少年球员应该在不同比赛机会中进行集体的、积极的和成功的参与。因此，培养孩子的智力和创造力是足球训练的核心。游戏式的内隐学习更合适不过了。

训练任务：以下三种方法是对基本战术、协调能力和感觉运动的指导。

从各种运动游戏中获得防守和进攻战术教学模块[2]	目标：实现进球目标（例如，孤岛游戏、数字球） 队友方面：创造优势并促进团队合作（如垫球和撞墙式传球） 对手方面：识别空当并避免对手干扰（如手－足球游戏） 环境方面：开放并定位信号（如接触球和区域足球） 防守模块与进攻方式颠倒（如防止射门或压缩空间）
提升整体的带球协调能力	运动技能应该被快速而精确地学习，有目的而精确地控制，并在各种情况下得到适当的调整。运动信息需求模块（内容）的训练应遵循以下公式：基本足球技术＋应对变化＋忍受情境压力。
改善基本控球技能	一般技能模块的建立应以训练为中心：控制角度和方向、控制发力、确定球的接触点、确定球的方向和速度、拉开（预测传球）、传球方向和距离和预测防守的位置。

方法：独立寻找合适的解决方法以及具备想出多个解决方法的能力。在社交背景下执行沟通规则［例如，在不打断的情况下倾听，学习组织队形，学会设定和识别信号，一起安装和分解设备］。

　　目前，许多出版物（Neumaier and Mechling, 1999；Raab, 2000；Schöllhorn, 2006；Roth and Kröger, 2011；Weineck, Memmert and Uhing, 2012）提供了很多结合球优化协调能力的理论性方法、练习和训练形式（包括无指定方向、通过不同的比赛以及具体的体育游戏）。

1　现代足球中极为重要的转换战术（从防守到进攻）在这里被牢记，却没有被贯彻执行。

2　2006年，波尔将基础足球教学的基本理念融入德国黑塞州的整个体育课程中，并与委员会一起对课程进行了编撰。

在下一章里，我们将重点讲解青少年足球训练中的体能表现，包括协调能力训练。

弹跳力是一种可习得的技能

在以运动表现为导向的足球运动中，体能因素越来越多地以提高运动表现、预防损伤和促进恢复的形式融入足球训练中，并通常通过运动或体能训练的方式或者通过额外的训练和练习单元来实现。在我们看来，目前还没有青少年足球纲要。因此，我们想要用这本书来弥补空白。以令人愉悦且轻松的游戏方式结合经济有效的方法来执行技术和战术要求，这需要球员具备扎实且广泛的基础宽度（见第2章的图2.2）。

荣获青少年比赛冠军，但仍在通往顶级水平的途中

　　这个基础宽度建立在各种不同动作要求的早期学习。我们及目前的相关文献都认为,能力不足并不会导致协调能力差,而是年轻时缺乏鼓励。当学校和俱乐部基于各种原因不再提出体能要求时,在未来的足球人才发掘和培养以及职业球员教学方面,可能会成为一场挑战,其中包括在全球2.5亿球员中寻求机会。基于以上种种原因,我们经过深思熟虑,根据多年的经验和理论规则为感兴趣的读者撰写本书。

CHAPTER

06

第6章 全面、可持续和多样化的青少年足球训练

> "在足球运动中,最佳视野、偏侧化和偏好腿现象、方向性,非优势侧和优势侧肢体的使用顺序、对侧转换及全面性等对于提升协调能力至关重要。"

(源自:Weineck, Memmert and Uhing, 2012, p.73)

当观察球员的个人发展轨迹时,可以看到与体能相关的最佳训练(如身体表现因素)与协调能力不一致。在足球运动中,由于神经肌肉、感觉运动控制和调节的快速发展,足球的协调能力适宜过早训练。在学前年龄开始训练并掌握动作技能。在一些研究者看来,这非常有利于提升学习效率和夯实发展基础(见第2章,图2.2;Roth, Hegar, 2014)。此外,韦内克,梅默尔特和尤因(Weineck, Memmert and Uhing, 2012)指出:"在孩童时期学习完美的动作顺序已经成为可能。"

原则上,当从我们的训练方法中做出选择、组建队伍以及选拔人才时,教练和指导人员应考虑以下因素。

- 生理年龄。[1]
- 相对训练年龄。
- 性别。
- 运动表现水平(测试结果高于或低于平均水平)。

---

[1] 在这一点上,我们参考了拉姆等人(Lames et al., 2008)关于"相对年龄效应(RAE)的实验研究。特别是在足球的人才搜索和选拔方面,应该更多地考虑这样一个事实,即相对年长的球员在同一个年龄组内所拥有的优势可以通过生理实现。此外,伴随运动成功而来的是一种精神动力助推器,额外的支持措施在一定程度上促进了这个过程。然而,如果教练追求的青少年训练目标是球员在最佳年龄,实现个人的最佳运动表现,就像我们所做的一样,那么他们必须仔细地分析相对年龄效应,因为这里所假定的运动人才并不取决于出生日期。

◎ 动机。

◎ 兴趣。

在负荷和压力特性方面，应该考虑以下标准。

◎ 刺激强度：能跑多快。

◎ 刺激时长：能比赛多久。

◎ 刺激量：能跑多少千米。

◎ 刺激密度：跑动距离、跑动次数以及休息时长。

◎ 训练方法：高强度间歇训练、持续训练、重复跑。

◎ 训练铺设：天然草坪、人造草皮、焦渣跑道、体育馆地板、林地。

注意生理加速，小玩家也同样有天赋

◎ 跑动训练：上坡跑、各种长度和高度的阶梯跑。

◎ 必要的医疗救助。

训练方法可以在很大程度上帮助教练将个人、团队和球队的特定目标转化成实际的训练。在此过程中，年龄和体质因素发挥着重要作用。

直到6岁，孩子们才会自发地、无拘无束地活动。在这个阶段，他们并不清楚体育游戏交流的目标和规划及体育游戏的方向性。因此，从6岁开始，游戏是孩子最重要的交流方式。对随后的最佳比赛和运动表现的发展至关重要，一直到老年。因此，体育教学应该与比赛的规则和任务相结合，以适应整体（以及比赛理念）。

不管是否涉及比赛方面，小场地（以短距离传球和多次触球的方式）的比赛形式、接力赛跑和健身跑都可以作为这个训练阶段内容的补充。由于儿童分组大多数由异性和男女混合的小组组成，而且时间有限，男女生比赛的方法有时候会有所不同。如何教导孩子们对于教练是一项重要的技术和挑战。在这个发展阶段，每个孩子应该有机会积极和创造性地参与游戏中，并且接受成功或失败。这个训练阶段非常重要，因为可以有效地训练各种思维策略（Roth, Roth, Hegar, 2014）。基于这个原因，比赛的乐趣是最重要的。在我们看来，在10岁之前重要的不是获胜（和竞争），而是发展对抗能力。在球员处于较低能力水平时，游戏是基本活动（Roth, Roth, Hegar, 2014）。

随着孩子们年龄的增长和水平的提高，与足球目标和目标导向相对应的时间压力、对手、复杂性等因素也随之增加。

在这些发展阶段中，教练可以通过以下方式发挥重要作用。

- 让年轻球员的学习进度看得见摸得着，即使是很小的进步。
- 教导青少年彼此之间进行沟通、接受和支持。
- 表明比赛并不总是与时间竞争（见图6.1和图6.2）。

强调技能和敏捷性的顺序也应该是青少年全面训练的一部分，因此在训练过程中，利用机会才是重要因素。就像那句至理名言一样，"最棒的"往往并不总是获胜者。

图6.1　障碍接力跑——多样性是关键

图6.2　具有额外任务的接力跑——要能够完全放开自己

　　必须指出的是，训练内容和方法的选择往往受到俱乐部、足球学校、运动主体和课程目标的影响。目标应该始终如一，而且应明确地表达出来，同时在训练过程中必须向所有参与者阐明。例如，德甲球队的青少年竞技体育中心认为在最佳运动表现年龄实现个人最佳运动表现是长期训练过程的重点，因此教练总是将孩子们和青少年球员的个人发展水平作为指导、方法和教育的出发点。

小心！孩子不是一个微型的成年人

游戏的方式在青少年球员训练中十分重要：尝试以平板姿势抛球

教练提供适宜青少年发展的训练方法，这些方法在训练之外，强调"做"的乐趣的重要性

> CHAPTER

07

第7章 足球体能和足球比赛必须分开吗

先进行足球体能训练，你将以训练的方式进行比赛。

（源自：I. A. to G. Hiddink）

经验证明，许多进入俱乐部或学校的青少年球员在主要的身体素质构成方面，表现出越来越多的不足（Naul et al., 2003）。

对奥地利学校体育中球类运动受伤情况的研究表明（Greier and Richelmann, 2012），体育运动中球类运动受伤更为普遍。除了小球类运动和篮球，足球是受伤最多的运动（主要是扭伤）。在学校体育球类运动中出现的大部分受伤主要发生在上肢。格雷尔和里希尔曼（Greier and Riechelmann, 2012）认为，这可能是由于协调能力较差、训练过度及缺少基本的技术技能。

此外，根据施密特（Schmitt, 2013）的实验结果，在对抗类的运动中，足球确实存在更高的受伤风险。

大约1/3的受伤都发生在非身体对抗的情况下。超过2/3的受伤与过度疲劳损伤的下肢相关，主要是大腿肌肉拉伤，其次是膝盖和踝关节。腹股沟区常见于过度疲劳拉伤。这里我们必须区分关节受伤的原因。髋关节受伤在球员身上经常可以看到，这是因为股髋臼撞击形成的密集负荷的长期影响。科学界对于预防髋关节是否要进行手术仍然存在一定的争议。根据膝关节内部结构的疲劳程度，膝关节直接受伤会对继发性损伤的发生产生重大影响。有效热身措施似乎可以减少受伤的频率。

将测试对象扩大到男子职业球员，并试图将更多的比赛表现与比赛中可能引起伤病的影响联系起来，欧足联最新的伤病结果可以总结如下。

精英球员的平均受伤频率是每1 000小时训练出现3~5次受伤，每1 000小时比赛出现25次受伤。平均而言，在一支有25名球员的球队里，平均每个赛季出现约50次受伤。但是，在这11年期间，受伤率并没有上升。欧洲国家的情况有所不同，这些国家球员的ACL（前十字韧带）受伤风险增加，但地中海气候国家的总体受伤风险较低。最常见的个人受伤部位是股后肌群肌肉。通过核磁共振或超声波检查，从放射学的角度看，男子职业球员70%的股后肌群肌肉受伤的频率为0~1。这意味着成像时并没有出现肌纤维撕裂，但其仍然是球员缺席比赛的主要原因。所有存在ACL受伤经历的男性顶级球员一般在6~7个月之后才能恢复。应力性骨折在球员中并不常见，但是恢复较缓慢。在人造草坪上的受伤风险与在天然草坪上比赛一样高。过多的比赛会对球员的表现产生负面影响。

很多运动医生推荐结合协调能力训练的离心力量训练（强调本体感受训练），学习和改进基本技术作为预防和治疗措施。（Mandelbaum et al., 2005; McKeon et al., 2008; Greier and Riechelmann, 2012）。

克莱诺德（Kleinöder, 2009）和贝林杰等人（Beliringer et al., 2009）指出，青少年竞技运动（特别是在体育游戏中）的力量训练必须不断遵循目前的科学训练概念（从儿童时期到具备较高水平的年龄）。这远远超过了平常的稳定性训练，并提供了主动和被动系统的具体和早期准备，以加强青春期和成年经验基础上的运动负荷。[1]

一篇关于精英球员损伤预防措施的论文（Souid, 2011）指出，膝关节容易受伤与下肢力量有关。因此，研究人员强烈主张在18岁前进行有利于发育的力量训练。

为了达到这个效果，我们提供基于负荷特性变化的周期训练（见表7.1）。

---

1 感兴趣的读者可以在德国科隆体育大学竞技体育研究中心的官网上找到更多的信息。

表7.1 基于负荷特性变化的周期训练

力量训练周期				
训练周期	一般准备	专项准备	赛前阶段	比赛阶段
训练目标	增肌负荷耐受	最大力量 爆发力	最大力量 爆发力	最高水平运动表 现维持
强度 量	低 ————————————————————→ 高 高 ————————————————————→ 低			
重复	6~20	4~6	2~4	1~3
组数	3~6	3~6	2~4	2~4
训练单元/日	1~3	1~3	1~2	1
日/周	3~6	3~4	2~4	1~3
L-U-R*	3周增负荷，1周 减负荷 2周增负荷，1周 减负荷	3周增负荷，1周 减负荷 2周增负荷，1周 减负荷	3周增负荷，1周 减负荷 2周增负荷，1周 减负荷	–

* L-U-R=增负荷（Load）-减负荷（Unload）-节奏（Rhythm）

因此，根据这些数据，现代青少年训练要求俱乐部和学校必须在以后提供更多的全面、多样化的训练，特别是在体能方面。事实上，国际著名的阿贾克斯青训有时候会在训练中安排柔道训练（Feldbusch, te Poel and Herbom, 2015）。最近，这所学校还增加了大量的户外运动训练设备。这些做法充分说明了有着雄伟目标的足球训练（和学校运动训练）必须包括更全面的体能训练。

当看到职业球员跑动强度和距离的增加（Siegle et al., 2012）及青少年球员的体能水平（Meyer et al., 2015）时，就会明白为什么将永远伴随球员的青少年足球训练[1]会如此重要。

> 很明显，14~18岁青少年球员的体能表现相关的参数变化主要是由生长发育引起的。基于这个原因，必须在16岁之前进行专项的身体训练，特别是在速度和力量方面，以确保足球专项技能基础的持续发展（Meyer et al., 2005）。

---

1 青少年足球教练凯·布劳恩（Kai Braun）在对*Fussbal Training*的专题贡献中提供了一个将速度能力的发展作为青少年足球训练一部分的切实可行的例子。

此外，霍滕罗特和诺伊曼（Hottenrott and Neumann, 2010）通过在现代高水平运动中增加训练负荷，强调训练中增负荷和减负荷的重要性，同时在表7.2中强调了大量的肌肉和体能损失会如何影响训练。

特别是在休赛期，肌肉力量会降低，甚至器官会发生改变；在青少年足球比赛中还可以看到，由于受伤导致训练中断。在职业足球比赛中，球员必须通过矫正力量练习以及适当的交叉训练（不同的运动）来延迟这种情况，从而确保球员持续保持整体能力。

表7.2 训练中断导致的适应性减弱或固定化（Hottenrott and Neumann, 2010, p.18）

无训练日	系统、能力和运动表现	改变
3-5天（BR）	增加静息心率（HR）和亚极量负荷	3~10次/分（正向）
5天（IT）	糖原合成活动减少	42%（负向）
5天（ZG）	慢肌减少	6%~8%（负向）
10天（IT）	肌肉氧化酶活动减少	23%~45%（负向）
11天（ZG）	慢肌减少	16%~45%（负向）
12天（BR）	最大摄氧量减少 心搏量减少	7%（负向） 11%（负向）
14天（BR）	慢肌纤维大小减少	12%~15%（负向）
14天（IT）	增加亚极量心率	10次/分（正向）
14天（IT）	肌肉电活动	3%~13%（负向）
17天（BR）	细肌丝（肌动蛋白）减少 粗丝（肌凝蛋白）不改变 最大力量（MS）减小	16%~23%（负向） 13%（负向）
17天（ZG）	慢肌纤维和快肌纤维萎缩 力量下降 绝对力量减少	6%（负向）
21天（IT）	肌肉流失 亚极量和最大心搏量和最大摄氧量	1%~5%（负向） 25%（负向） 7%~27%（负向）
28天（IT）	力量耐力减少	7%~14%（负向）
卧床休息（BR）、失重（ZG）和（受伤引起的）训练中断（IT）对运动表现和功能系统的影响		

摔倒、站起和保持平衡都是儿童比赛的组成部分。这些能力和技能是足球比赛的一部分，必须被掌握（见第16章）

> CHAPTER

08

第8章　从软技能到不同年龄组的训练

"作为教练，自然都希望帮助他们（青少年球员）提升能力。在任何情况下，根据个人的经验，可以说，共同进步是一件很有趣的事情。"

——H. 格施温德（H. Geschmindner），私人教练及
美国职业篮球联赛（NBA）超级球星德克·诺维茨基（Dirk Nowitzki）的导师

（源自：a interview with Eva Pfaff, 2013, p.50）

很重要的一点是，必须仔细评估发展较快和较慢球员当前的训练水平及未来的发展，可以基于对青少年球员的筛选和考察，也可以根据能够反映他们训练内容和比赛位置的运动表现。不管是瘦小和瘦弱型，还是健壮和运动型，或者肥胖和矮胖型，经过仔细观察，这些类型都可以为体能表现因素和协调能力评估提供额外的信息。

这也适用于心理和生理的发展特点，而且可以帮助区分从儿童早期（6~10岁）到儿童晚期（10~12岁）、青春期（12~15岁）到青少年期（15~18岁）及整个成人期的差异化运动表现评估和发展（Memmert, Weineck and Uhing, 2012）。

此外，在筛选和规划之前，教练应谨慎考虑青少年球员的基本需求。尽管有最佳制度、人员条件以及训练指导方针，但软技能往往会对身体表现和协调能力的发展产生负面影响。

教练的工作并不是永远支持球员。相反，他必须让球员做到不需要支持。

了解青少年球员的基本需求也有助于培养教练的独立性和实现自我的社会责任，并更好地将训练划分成不同的年龄组。根据马斯洛需求层次理论（Miller, Vandome and McBrewster, 2010), 这个方面可以概述为以下内容（见图8.1）。

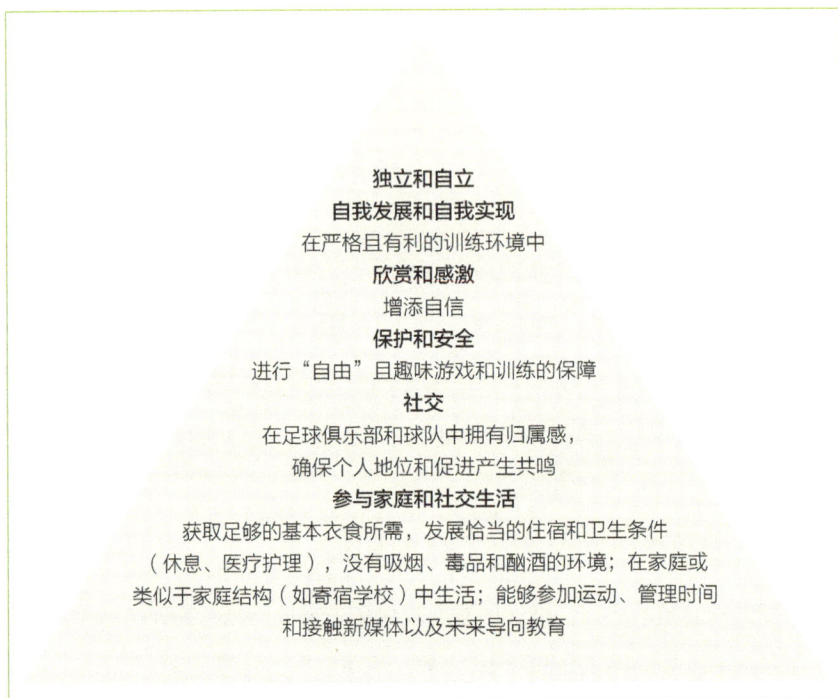

独立和自立
自我发展和自我实现
在严格且有利的训练环境中
欣赏和感激
增添自信
保护和安全
进行"自由"且趣味游戏和训练的保障
社交
在足球俱乐部和球队中拥有归属感，
确保个人地位和促进产生共鸣
参与家庭和社交生活
获取足够的基本衣食所需，发展恰当的住宿和卫生条件
（休息、医疗护理），没有吸烟、毒品和酗酒的环境；在家庭或
类似于家庭结构（如寄宿学校）中生活；能够参加运动、管理时间
和接触新媒体以及未来导向教育

图8.1　软技能——雄心勃勃的训练包

在此基础上，在制定青少年球员的体能训练和协调能力的总体计划之前，还应该分析认知[1]和社会影响因素[2]。

以青少年球员的实际水平进行训练不可以只是一句空话。

这是基于"与你有关"训练内容结构的初步计划。这个计划采用了青少年球员总体规划形式，内容涉及实际的先决条件、预期战术以及训练理念，随后可以作为体能训练和协调能力训练的行为准则。接下来，我们将根据已知的发展特点（Martin et al., 1999）以及德国足球协会（DFB）和荷兰皇家足球协会（KNVB）的有效年龄组分类来调整。这个计划还会考虑及时和逐步专业化的基本原则。通过这些原

1　我们以此将足球知识和学业表现联系起来。
2　一般来说，主要指生活方式和幸福感。

则，可以理解为个体发育以及与训练相关的副作用。因此，为了在有效年龄组中更好地概述特定能力的常规指南以及以实践为导向的目标和实例（总结），这里将不再阐述一般和专项训练内容[1]在长期运动表现发展的时间轴上的比例和模块结构（特定模块目标）。但是，在这里必须作为（高级和较高运动表现训练过程的）规则来阐述。

> ● 儿童时期（早期和后期）对信息接收 – 处理系统及加速度发展有很高的要求，直至青春期开始。

安全且令人信任的训练氛围是一切训练的出发点

青春期开始之前的训练阶段可以作为全面的运动准备阶段。

可以看到，在高水平训练和较高运动表现训练中，对于身体能量相关过程的要求显著增加，同时专项训练内容部分也明显增多。

1　常规训练的效果取决于个体的先天条件。专项训练的效果取决于专项运动表现要求的系统性发展。

公平地竞争球——稳定性训练应成为训练的重要部分

此外，必须始终牢记体质特点、自身的负荷能力（器官、机械、心理），以及针对可转移性相关能力的表现要求[1]之间的相互作用。

针对U7球员的小结（见表8.1）

力量

目标： 不存在专项肌肉力量。可以通过改善整体的协调能力来更好地刺激功能性肌肉力量。

练习： 大量的小型障碍游戏。非系统化的跳跃练习。

耐力

目标： 进行低强度和趣味性的耐力训练。

---

1 协调能力、速度、力量和耐力相互影响并相互联系的程度与神经肌肉表现相关（例如，协调能力在很大程度上依赖于认知表现，而耐力更有可能与同能量有关系的器官表现相关）。

表8.1 针对U7球员（年龄为5~7岁）[1]耐力、力量、速度和协调能力（和敏捷性）的一般指导原则

发育特点	耐力	力量
身体 • 协调能力的提升可以优化力量 • 动作协调 • 仅仅感受和培养球感 • 特别强烈的运动欲望 • 平衡感 **认知** • 短期专注阶段 • 中等的竞争性 • 游戏刺激 • 发现自身潜能（想象力） **社会情感** • 合作能力较低	适合在低强度下持续训练 采用不同的比赛和练习形式 保持较低训练量	通过全面训练和练习形式增强力量

速度	协调能力	
通过游戏和选择的练习提升速度	显著提升敏捷性 动作学习取得明显效果，快速吸收和学习简单的新技能 分化抑制仍然不够 缺少动作准确性和时空结构特点的质量	

比赛形式：持续练习1分钟（如4×1分钟），然后短暂休息。

速度

目标：从5岁开始，提升动作速度同时提升协调能力。积极培养反应速度。

比赛形式：采用强化感觉运动技能的不同比赛方式和反应游戏：触觉、视觉、听觉。

---

1 荷兰皇家足球协会将青年球员定义为小学年龄段的球员，包括只参加4对4比赛的低龄学生。

协调能力和敏捷性

目标: 在5~7岁,可以非常容易地发展敏捷性,同时提升动作学习。

练习: 全面的动作节奏练习。发展基本的跑动、跳跃和投掷技能。

针对U8/U9球员的小结(见表8.2)

表8.2 针对U8/U9球员(年龄为8~9岁)耐力、力量、速度和协调能力(和敏捷性)的一般指导原则

发育特点	耐力	力量
身体 ● 体格更加均匀,因此,协调能力和功能能力量提升 **认知** ● 开始学习 ● 承担任务的意识提升 ● 学习动作的适当年龄 **社会情感** ● 社会和团队意识提升 ● 有限专注阶段,建议灵活使用内容和方法	可以采用游戏和低强度训练来提高运动耐力。每个位置的游戏最多不可以超过10分钟。孩子们自己可以在游戏中选择较低强度的位置	可以通过很多不同的动作来提升力量。可以通过诸如跳房子和跳跃等轻松的跳跃游戏来开始力量训练。例如,可以通过增加跳跃次数做好力量练习准备
速度	**协调能力**	
加速过程通过速度练习(反应游戏和接力短距离冲刺)激活和提高	科化足球训练技术及大量的比赛和练习选择形式有助于提高协调能力。球感提升,同时使用简单的控球练习对球感有利。完善反应能力,完成高频率动作,空间区分能力,时间压力下的协调能力以及平衡能力	

力量

目标: 通过更多的动作持续发展功能性力量。部分提高爆发力和起跳力量。

练习: 跳过小障碍。没有力量耐力练习。

耐力

目标: 提高有氧耐力。专注于节奏感和动作技巧。

练习: 必须具备趣味性。主动休息不超过2分钟。

比赛形式: 4×2分钟，或者3×3分钟，或者2×4分钟，或者连续完成3分钟-3分钟-2分钟，或者1分钟-2分钟-3分钟-2分钟-1分钟负荷训练。

速度

目标: 在8~9岁，增强有效跑动技术的基本特点，同时增加速度练习范围。球员的反应能力在9岁时提升，同时动作频率大幅增加。

比赛和练习形式: 持续比赛形式；使用圆环和杆子进行多次动作意识指令训练。

协调能力和敏捷性

目标: 敏捷性继续增强。根据动作形式，通过增加区别来持续发展基本动作技能。可以开始专项足球技术训练。

练习: 通过在不同的情形中使用不同的动作组合来提升技术能力。

针对U10/U11球员的小结（见表8.3）

表8.3 针对U10/U11球员（年龄为10~11岁）耐力、力量、速度和协调能力（和敏捷性）的一般指导原则

发育特点	耐力	力量
身体 ● 在早期和后期发展中总是出现显著差异 ● 非常乐于练习 ● 青春期开始 ● 四肢有时出现不成比例发育 **认知** ● 萌生运动态度 **社会情感** ● 自我意识和团体归属感形成 ● 了解和认知他人情感并适应他人情感 ● 学会适应环境。产生依赖感同时渴望独立。这些会导致出现可辨认的青春期过度反应	通过大量10~12分钟的训练（如通过比赛）来提高耐力。培养节奏感和速度。必须避免高强度的乳酸和非乳酸训练	在这个年龄，在负荷力量频率方面会出现认知提升 利用体重练习 解决力量、灵活性不平衡的问题

续表

速度	协调能力
通过全面协调能力训练，提升速度 *目标*：肌肉内和肌肉间的协调能力。U10和U11球员已经能够以较高的动作频率进行练习。随着青春期的临近，反应频率改变，从而导致有时候出现个体差异，因此，在训练方面，更多强调的是个体差异性训练	这时是还没有进入（急剧）发育阶段的孩子们进行学习的好时机。处于发育阶段的青少年球员会在进行不熟悉的协调练习时发现学习困难。涉及的动作具有急停和暂停执行的特点。通过示例学习非常重要（关键词是镜像神经元）。因此，增加动作的数量对于发展动作技能至关重要

力量

目标：增强力量。速度提升伴随爆发力增强。

练习：跑过和绕障碍跳跃、双腿跳。不采用连续动作。在训练和游戏中会有很多乐趣。

耐力

目标：有氧耐力持续增强。系统训练可以尽可能地让心血管适应。跑动技术和速度的提高可以提升跑动能力。推荐使用以下负荷训练方式。

休息时长：超过2分钟。

比赛形式：5分钟-4分钟-3分钟-2分钟-1分钟，或者4分钟-3分钟-3分钟-2分钟-2分钟，或者5×2分钟，或者2×5分钟，或者4×3分钟，或者3×4分钟持续负荷训练。

速度

目标：动作变得越来越动态。将不同的技术重新组合到整体动作顺序中。这样可以提高动作频率。

练习：通过意识和潜意识跑动指令和敏捷梯、圆环和杆子等方式进一步发展动作频率。

协调能力和敏捷性

目标：在球感、反应、平衡和节奏能力方面有良好的发展机会。

练习：强化学习基本的专项足球技术与主要的示范技术（如通过科化足球训练法）。提供有助于学习的全面训练。可使用薛尔霍恩（Schöllhorn）的差异学习模式。

针对U12/U13球员的小结（见表8.4）

表8.4　针对U12/U13球员（年龄为12~13岁）耐力、力量、速度和协调能力（和敏捷性）的一般指导原则

发育特点	耐力	力量
身体 ● 性别特征开始出现 ● 力量随着荷尔蒙（睾丸激素提升）的变化而增加 ● 身高和发育突然增加 **认知** ● 提问和自我反思能力提升 **社会情感** ● 出现消极身体意象 ● 有些喜怒无常 ● 力争独立和责任感增强 ● 有时候会脱离父母 ● 寻找自我意识 ● 团体归属感 ● 将自己与榜样作比较	细心选择和组织设计全面训练：练习时间为12~15分钟的有氧和非乳酸训练（位置打法或比赛）	利用自身体重和额外的力量训练器械（如药球）进行力量训练。不要在太硬的地面上进行单腿和双腿起跳力量训练（如沙地）。可以进行垂直和水平跳跃，但是不要出现较大的冲击力，即不要以高强度和高频率进行最高和最远距离的跳跃。关注核心力量稳定性（腹部、背部）以及双臂的发展。密切关注发育阶段，有必要时调整训练强度

速度	协调能力	
不要进行短时歇的反复冲刺练习避免对自主神经系统产生负面作用。使用基本跑动形式：在改变方向和不改变方向（循环/非循环）的情况下都必须强调较高的动作频率。在基本跑动练习中，进行稳定性训练。经常改变练习和训练设备（如杆子、宽或窄的敏捷梯、圆环和泡沫塑料块）。以带球或无球的比赛和练习形式完成5~20米的最大速度冲刺。要注意个人疲劳极限	基本跑动和跳跃练习有利于提高跳跃协调能力（跑得快意味着跳得快），可以从不同的位置开始训练和冲刺从俯卧或仰卧、长或短的坐姿、蹲姿、转身或半转身站姿起跳或跳跃都是很重要的练习。这些练习有助于提升结合冲刺动作的敏捷性 可以更快且更好地学习动作任务	

力量

*目标：*力量发展方面两性之间的具体差异开始显现。女孩子只拥有男孩子的2/3的力量。从13岁开始，这种差异在力量方面表现得最突出。

*练习：*针对骨盆区域的稳定练习，特别是腹部和背部肌肉。

*跳跃负荷：*6~8次左右跳；6~10次跑跳；6次小型障碍跳。

耐力

*目标：*从12岁开始，性别差异出现。有氧耐力可以继续得到相当不错的发展。

*休息时长：*超过2分钟。

*比赛形式：*3×5分钟，或者4×4分钟，或者5×3分钟，或者6×2分钟，或者2×6~7分钟，或者指定分钟为：6分钟-5分钟-4分钟-3分钟-2分钟-1分钟或2分钟-3分钟-4分钟-5分钟-3分钟-2分钟持续负荷。

速度

*目标：*优化速度能力，男孩子能够有目的地使用自身力量，从而有利于提升爆发力的速度要素。

*练习：*有意识地进行技术训练。使用基本跑动形式。

*速度训练：*从不同的位置开始（6~8）×10米冲刺或6×5米往返跑。

协调能力和敏捷性

*目标：*技术能力停滞的最初迹象。可以采用特定的技术训练来持续提升水平。绝对动作学习减少，但是已经掌握的某些技术动作不受影响。

*练习：*采用不同设备或者与队友一起进行的敏捷性练习。重复和强化已经掌握的足球专项技术。改变组织形式。变化技术训练方式。

针对U14/U15球员的小结（见表8.5）

表8.5 针对U14/U15球员（年龄为14~15岁）耐力、力量、速度和协调能力（和敏捷性）的一般指导原则

发育特点	耐力	力量
身体 ● 由于激素的影响，性别特征更明显 ● 晚发育者会快速发育 ● 力量增加 ● 认知 ● 抽象和自我反思能力提高 ● 社会情感 ● 青春期 ● 寻求自我身份 ● 寻找偶像，乐于承担责任，独立性增加 ● 参与制定解决方案 ● 坚定不移 ● 现实感增加 ● 建立长期的关系和友谊 ● 创造力 ● 朋友很重要 ● 乐于尝试 ● 认同熟悉的事物	使用足球专项训练形式，进行有氧与非乳酸训练。无氧乳酸训练负荷应尽可能低	使用自身重量、药球或轻负荷进行力量训练和运动能力训练。针对肌肉力量的短板安排额外的力量训练。安排一般性的跳跃练习。单腿跳或双腿跳练习主要的关注点在跳的高度或距离。跳跃练习是强化足球专项动作的一种方式。进行核心力量训练

速度	协调能力
强调基本跑动动作的频率、变向，以及急停、转身、扭转。在练习中要提出技术要求。使用游戏或比赛的方式组织需要球员进行快速反应的练习（5~25分钟，结合球或无球）。注意：太多短距离反复冲刺训练会降低速度能力，影响最大冲刺速度的提高	全面练习基本跑跳技术。在复杂的比赛情景中进行包括急停、变向动作的练习，例如，冲刺加跳跃、冲刺加翻滚再起身

由于青少年球员的发展过程差别非常大，因此这里不针对这个年龄组提供建议。

针对U16/U17/U18/U19球员的小结（见表8.6）

表8.6　针对U16/U17/U18/U19球员（年龄为16~19岁）耐力、力量、速度和协调能力（和敏捷性）的一般指导原则

发育特点	耐力	力量
身体 ● 外表接近成年人 ● 器官发育良好 ● 可以通过有目的、有条理、有计划的训练提升体能 ● 最高动作能力训练 **认知** ● 抽象思维充分发展 ● 个性形成继续发展 ● 自我批评意识和赞赏需求增强 ● 努力分担责任 **社会情感** ● 在问题解决过程中持续增强个人毅力和现实感 ● 长期接触开始（友谊） ● 自力更生意识增强 ● 寻求归属感 ● 友情特别重要 ● 实验减少 ● 确定行为榜样	采用足球专项训练的形式进行有氧训练。安排接近15分钟的高强度训练。根据专项位置和个人特点进行训练	使用力量训练器械进行一般和专项力量训练以便实现有效进步。有效进步的目标是快速冲刺急停、跳跃、拦截抢球和获胜。次要的方面：刺激自信。进行一般和个人力量训练。全面的专项力量和运动能力训练。不同的冲刺形式可以增强爆发力，其中包括静态、动态和增强式练习等方式。经常在力量和运动能力训练之后采用技术、协调能力训练以便实现能力转换

速度	协调能力
冲刺过程中强调频率、传球长度和多种拦截球的方法。增强对减速动作练习的关注。在有球或无球的情况下，5~25米距离之间，进行力量组合以及最快冲刺的比赛和训练形式。通过专项冲刺训练，不断关注和进一步发展速度	在结合转身、跳跃、推搡等动作的情况下完成整个基本跑动和跳跃练习及作为复杂练习的协调能力训练 青春期阶段在动作执行过程中完成无约束的协调能力训练可以获得更好的效果，同时还可以练习动作控制、适应性和调节能力

力量

15岁开始力量练习

目标： 男孩子的最大力量和爆发力提升。耐力提升。可以从15岁开始训练这个

能力。可以开始实施针对专项训练（和经典力量训练）的基本技术。女孩子的力量发展持平。

练习： 采用所有类型的跳跃和稳定性练习。

耐力

15岁开始耐力练习

目标： 15~16岁的女孩子的心血管系统已经完全发育。男孩子直到18~22岁心血管系统才发育完全。可以采用所有形式练习有氧耐力。无氧训练可以从16岁开始。

比赛形式： 3×7分钟，或者3×8分钟，或者3×10分钟，或者10分钟–8分钟–6分钟–4分钟，或者6×4~5分钟，或者5×5~6分钟持续负荷。

速度

15岁开始速度练习

目标： 最大速度发展提升，性别差异持续明显。女孩子的力量发展保持，而男孩子的力量发展继续增强。随着力量的增强以及技术的提高，通过专项和有意识冲刺训练可以进一步发展不同的速度形式。

练习： 4×10米冲刺或者4×15米往返跑动。

协调能力

15岁开始协调能力练习

目标： 对于男孩子，随着力量的增强，动作技术的执行更加的动态。敏捷性则不再提升。

比赛和练习形式： 可以通过全面练习进一步提升和优化技术。可以选择不同的游戏和动作情形。强调敏捷性。

此外，根据训练的水平和发展阶段，体能训练必须补充到个人训练计划中：关于放松、技术、稳定性和补充练习、功能性伸展计划和训练辅助器材等建议。

对于成年人，根据训练能力，必须制定针对战术、体能方面相关的详细提升计划。从协调与技术和技术与战术角度上，个性化程度和场上位置的具体化明显增强。

> CHAPTER

09

第9章 跑、跳、投——足球运动员的基本运动能力

"在运动训练中，有过早专业化的危险。"

（源自：Steinhöfer, 2003, p.9）

在接下来的章节里，我们将为教练提供一些建议和指南，以提高他们的实践组织能力（见第8章）。但是我们在此不会对孩子的发育阶段和年龄层次进行精确地划分（Weineck, 2004）。

9.1 训练单元的介绍形式

从10岁开始，制定结构合理的热身运动是有益的，尤其是从运动医学、训练和运动科学的角度来看。

但是对于太小的球员则并非如此。基于这个原因，体育游戏在足球运动中非常流行。而且这种方法也可以在训练单元结束时作为整理运动使用。包含肢体接触的游戏非常受孩子们的欢迎（也非常适合足球运动）。

在计划和执行这个训练单元的过程中，可以参照以下教学指导方针方法及执教因素，这些内容在运动领域中非常有效。

- 清晰讲解并做出示范。
- 着重介绍一种形式。
- 记住组织形式（如讨论小组、选择）。
- 选择安全的训练场地。

- 观察安全的所有方面。

- 尽量让更多的孩子参与进来。

- 让所有参与者都有公平获胜的机会，以激发他们对足球的热情。

- 注意你的行为和语气。应该让孩子们兴奋起来，而不是吓唬他们。

- 在任何时候，作为教练员都要精神饱满。执教时不要采用坐姿等懒散的姿势，以避免孩子和家长感觉你对他们漠不关心。

- 作为教练，你要对比赛和比赛场地有全面了解。

- 在做出纠正与提出意见时，要让所有的人都听到。

- 如果有必要，也可以进行个别指导。

- 利用训练间歇进行战术指导和提问。

- 激励孩子们自己去寻找答案并提出改进建议。

- 总是询问结果。孩子们对这方面很敏感。

- 游戏内容的选择应与孩子们的运动经验与运动能力相匹配，同时也要符合他们的技战术水平。

- 明确游戏的结构和方法，并从简单游戏开始练习。

- 尽可能地选择与最后一个训练单元相关的游戏。

- 尽可能让更多孩子参与来推进游戏的进展。也可以同时进行几个游戏。

- 通过角色的转换让积极主动的孩子休息——让被抓到的孩子成为猎人。

- 注意得分问题："当有人碰到你时，你会被扣分，但是你要继续游戏！"

- 永远不要拒绝孩子们参与游戏。

- 游戏时间不要太长，确保小组一直坚持完成游戏任务。

9.2 热身或整理游戏的种类

我们将热身或整理游戏划分为三个类别。分类的标准根据不同形式的目标。

第一个类别：规定路线。

第二个类别：团队合作。

第三个类别：绕过障碍。

9.2.1 指定跑动路径——捉人游戏

这个类别的游戏起源于学校课间休息时的捉人游戏。这个游戏有很多种变化，适用于团队解决问题的方法。下面的游戏形式可以在足球场或体育馆中进行。

练习1：捉人游戏（见图9.1）

一名或两名捕手站在限定区域（9米×8米）的中线位置。当教练发出捉人信号时，游戏开始。游戏可以从场地两边的任一边开始，但是要注意可能出现的碰撞。任何人被捉住（触碰到即可）都会成为"捕手"。在指定的时间里，看看哪个孩子捉到的人最多。这个游戏形式的重点在于对空间的感觉。

图9.1 两名球员在中线进行的捉人游戏

练习2：团队合作捉人游戏（见图9.2）

在限定区域内，两名捕手和一名球员一起参与游戏。游戏时球员站在中间，两名捕手通过相互配合抓住球员。当球员被捕手抓住时，二者的角色互换。看在指定的时间内谁被抓到的次数最少。

练习3：捉人游戏变化形式

图9.2 在排球场地边线之间进行的捉人游戏

图9.3 在排球场地边线之间进行的人墙游戏

练习4：人墙游戏（见图9.3）

几名球员尝试从排球场的一边跑到另一边。一名捕手站在中线位置拦截试图跑到另一边的球员。被捕手触碰到的球员需要和捕手一起组成人墙在中线位置继续拦截其他球员。每一名被触碰到的球员都必须成为墙的一部分。尝试跑到另一边的球员要争取穿过人墙时不被触碰到。指定球员人数并按照以下规则进行游戏。

1. 指定捉人时间或者直到所有人都被捉住。
2. 在指定的时间跑到另一边（计算改变的次数）。

练习5：成交！（见图9.4）

图9.4 完成！谁的反应最快？

两名球员分别面对面站在一条直线的两边。右边的球员伸出手。左边的球员拍击右侧球员的手掌后迅速转身跑向身后的标志线。在被拍到手掌之后，右边球员迅速启动追左侧球员。当左侧球员冲过标志线或者被右侧球员拍到后背时，游戏结束。可以使用如下的记分方法。

a）每次触碰到可以得1分。看看哪名球员第一个得到3分。

b）每次冲刺跑过标志线可以得1分。看看哪名球员第一个得到3分。

c）每次触碰会被罚掉1分，而赢得冲刺对决可以获得1分。看看哪名球员第一个得到3分。

根据训练和教学目标，指定冲刺距离。

变化

> 开始：以坐姿或跪姿开始游戏。

练习6：梅西对拉姆

类似于练习5，这个游戏可以有几对球员一起参加。一组是梅西队，另一组是拉姆队。当教练喊"梅西"，所有梅西队的球员快速跑向自己身后的标志线。现在拉姆队必须在梅西队冲刺跑过线之前触碰梅西队球员。也可以采用以下姿势开始冲刺。

> 蹲姿。

> 直腿坐——面对面。

> 直腿坐——背对背。

> 交叉腿姿势。

> 后向平板支撑。

> 前向平板支撑。

> 俯卧姿势。

> 仰卧姿势。

计分方式与练习5类似。根据训练和教学目标，指定冲刺距离。

练习7：速度捕手

一名捕手必须在指定时间和规定场地内尽可能多地触碰其他球员。被触碰到的球员可以继续游戏。

看看捕手最后触碰到多少名球员。制作一个排名一览表。

变化

a）必须按照特定的顺序触碰球员，如4-3-2-1-0。

b）通过拉拽系在腰间的球衣或标志服来得分。

练习8：角色转换（见图9.5）

图9.5 捕手非常容易被识别

场地大小约为15米×15米。具体视球员人数而定。

对比练习7：被触碰到的球员变为新的捕手。捕手需要佩戴容易辨认的帽子、标志服或拿着木质或塑料材质的杆子，还可以抱着足球。新旧捕手之间要快速交接标记装备。如果有球员在跑动过程中离开场地，自动转换为捕手。根据训练和教学目标，规定游戏时间、场地大小、队友和捕手人数。

看看你成为捕手几次。

练习9：敏捷圈（见图9.6）

图9.6 这些都是关于熟练度和参与度的游戏

对比练习8：在15米×15米的运动场上，捕手尝试使用单手或双手将地套圈套到另一名球员的头上。如果成功，那么两名球员交换游戏任务。

看看哪名球员得分最少。

练习10：角斗场

不断地轮流替换捉人游戏，这样被触碰的球员必须总是一只手放在他被触碰到的位置。如果他触碰到另一名作为捕手的球员，那么他就可以再次自由地跑动。根据所选择的小组规模，可以指定多名球员作为捕手。根据训练和教学目标，确定场地大小。

看看在指定时间里你被触碰了多少次。

练习11：折磨（见图9.7）

图9.7　手持药球进行的捉人游戏难度更高

不断地轮流替换捉人游戏，同时捕手还必须抱着药球。他只可以使用空出来的手触碰球员。根据所选择的小组规模，可以指定多名球员作为捕手。根据训练和教学目标，确定场地大小（如15米×15米）。

看看在指定时间里你被触碰了多少次。

练习12：注意，障碍区！

不断地轮流替换捉人游戏，在规定的场地内捕手不可以跑过或跳过的障碍物（药球、跨栏或小型跨栏、敏捷梯）。

根据所选择的小组规模，可以指定多名捕手。根据训练和教学目的，确定场地大小。

看看在指定时间里你被触碰了多少次。

练习13：目标转移

不断地轮流替换捉人游戏，第三名球员在不被触碰到的情况下可以从捕手和球员之间快速跑过。如果他成功了，那么捕手必须尝试抓住这名球员。

根据所选择的小组规模，可以指定多名捕手。根据训练和教学目的，确定场地大小。

看看在指定时间里你被触碰了多少次。

看看谁帮助球员转移。这要求团队协作。

练习14：团队合作

4名捕手各自带有一根接力棒或杆子。4名捕手一起尝试触碰两名球员。如果捕手成功触碰到球员，那么第二名触碰到的球员就会得到一根接力棒或杆子。捕手继续游戏，直到他们将所有的接力棒或杆子交接出去。

a）4名球员一共需要多少时间？

b）在指定时间里，谁被触碰到或谁没有被触碰到？

根据训练和教学目标，确定场地大小。

9.2.2 团队合作形式——捉人游戏

到目前为止，体育科研领域已经有大量的研究证据表明，隐性和显性的游戏功能占有过程在合作或竞争的相互作用下是自主且同时发生的。集体行动结构是复杂的足球比赛中的一部分。这个结构也以无意识的形式发展，但它是一个（高度）智能的认知过程。例如，球员采用准确、快速、全面及适应情境的打法可以应对难度较高的要求（如巨大的竞争压力以及新的艰巨任务）。

因此，我们认为在介绍捉人游戏的过程中，应该强调团队合作的重要性。无论是作为捕手的球员还是作为球员都应该在游戏中理解和实施团队合作。

练习1：连体人（见图9.8）

图9.8 一起切断其他球员的跑动路径

两名球员各自拿着杆子的一端。他们的任务是在指定时间内尽可能多地触碰其他球员。

根据所选小组的规模，指定多名配对球员。场地大小一般是15米×15米。

变化

- 跳绳、弹力带、各种带子或者带手柄的管子也可以作为配对使用的器械。
- 一旦队友被触碰到，那么他可以取代配对中队友的位置。
- 选择两个排球场大小的场地。每个场地上有一对捕手。每一对捕手都尝试在自己的场地里尽可能多地触碰球员。每一名被触碰到的球员都必须立刻换到另一个场地并继续参与游戏。
- 根据训练和教学目的，确定小组规模和游戏时间。看哪两对球员可以在指定的时间里将球员从自己场地里清除出去。
- 组成一个带有两根杆子的三人小组。这样可以形成一个三人链条。在这个链条中，中间的球员作为协调者，因为他拿着两根杆子无法触碰球员。他可以决定和控制跑动的路径和行动。根据训练和教学目标，确定小组规模和游戏时间。看看一名球员多久必须交换场地。

练习2：当心恶犬！（见图9.9）

图9.9 持绳者指挥球员捉人

两名球员由一根绳子连接着扮演"狗"和"狗主人"的角色。绳子绑在"狗"的腰部，而"狗主人"可以指挥方向，以便抓住在该方向的球员。

根据训练和教学目标，确定场地大小、小组规模和游戏时间（见图9.9，场地大小是15米×15米）。

根据第一种形式选择游戏规则。

变化

● 与之前一样——被捕捉的球员也配对。

练习3：三人链条（见图9.10）

图9.10 三人链条围住一名球员

对比练习2的变化，被触碰到的球员与三人链条中的中间球员互换。在三人链条中执行触碰动作的球员现在可以自由地绕着场地跑动。根据训练和教学目标，确定场地大小、小组规模和游戏时间（场地大小是15米×15米）。根据第一种形式选择游戏规则。

看看谁没有被触碰到。在接下来的回合中，可以替换三名球员成为链条中的捕手。

练习4：捉人链条

游戏从一名捕手开始。他和他触碰到的球员组成一对捕手。每当有一名球员被触碰到，就要加入他们组成一条链条。只有链条外面的球员可以触碰球员。其他人在链条下面跑动。

根据训练和教学目标，确定场地大小、小组规模和游戏时间。看看谁最后一个被捉到。

变化

> 两名捕手开始游戏，这样可以组成两条链条。

练习5：章鱼游戏（见图9.11）

图9.11 4名拿着杆子的球员组成一只"章鱼"

一对捕手通过一根木棍相连。当一名球员被触碰，其必须手扶木棍。当另一名球员被触碰，其也必须手扶木棍，一只"章鱼"形成了。最外侧的捕手触碰到球员时，该名球员手扶木棍中间。其他捕手触碰到球员时，该名球员与触碰到自己的捕手交换位置。实践证明，从两对捕手开始是可行的。

根据训练和教学目标，确定场地大小、小组规模和游戏时间。（见图9.11，场地大小为15米×15米）。

看看谁不会成为"章鱼"。

练习6：跳背（见图9.12）

有两名捕手的捉人游戏。每一名被标记的球员都必须保持扶膝姿势。当自由的球员从这名被标记的球员背上跳过之后，他就被"释放"了。

根据训练和教学目标，确定场地大小、小组规模和游戏时间。

可用的规则

a）看看多少名球员最后仍保持扶膝姿势。

b）看看谁最少做扶膝姿势。

c）看看多久才会做出一次扶膝姿势。

d）看看谁释放最多名球员。

图9.12　看谁能够以团队合作方式"释放"扶膝的球员

练习7：隧道（见图9.13）

这个游戏的执行方式和规则与练习6一样。被触碰到的球员必须分腿站立，这样队友可以从他的双腿爬过（穿过），这样就可以"释放"他。场地大小一般是15米×15米。

推荐采用多名捕手。

图9.13　灵活性是重点

练习8：标记

捕手只可以触碰手中没有拿着球、杆子、锥桶、标志服或者其他类似东西的球员。为了创造球员之间不断相互配合的场景，可以制定以下规则：当一名球员接住队友传过来的以上所提到的东西时，任何人都不可以触碰他。在训练中，让一半球员拿着东西，一半球员不拿东西，这样就可以很好地完成游戏。当球员被触碰到时，他可以继续参加游戏。捕手的人数取决于小组规模。根据训练和教学目标，确定场地大小、小组规模和游戏时间。

游戏规则

看看谁在指定时间里触碰的球员最多。

变化

- 球员只可触碰手中持有球或其他东西的其他球员。

练习9：特工逃脱

在这个游戏中，被标记的球员必须在锥桶或者敏捷圈位置等待。教练可以选出一或者两名球员，这名或两名球员可以在游戏过程中触碰其他球员，从而释放这些球员。这些被触碰到的球员也可以和其他被触碰到的球员组成一个链条，如果一名球员（在链条末端）被释放就可以释放整个小组的球员。根据训练、教学目标，确定场地大小、小组规模和游戏时间。

游戏规则

- 看看谁在指定时间里触碰到最多名球员。

练习10：跑酷（见图9.14）

图9.14　获得安全位置需要具有力量和团队配合

在15米×15米的场地上通过双人配合开始捉人游戏。一名球员需要使用快速跳到队友背上的方式保护自己不被触碰到。一旦两名球员完成合体动作，捕手就不能再触碰他们。格言：每个人都可以通过被别人背和背别人的方式帮助其他人。不可以采用以下方式。

a）连续两次选择相同的球员。

b）改变队友在场地上的站位。

根据训练和教学目标，确定场地大小、小组规模和游戏时间。

游戏规则

◐ 看看谁在指定时间里触碰的球员最多。

练习11：场地交换

将一块大的场地平均分成两个半场。每个半场各有两名捕手，其中一名捕手持一个球（也可以是药球）。捕手需要在各自的半场用球触碰其他球员。捕手之间传球时不可以抛掷，只能手递手地将球传给快速跑动的队友。由于捕手只有一个球，因此他们必须互相合作和沟通。一旦球员被球触碰，那么他必须换到另一个场地继续游戏。根据训练和教学目标，确定场地大小、小组规模和游戏时间。

游戏规则

a）看看哪两名捕手在指定时间里在自己的半场上留下来的球员最少。

b）看看跑动的球员能坚持多久不被触碰到。

变化

● 每个半场有4名球员身穿不同队服。每个半场同样有一组持球球员作为捕手。捕手不可以带球跑动。一旦球员被球触碰，那么他必须换到另一个场地继续游戏。

游戏规则

● 看看哪支球队在自己的场地上留下最少的跑动球员。经常交换任务。

练习12：快速检查

两支球队在同一场地上相互对抗。其中一支球队有控球权。这支球队必须通过合作和沟通尝试用球触碰另一支球队的球员。但是只能传球不能带球。当一名球员被球触碰时，双方球员交换角色。根据训练和教学目标，确定场地大小、小组规模和游戏时间。

游戏规则

● 看看哪支球队成功避免被标记的时间最长。教练计时。

变化

● 按照练习2一样进行变化。每支球队都带一个球。

游戏规则

⊙ 看看哪支球队在本方不被触碰的情况下最快传球给对方。教练计时。

9.2.3 巧妙地克服障碍——捉人游戏

盘带、过人、跑动及适当的身体接触在足球运动中都是非常重要的。捉人游戏能够很好地创造这些场景。但是教练必须确保遵守比赛规则——不能容忍故意的犯规行为，如故意阻挡或者推人。

格言：尽可能不要出现犯规行为，同时必须尽可能多地接触身体。

练习1：抓尾巴

每一名球员都要在腰带位置系一件颜色鲜艳且易于抓住的标志物作为尾巴。所有球员都必须遵守以下规则。

球员必须尝试抓住和收集其他人的标志物。如果一名球员的标志物被别人抓走，那么他可以从教练拿到另一件标志物继续参加游戏。根据训练和教学目标，确定场地大小、小组规模和游戏时间。

游戏规则

⊙ 看看谁在指定时间里收集到最多的标志物。

变化

⊙ 两支佩戴不同颜色标志物的球队彼此对抗。

游戏规则

⊙ 看看哪组在指定时间里收集到最多标志物。

练习2：游走的圆圈（见图9.15）

　　5名球员组成一个圆圈。在教练发出信号之后，另一名球员尝试触碰圆圈中其中一名球员的背部。

　　根据训练和教学目标，确定场地大小和游戏时间。

图9.15　握紧并聚在一起躲避进攻者

游戏规则

　　● 看看谁使用最少的时间触碰圆圈中的一名球员。教练计时。

练习3：安全第一

　　进攻者（捕手）尝试触碰队列中最后一名球员的背部。通过使用手臂和熟练的向前、向后及左右跑动，球员可以拖延捕手10~15秒，但是不可以握手和推人。每一个人都需要保持自己在队列里的位置并协调团队合作。

　　根据训练和教学目标，确定场地大小和小组规模。

　　教练计时。

CHAPTER

10

第10章　无球的跑动游戏

> "在足球学习过程中，最大的敌人就是没有时间。"

（源自：van Lingen and Pauw, 1999, 2000, p.227）

第9章中的捉人游戏可以看作为跑动游戏。但目的却不尽相同。本书介绍的捉人游戏可以作为准备活动（热身），创造轻松、愉悦且精神集中的训练气氛。这些游戏也可以用于介绍团队合作能力、基本协调能力及运动表现等方面的教学内容。这些内容可以为今后的足球专项训练打下坚实的基础。

本章将侧重跑动游戏。

10.1　追逐游戏

所有的球员围坐成一个圈。教练分发数字1~4。根据训练和教学目标，确定场地大小、小组规模和游戏时间。

游戏规则

- 教练喊出其中一个数字。所有该数字的球员顺时针或逆时针（指定方向）跑动，同时尝试追赶并触碰跑在他们前面的球员。被标记的球员返回自己的座位（从圆圈内）。在球员跑动或冲刺时，教练可以喊出"反方向"，这时球员快速改变方向和要追赶的人。

变化

- 被叫到数字的球员按照教练之前指定的圈数跑动。从圈外跑动。看看谁是第一个坐回自己位置的。

10.2 改变位置

图 10.1 爆发式地启动，身体向前倾

　　球员在场地内散开站立。他们站在敏捷圈内或杆子、锥桶、垫子的旁边（见图 10.1）。在场地内，两名控制者尝试在球员改变位置时占据基地。当他们成功时，控制者成为球员，反之亦然。

　　根据训练和教学目标，确定场地大小、小组规模和游戏时间（场地大小为 15 米 × 15 米）。

游戏规则

　❯ 不可以连续与同一名队友交换位置。看看谁改变位置的次数最多。

10.3 基地

图10.2 争取成功，即使在混乱中

场地上分散放着垫子、敏捷圈、标志盘或其他物品（见图10.2）。

根据训练和教学目标，确定场地大小、小组规模和游戏时间。

游戏规则

- 选出两名球员作为捕手阻止其他球员认领敏捷圈。球员可以通过触碰的方式认领敏捷圈。每触碰到一次敏捷圈可以得1分。如果球员在跑动过程中被捕手触碰到就必须交换任务：球员成为捕手，但可以继续得分直到下一次交换任务。不可以连续两次都认领同一个敏捷圈。如果球员站在圈里，就不能被捕手触碰。
- 看看谁得分最多。

变化

- 跑动游戏变为两名球员一组。

10.4 摩天轮

所有球员像摩天轮一样围成一圈。教练选出一名球员，顺时针绕着摩天轮跑动，同时触碰不超过4名球员。根据训练和教学目标，确定摩天轮和球队的规模以及跑动时长。

游戏规则

◐ 所有球员首先记住自己的位置。在教练发出信号之后，球员必须快速顺时针跑动并重新返回自己原来的位置。

◐ 看看谁是摩天轮中跑得最快的球员。

10.5 高速列车

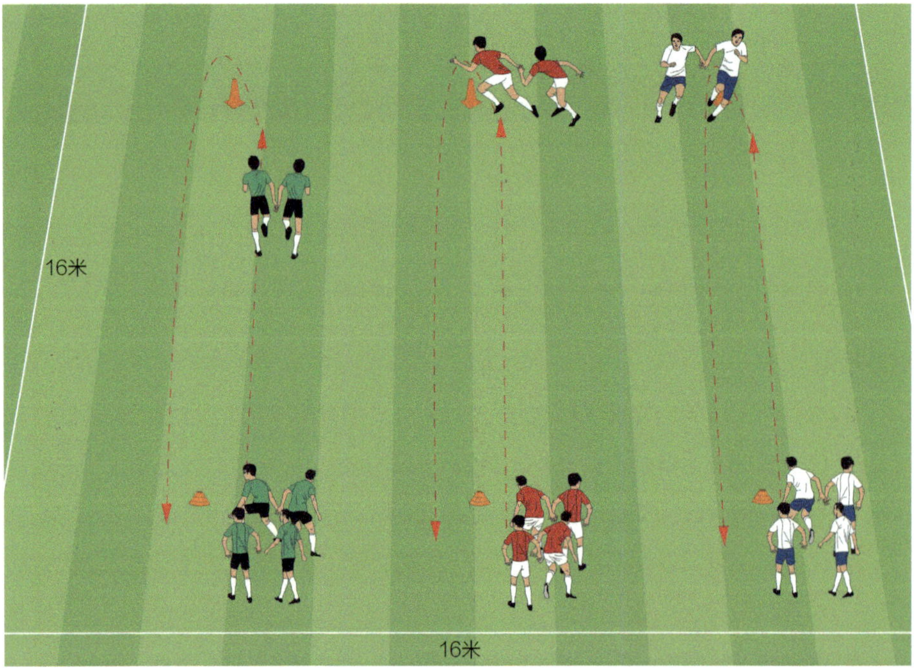

图10.3 "列车"不断加长

如图10.3所示，第一对球员牵着手跑向锥桶，绕过锥桶以后再跑回起点。接下来，第二对球员加入"列车"，一直持续到所有配对球员都成为"列车"的一部分。

根据训练和教学目标，确定锥桶之间的距离、团队规模以及重复次数（场地大小为16米×16米）。

游戏规则

- 如果球员的手松开了，那么"列车"必须停下来。只有所有球员的手重新连到一起，"列车"才可以再次加速。
- 看看哪一列"列车"最先带着所有的"车厢"返回起点。

变化

1. 一开始，"列车"带着所有的"车厢"加速，接着在跑完一圈之后减掉一节"车厢"。首先必须在团队里指定减掉"车厢"的顺序。
2. 现在，将原来的规则和第一个变化组合到一起。

10.6 彩弹游戏

图10.4 冲刺、观察并做出反应

如图10.4所示，蓝队站在起始位置，将一个或两个软质足球抛向两个场地的其中一个。红队球员得到球以后，所有蓝队球员尝试在不被红色球员用球击中的情况下跑向另一边。红队球员可以用空中球或反弹球的方式击打蓝队球员。避免球砸到头部。

根据训练和教学目标，确定场地大小、团队规模（6对6）以及重复次数。

游戏规则

- 看看在不被球击中的情况下，一组球员可以跑到另一边多少次。教练计算跑动次数。

变化

1. 教练根据训练目标规定时限。看看哪支球队在指定的时间里被击中的次数最少。
2. 游戏规则不变，但是在场地上放置不同的障碍物，如假人、小球门、长凳、锥桶等，也可以额外增加球的数量。

10.7 模仿

由4~5名球员组成的球队列队站成一排。球队的每一名球员都有一个数字。拥有数字1的球员完成特定的动作（如跑动、跳跃、向后跑、快走、单腿跳跃或开合跳）。他的队友模仿他的动作来得分。接下来轮到拥有数字2的球员完成动作，以此类推。

根据训练和教学目标，确定场地大小、团队规模（这里是4~5名球员）以及重复的次数。特别需要注意的是团队之间必须保持足够的距离以便减少碰撞的风险。

变化

- 由两名球员组成的小组面对面站立。一名球员做动作，另一名模仿他的动作。这里需要创新和变化。

10.8 超级冲刺

两名球员在相距10米的位置面对面站立。在两名球员中间的位置放置一个锥桶或其他类似的器材。两名球员的其中一名（A）必须主动跑向锥桶，并尝试在跑回出发点之前将锥桶拿起来。

游戏规则

- ⊛ 在他跑向锥桶的过程中，他必须模仿足球运动中会出现的动作，如横跨、转身或跳跃。他的队友（B）必须模仿他的动作。当球员A拿起锥桶时，球员B必须尝试在球员A返回出发点（终点线）之前触碰他。接着，他们交换任务。确保配对的球员之间留有足够的间距。

- ⊛ 根据训练和教学目标，确定重复次数以及休息时长。

10.9 足球竞猜

在球队周围按照等距离标出3个场地或圆圈。每个场地都指定任务：场地1是足球明星；场地2是德甲前三名的球队；场地3是欧冠联赛球队。球员一开始可以自由跑动。

游戏规则

- ⊛ 教练喊出一个大家熟知的名字或球队，如梅西。接着，球员必须尽可能快地跑向场地1。最后一名跑到场地1的球员会被罚1分，但是仍然可以参加游戏。

- ⊛ 看看哪名球员可以在不被罚分的情况下完成足球竞猜。

- ⊛ 根据训练和教学目标，确定场地距离、重复次数和休息时长。

变化

1. 球员在突发的过程中可以带球或颠球，接着按照要求冲刺。
2. 教练一个接一个地喊出3个词汇。
3. 两组：组1与主教练一起；组2与助理教练一起。两个人与自己小组的球员同时进行足球竞猜。提醒球员必须集中精力。

10.10 任务

标记一个圆圈并指定每名球员站在一个固定的位置。可以使用敏捷圈、垫子或锥桶标记。此外，与特定任务（接下来会提示）相关的物品按照等距离放置（在里面和外面）。

游戏规则

- 完成教练指定的任务，并立刻返回自己的位置。最后一名球员会被罚1分，但仍然可以参加游戏。看看哪名球员能够在不被罚分的情况下完成游戏。
- 根据训练和教学目标，确定物品的距离、圆圈的大小、重复的次数以及休息时长。

可能的任务

1. 触碰放在圆圈里面的锥桶，接着快速跑回自己的位置。
2. 首先绕着圆圈外面的杆子跑动，接着快速跑回自己的位置。

提醒球员注意自己的队友以便减少碰撞风险。

10.11 速度王者

使用与10.10相同的设置，但是这次球员必须跑到圆圈里面和外面放置物品的位置，接着用身体的一部分触碰它们，然后留在原地。

游戏规则

- 按照教练的指令（如杆子），球员快速跑向该物品。很重要的是，物品的数量比球员的总人数少。无法按时到达该物品的球员会被罚1分，接着继续参加游戏。在每次任务结束之后，教练和球员拿走一个物品，这样所有球员会面对越来越少的"开放位置"。当接近1/3的球员无法找到开放位置时，游戏结束。接下来开始新的游戏。
- 看看哪一名或哪些球员的罚分最少。
- 根据训练和教学目标，确定物品之间的距离、圆圈大小、重复次数以及休息时长。提醒球员注意自己的队友以便减少碰撞风险。

变化

- 教练说出一个数字。球员必须跑到对应数字的物品位置（如长凳、敏捷圈或锥桶）并触碰它们，然后在最后物品的位置留下来。如果无法成功做到，那么球员或球员们会被罚分。例如，看看在10次跑动之后，谁的罚分最少。

10.12　轨道

球队组成两个圆圈，一个内圈和一个外圈。每名球员都有一名固定的队友；例如，球员A在内圈，而他的队友球员B在外圈。在教练发出信号之后，内外圆圈绕着反方向移动。球员之间的速度和距离彼此一致。

游戏规则

- 在教练发出信号之后（如哨声或拍手），配对的球员找到彼此，接着一名球员背着另一名球员。最后一对完成这个任务的球员会被罚分，但是可以继续参加游戏。
- 根据训练和教学目标，确定圆圈大小、重复次数和休息时长。提醒球员注意自己的队友以便减少碰撞风险。

变化

- 随机选择队友：看看哪对球员最后完成背人姿势。

10.13　时钟转动

围绕限定区域，分散放置6个敏捷圈，教练指定两名捕手。

游戏规则

- 球队的每一名球员必须在30秒内尽可能多地触碰敏捷圈。他也可以停下来站在敏捷圈里。球员不可以在两个敏捷圈之间来回跑动，同时捕手不可以在敏捷圈前面等待捉住球员。如果球员在到达敏捷圈之前被捕手触碰，那么他会被罚1分，但是仍然可以继续参加游戏。经常轮换捕手。
- 谁能够在30秒内触碰最多的敏捷圈。
- 根据训练和教学目标，确定场地大小、敏捷圈之间的距离、敏捷圈的个数、重复的次数以及休息时长。提醒球员注意队友以便减少碰撞风险。

> CHAPTER

11

第11章　带球的跑动游戏

"球速决定了球员的速度。任何球员都不可能跑得比球快。"

（源自：Johan Cruyff, 1999, 2000, p.182）

在足球训练中，跑动游戏（见第10章）可以很容易地与目标练习游戏、球门区游戏与运动相关的球类游戏结合到一起训练。考虑到球感、时间、精度、复杂性、组织、可变性的压力，这些模块特别适合训练认知技能、信息处理、注意力持续时间和创造力。在进行认知技能、信息处理、注意广度和创造性等方面的教学时，可以适当地利用球感、时间、准确性、复杂性、组织、变化性和竞争性压力等模块。这些模块可以用于热身运动、协调能力训练的后续活动和准备活动、与熟练动作相关的基本技能（如认知对手或障碍），训练带球的基本战术能力（如合作保护带球权）训练和整理运动。这些内容所具有的激励带球属性可以让初学者、职业球员以及教练体会到巨大的训练乐趣。同时，团队建设（教育方面）和主动放松都是训练管理中不可忽视的手段。

练习1：跑动球员对阵传球球员（见图11.1）

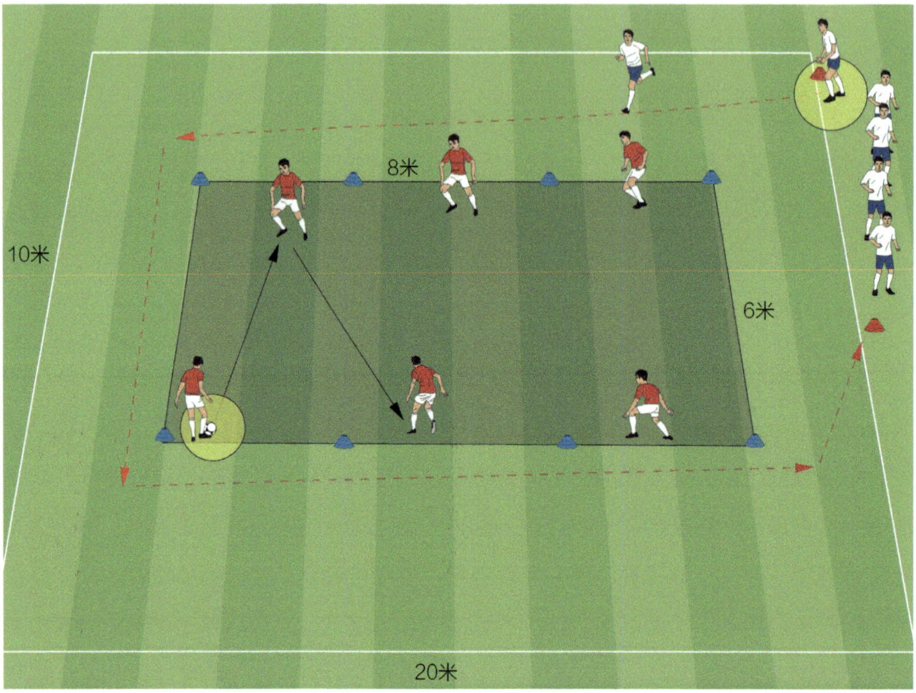

图11.1 以最快的速度90°转弯与三角传球

白队球员一个接一个地在标记的线路上跑动。同时，红队球员在小场地里来回传球。

游戏规则

- 只要白队球员一开始跑动，红队球员就开始来回传球并计算传球次数。在所有白队球员穿过终点后，两队球员交换位置。看看哪支球队能够完成最多次传球。
- 根据不同的训练目标，确定不同跑动路径的长度、小场地的大小、跑动球员的人数以及重复次数。

变化（见图11.2）

- 形式1.1：向前传球后冲刺、折返。

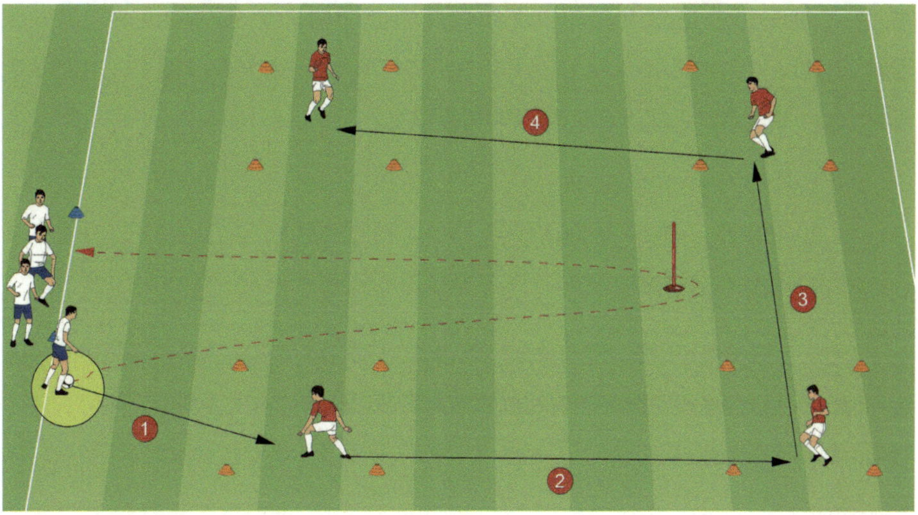

图11.2 以最快速度180度转身对比准确地向前传球

按照形式1.1一样设置，再增加18个锥桶和1根杆子。这样，跑动和传球之间会存在角度和长度的差异。当向对角线方向传球时，要当心跑动路线上的球员。

练习2：热区（见图11.3）

图11.3 "战斗球员"快速运球和对决

目的是在指定时间里尽可能多地带球穿过热区（两条虚线之间的区域）并向冷区射门（图11.3中倒放的长凳）。但是，3名防守球员将站在热区（图11.3中的3名白色球员）尝试通过下面的方式将破坏/抢断球。

- 寻找对抗的机会并将球踢出去。
- 通过抢断阻止向球门方向传球。
- 将滚向球门的球解围。

8名红色球员只可以在热区内射门。如果球被防守球员踢到热区和球门之间的区域，那么8名红色球员可以在没有对抗的情况下通过运球的方式重新回到热区。任何时候手都不可以触碰球。

游戏规则

- 球员均带球。每次一名球员穿越热区并射门成功可以得1分。看看哪名球员能得最高分。攻守双方定期交换位置。
- 场地尺寸、热区尺寸、进攻球员数量、防守球员数量、每一轮的设定时间、休息间歇和重复次数依训练目标而定。

练习3：连体足球（见图11.4）

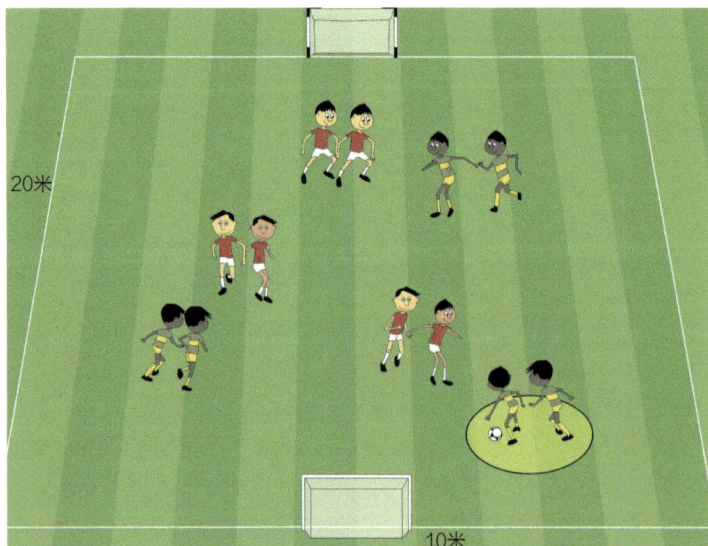

图11.4　双方需要合作

两名球员总是手拉着手配对尝试向另一个半场射门。

游戏规则

- 配对的球员在跑动、运球、传球和射门时必须保持手牵手。手和球之间不可以接触。当射门进球时，双方球员各自回到自己的半场，中场开球继续比赛。

- 根据训练目标，确定场地大小、配对个数以及休息时长。

练习4：燃烧的足球（见图11.5）

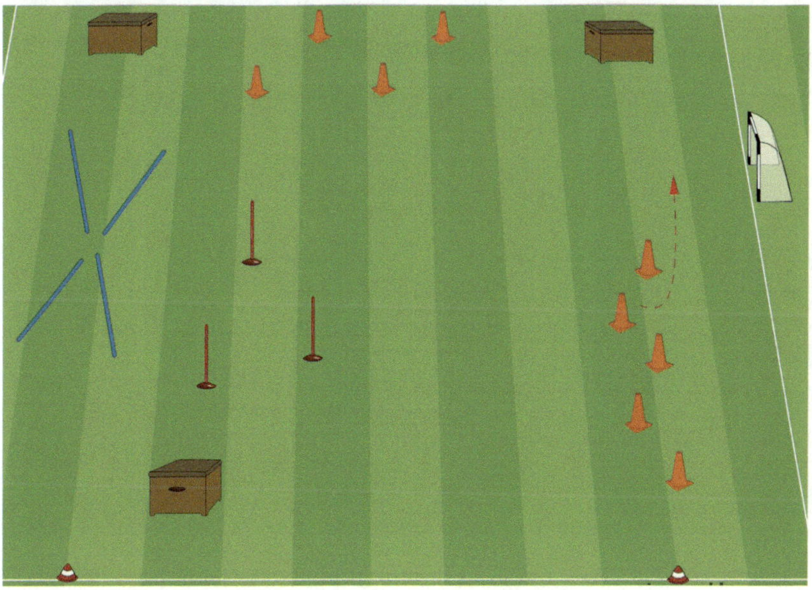

图11.5　这里小球门作为燃烧点（基地），同时还使用了很多设备

这里将足球和火球结合到一起，意味着跑动的球队将球带进场地，接着场地上的球队抢到球并尝试尽可能快地将球传进或踢进燃烧点（基地）。

游戏规则

- 跑动球队的第一名球员将球踢进场地。场地上的球员必须尽可能快地将球踢进燃烧点（小球门）。要做到这一点，场上的球员必须先跑过3个球门及由小箱子、杆子和锥桶组成的开放式目标（障碍物）。同时，跑动球队尝试绕着场地踢出第二个球。在这个过程中，他们必须运球绕过狭窄的回旋式摆放的障碍物。每一名球员在没有休息的情况下跑到终点线可以获得3分，否则只能拿到1分。如果球员在开放球门之间被捉住（意味着另一支球队在他完成跑动之前将球踢进了小球门），那么他可以直接跑到终点线位置，但是不得分。

- 根据训练目标，确定场地大小、每支球队的球员人数、持续时间、重复次数以及使用的设备。

练习5：美式快球（见图11.6）

图11.6　使用手和脚传球

类似于橄榄球，以传球和跑动的方式将球（英式足球或五人制足球）传到对面终点区。

游戏规则

- 从自己场地的底线踢球开始游戏。一旦对方球队拿稳球，他们可以根据足球规则开始进攻。接球球员接到球后（用脚），可以带球继续跑动，这里没有脚数限制。如果在对方的区域接到传球，那么球队可以获得2分，如果直接带球进入区域可以为球队拿下3分。只要球没有触地，那么也可以用手传球。接球球员可以抱球继续跑动。防守的球队也可以截住传球、快速转换、发起进攻。如果带球的球员被防守者拍到后背，双方交换球权。接下来，球员用脚开始游戏。

◉ 根据训练目标，确定场地大小、终点区大小、每支球队球员的人数以及跑动的持续时间。

练习6：混战球（见图11.7~图11.9）

10米

16米

图11.7 即使在足球运动中必须公平比赛，也不要害怕身体接触

在这个游戏中，球员必须全速带球，将球踢过对方底线。

10米

16米

图11.8 比赛场地两侧为终点区

游戏规则

- 从在场地中间坠球开始游戏。一开始，两队球员在两个目标区域分散站立——场地两侧的浅绿色区域（终点区）——在坠球之后，他们跑进里面的比赛场地（深绿色）。球员带球进入本方的终点区时可以得1分，可以向任何方向带球。

- 只可以向后传球。防守的球员不可以进入自己的终点区防守。他们必须尝试通过恰当的方式拿到控球权：压迫、抢断、碰撞、护球。只可以抢断控球的球员。在每次得分之后，重新以坠球开始游戏。

- 如果带球球员被拍到后背，他就必须停下来。所以在被拍到后背之前，他必须立刻将球传给身后的队友。被拍到的球员必须停下来（球必须静止下来），向后跑到本方区域，然后再次参加行动。拍到带球球员的防守人将获得球权。在游戏过程中如果发生鲁莽和暴力的踢球方式等违规行为，将被判罚转换球权或直接判罚点球。教练可以扮演裁判的角色。

- 根据训练目标，确定球的类型（如英式足球、五人制足球或网球）、场地大小、终点区大小、每支球队的球员人数以及每个回合的持续时间。

图11.9　比赛场地四侧为终点区

练习7：团队足球（见图11.10）

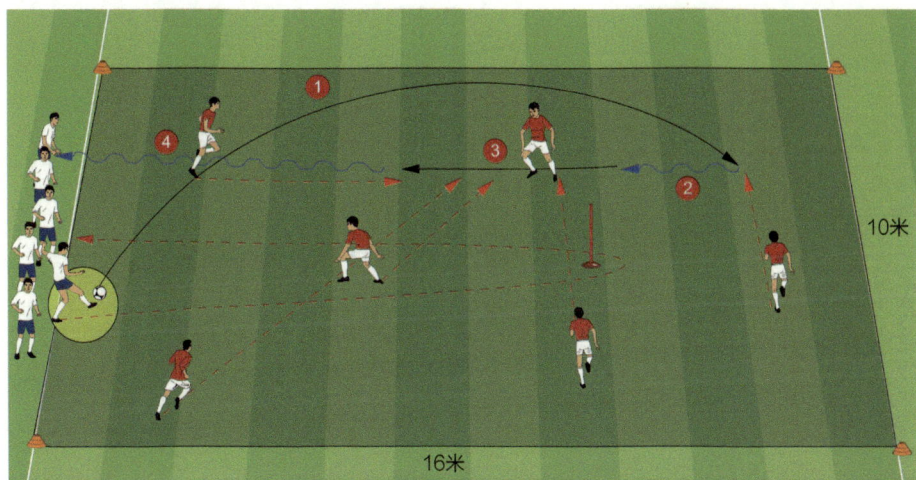

图11.10　看哪一队组织得更快

　　蓝队将球踢到场地以后，迅速跑向标志杆，绕过标志杆以后跑回出发点（底线）。红队离球落地点最近的球员用手或脚得到球以后，其他所有球员快速跑到接球位置并分开腿排成一排形成一条通道。最后一名球员将球从排成通道球员的双腿之间传给最前面的球员，接着该名红队球员快速带球跑到底线。同时，他可以喊出，"红队！"在这个时候，如果蓝队跑动球员还没有到达底线将会被罚1分。

游戏规则

- 看看在听到喊声之前，多少名跑动的蓝队球员能够跑到底线位置，以及跑动的蓝队球员总共被罚了多少分。如果蓝队所有的球员都比红队快，那么蓝队球员都可以得分。在提前确定了蓝队对阵红队的训练回合总数之后，可以经常轮换任务同时检查得分。看看哪支球队的罚分最少。

- 根据训练目标，确定用球类型（如英式足球、五人制足球或网球）、场地大小、底线和转点（标志杆）的距离、每支球队的球员人数以及每个回合的持续时间。

练习8：压力球（见图11.11）

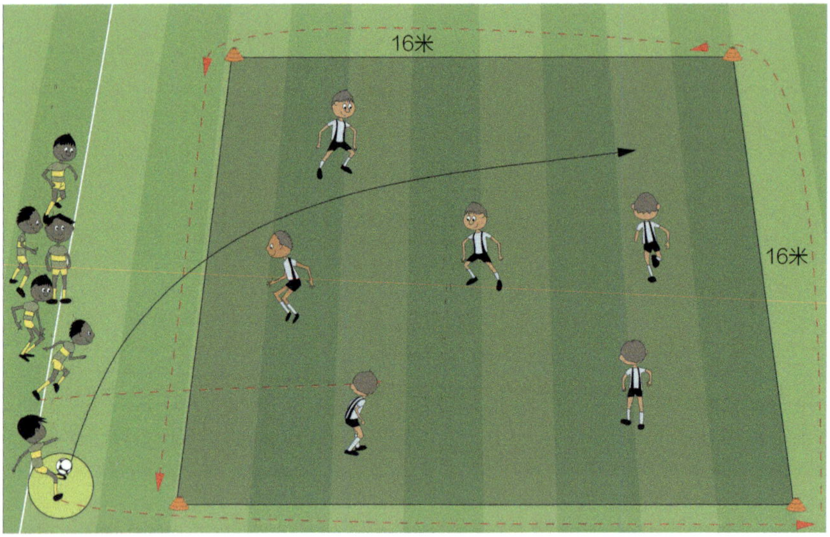

图11.11 合作、速度和敏捷性

在将球踢到场地之后，跑动球队的一名球员努力跑到指定的位置上得分。而场地上的球队必须尽量阻止他得分。

游戏规则

- 跑动队的一名球员凌空将球踢到场地里，然后全速绕着场地跑动。
- 跑动球队（绿色/黄色）的另一名球员进入场地。场地球员接到球后用球击打进入场地的那名跑动球队球员。如果他能够在队友绕着4个锥桶跑完之后还没有被打中，那么跑动球队可以得1分。
- 在跑动球员和场地球员交换角色之后，最后比较两队得分。
- 根据训练目标，确定场地大小；每支球队的球员人数以及回合次数。

练习9：守门员的抛球游戏（见图11.12）

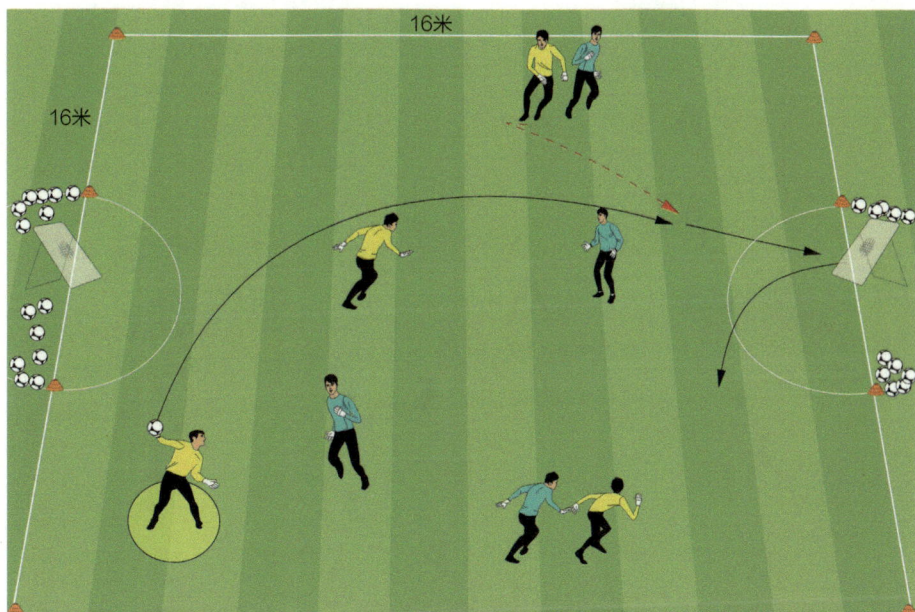

图11.12 抛球、跑动、跳起和接球

在这里，朝目标抛球的前提是对方球队比较难接住反弹球。

游戏规则

- 进攻球队守门员用手将球抛向或用脚凌空将球踢向反弹网（类似于一个小型的蹦床），如果球在经过反弹网反弹后、落地之前，防守的守门员（这里是穿蓝色或黑色队服的球员）没有接到球，那么进攻球队可以得1分。进攻方守门员不可以在防守球员尝试接球的过程中故意违规。进攻球员和防守球员都不可以提前进入球门区。如果球经过反弹网反弹后在球门区落地，那么得分无效。对方守门员不可以拦截球。在向反弹网抛球前，连续传球次数不得超过3次。

- 根据训练目标，确定球的数量、场地大小、反弹网大小、每支球队守门员人数以及游戏时间。

练习10：垫上接反弹球（见图11.13）

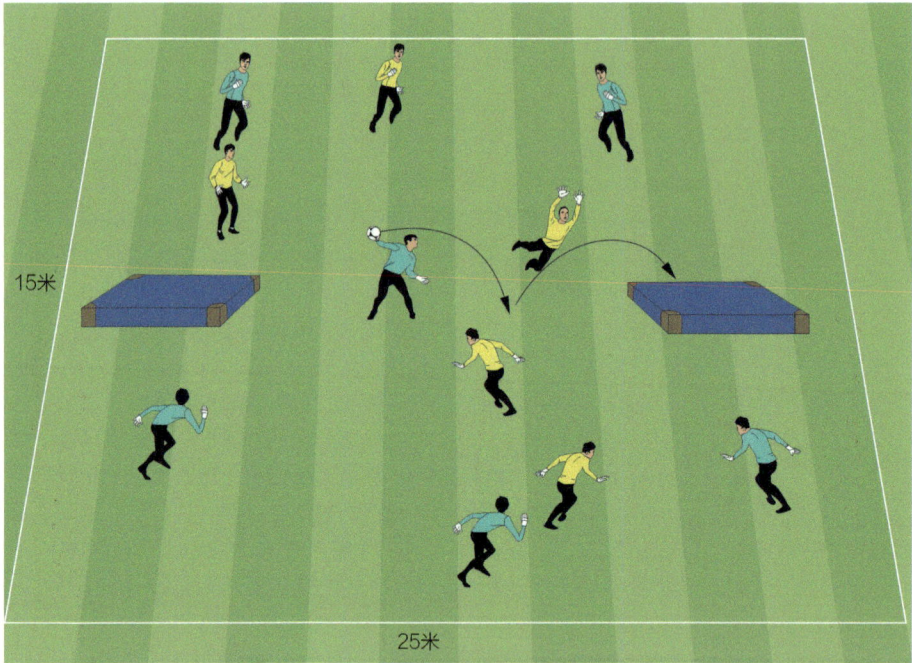

图11.13　进攻球员传球，防守球员断球

游戏的目的是以反弹球的方式击打垫子或者阻止球击中垫子。

游戏规则

- 进攻的守门员使用手抛球或者使用脚凌空踢球（也称作高吊球）。防守的守门员可以跃起并挡住快要击中垫子的反弹球（在向对面垫子抛球时）。进攻守门员扔球前只可以带球跑动1~2步。看看哪支球队击中垫子的次数最多。
- 根据训练目标，确定球的数量、场地和软地垫大小、每支球队守门员人数以及游戏时间。

练习11：藤球（见图11.14）

18米

9米

图11.14 提高敏捷性，促进球员间的合作和交流

这个游戏可以追溯到流传于整个亚洲的古老运动。游戏的重点是采用藤条编织的球。

游戏规则

- 每队3名球员，将球从球网上方踢到对方场地上。根据球员能力，游戏可以设定不同的规则：1.手抛球踢球过网；2.在接球之前，球必须触碰胸部、大腿或者头部；3.第一名接球球员不可以直接将球踢过球网而是需要传球给队友一次，队友才可以向前传球；4.像网式足球一样，不可以用手接球或者抛球，但是球可以反弹一次。

- 看看哪支球队得分最多。

- 根据训练目标，确定使用藤条编织的球或者其他具备相同属性的球、场地大小、网的高度或绳索的长度、每支球队的球员人数以及游戏时间。

> CHAPTER

12

第12章 足球专项跑动训练

> "跑动技术的提高不仅有助于达到更快的跑动速度，而且有利于提升跑动的经济性。"

（源自：Dr. W. Schöllhorn, 2003, p.8）

面向球员的跑动教学是对带球和无球的跑动游戏的有效补充。在我们看来，教练必须具备这一章所展示的基本跑动知识。这一章为教练提供了制定训练计划时可以选择的训练方式。更多关于运动学的信息见肖勒霍恩（Schöllhorn, 2003）的研究。

跑动姿势会显著地影响球员快跑的能力（见图12.1~图12.3）。

图12.1 "不要那样！"这名年轻球员在跑动时，仿佛在"坐着"，证据是如虚线所示上半身保持笔直

图12.2　图中这名球员在跑动时同手同脚，耸肩且身体后倾，这个跑姿是错误的

在足球专项跑动教学中，教练可以实现哪些目标？

- 提高体能。
- 提高跑动技术（如触地、膝关节和髋关节伸展及头部、躯干和手臂位置）。[1]
- 增加跑动动作的步幅和步频。
- 提升启动速度。
- 培养时间和节奏感。
- 练习节奏跑。在这个过程中，球员在之前指定的一段距离中逐步提高速度，直到达到最大速度；这里，教练必须密切关注需要进一步仔细明确的跑动技术。

1　感兴趣的读者可以在布克维茨和斯坦（Buckwitz and Stein, 2014）的研究中找到更多关于短距离冲刺研究进展的信息。他们将优秀球员在男子100米短跑中爆发力方面的突出表现归因于更长的加速阶段和步幅带来的最大速度的提升。这些信息对足球训练非常有帮助，因为高位压迫导致防守线后面出现较大空间。在攻守转换的过程中，三条线之间的空当及更多的边路配合使得无球冲刺次数逐步增多。在青少年足球中，短距离冲刺进入空当的练习也非常常见。但很多青少年球员的步幅很短，尤其是开始时。支撑阶段在世界级短跑比赛中非常重要。对于足球训练来说，尤其是高水平足球中，这些发现可能预示着需要增加针对与加速有关的腘绳肌和与触地用力有关的股四头肌的训练。我们推荐快节奏跑、速度耐力训练阻力伞、下坡跑及使用等速力量训练设备和Tidow著名的冲刺力量训练装置的针对髋屈肌和髋伸肌的训练。从技术角度来看，应避免明显的前支撑，而是重点强调高抬腿，以提高脚蹬地时的加速。

可以在体育馆、公园或者足球场进行跑动教学。在我们看来，年龄15岁以下的球员，跑动教学的训练时间和训练负荷不可以超过以下规定（见表12.1）。

图12.3 图中这名球员跑动时躯干和手臂摆动幅度过大，这并不是有效的跑姿

表12.1 在训练单元中，跑动教学的持续时间

年龄	每个训练单位的持续时间（分钟）
8~9	10
10~11	12~15
12~13	15~18
14~15	18~20

感兴趣的读者，可以直接将足球跑动教学的训练和练习结合到足球训练中。

练习1：团队形式跑动训练

这个形式在足球训练中非常常见。除了教练拥有良好的视觉运动控制之外，团队训练最重要的是可以显著提高动作的准确性、团队精神和努力意愿（前进的动力）。

变化A：一条直线

⊘ 在运动场上，球员以彼此间最小的间距沿着一条直线一个接一个地跑动（前后或者椭圆形）。最后一名球员开始在外面绕着团队跑动，直到跑到队伍最前面才减速快走。现在，处于最后一名球员完成相同的动作。可以变化跑动的方式，包括高抬腿跑、后踢腿跑、北欧健步、跳跃跑、踮脚跑、后退跑和侧身跑。

变化B：两条直线

⊘ 在变化A的基础上，球员并列沿着两条直线跑动。这样必然增加了练习的强度。

变化C：一条或两条直线——变化速度

⊘ 球员沿着一条直线一个接一个地跑动。在教练发出信号后，最前面的球员往侧边跨一步，接着显著放慢速度（走路的速度）。现在，球队其他球员超过这名球员跑动。接着，球员在最后一名球员跑过他之后重新加入跑动队伍。接下来，按照新的信号，重复训练。

变化D：在两条直线上变速跑（见图12.4）

⊘ 球员在两条直线上肩并肩跑动，球员之间大约间隔约2米的距离。在教练发出信号后，每条直线上的最后一名跑动者绕到自己组的外面快步跑到前面，接着带领球员以低速慢跑。重复训练。

图12.4　队尾的两名球员同时向前冲刺

变化E：在两条交错的直线上变速跑（见图12.5）

> 参照变化D，这里的两条线发生了偏移。队伍A现在几乎超过队伍B。当队伍A的最后一名球员与队伍B的第一名球员并排时，整支队伍A球员的速度会明显减慢，而整支队伍B的球员同时开始冲刺。队伍不断地推进，彼此相互移动。每支队伍的球员总是不断地"变化"。这里，沟通和团队合作是必要条件。

图12.5 在交错的直线上变速跑

变化F：两条线交替环绕跑（见图12.6）

- 参照变化D，在教练发出信号之后，队伍A绕着队伍B快跑。一旦所有的球员都在没有出现碰撞的情况下返回到自己原先的位置，队伍B可以在信号发出之后开始跑动。

图12.6 整队突然变向

练习2：障碍跑（见图12.7）

球员前后间隔大约0.25米跑动。在教练发出信号后，每队的最后一名球员绕过中间的其他球员组成障碍阵型快速跑到前面。根据训练目标，确定球队人数。

图12.7 在不接触任何其他球员的前提下快跑

练习3：标记和跑动（见图12.8）

球员肩并肩排成两排行走。A排的一名球员触碰与他并列的B排球员。接下来，两名球员立即尝试跑到队列的前面（绕着外面的线）。看看谁最先跑到自己列的前面。教练根据训练目标指定冲刺的人员序号、连续跑动和休息的时间，同时确保队列之间的沟通清楚明了。

图12.8 标记和跑动

练习4：触碰和追逐

球员排成一排或两排走动或跑动。球员之间必须间距约3米。排在最后的球员要触碰并跑过前面的球员。两名球员都需跑到自己球队的前面。接下来，列队中新排在最后的一名球员触碰在他前面的球员。重复进行游戏。看看谁在不被触碰的情况下跑到了前面。教练根据训练目标可以指定练习组数、冲刺距离以及休息时长，同时确保队列之间进行清晰明了的沟通。

练习5：冲刺和计时（见图12.9）

图12.9 无间断地完成任务

球员接到一个有难度的传球。他必须停好球并带球跑进罚球区，接着根据情况射门。

为了使这项高度复杂的任务能够有效地完成，在青少年足球训练中制定相应的训练形式是非常重要的。球员可以从间距约11码（约10.1米）的位置跑过摆动的绳子。他们必须跑过绳子，绳子需由两名队友以不中断方式逆时针甩动。教练可以按照规则将这个游戏变成比赛：看看谁能够在不停下来和不被绳子绊住的情况下通过。

变化

- ❯ 两名球员一前一后跑过摆动的绳子。
- ❯ 使用接力棒进行接力比赛：两支球队来回冲刺。
- ❯ 增加与绳子之间的距离，加大任务难度。
- ❯ 连续跑过两条绳子。但是绳子必须保持足够的间距。

练习6：数字跑动（见图12.10）

球队分成几个小组，组里每一名球员被指定一个1~4之间的数字。在喊出一个数字之后，教练向该数字的球员指示一个动作，接着球员完成该动作。

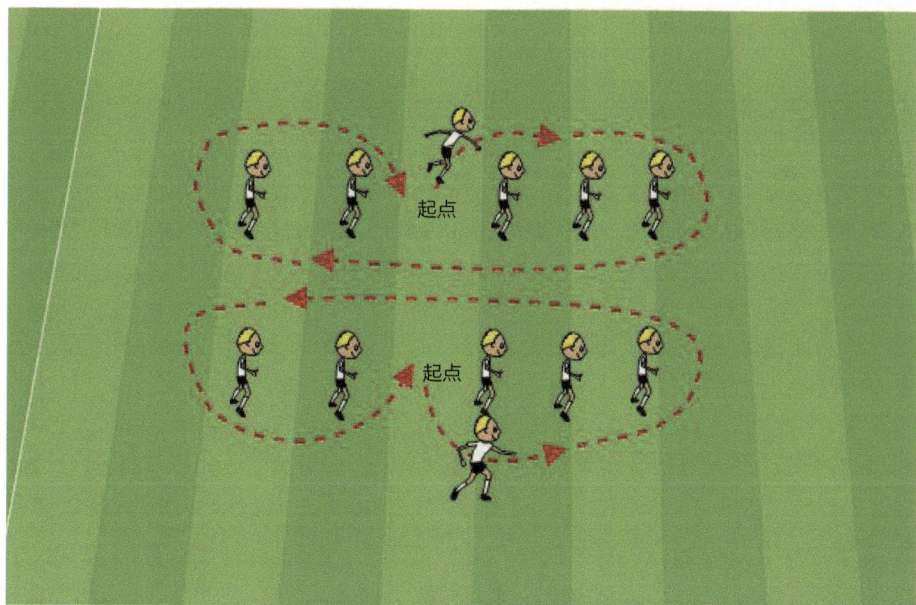

图12.10 必须专注和具备一定的跑动能力

可能的任务

- ⊙ 球员分成两行。两组球员以特定的方向行走。当教练喊出特定的数字时，这些球员跑到前面。

- ⊙ 与之前的任务一样，但是这次球员绕着自己的列队跑动，接着重新回到自己原来的位置。看看谁最先跑回自己原来的位置。

练习7：从站姿开始的数字跑动（见图12.11）

与练习6相似，球员以站姿开始练习。

可能的任务

🡒 直线跑动，跑出去再转身跑回来。

图12.11 跑出去再跑回来，击掌后换下一球员跑动

下面列出5种形式的数字跑（见图12.12~图12.16）。

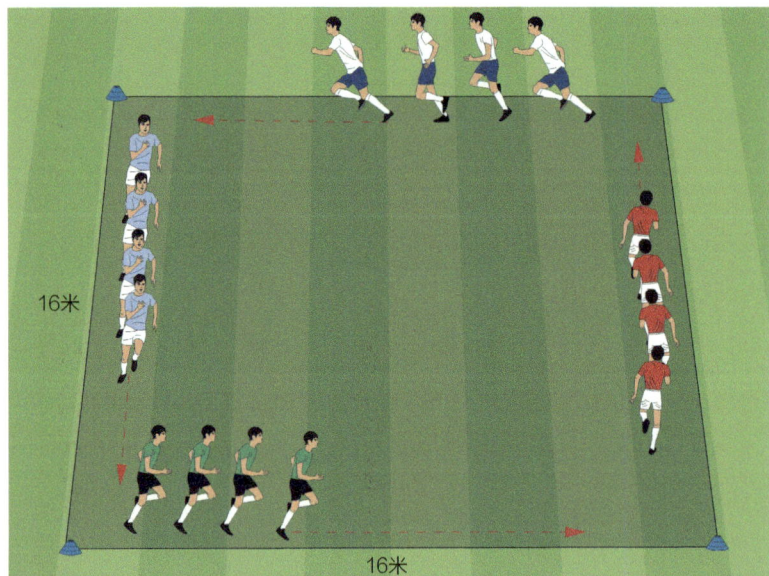

图12.12 沿一块正方形场地（16米×16米或20米×20米）的边线跑动

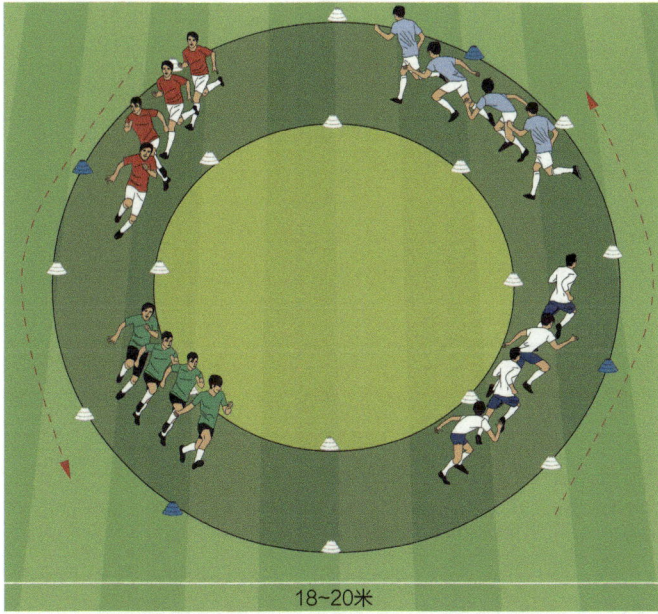

18~20米

图12.13　沿一块圆形场地（直径为18~20米）的边线跑动

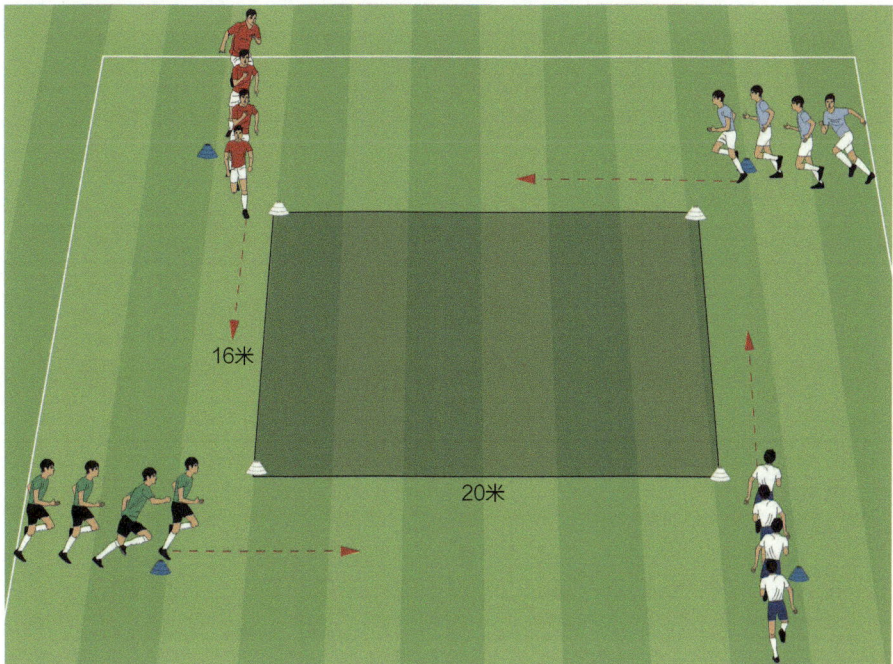

16米

20米

图12.14　沿一块矩形场地（16米×20米）的边线跑动

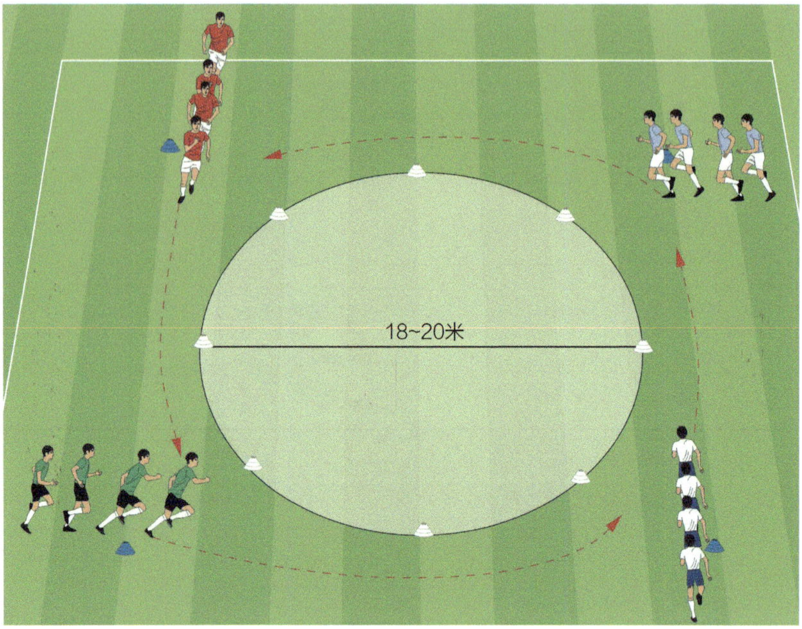

图12.15 沿曲线跑动

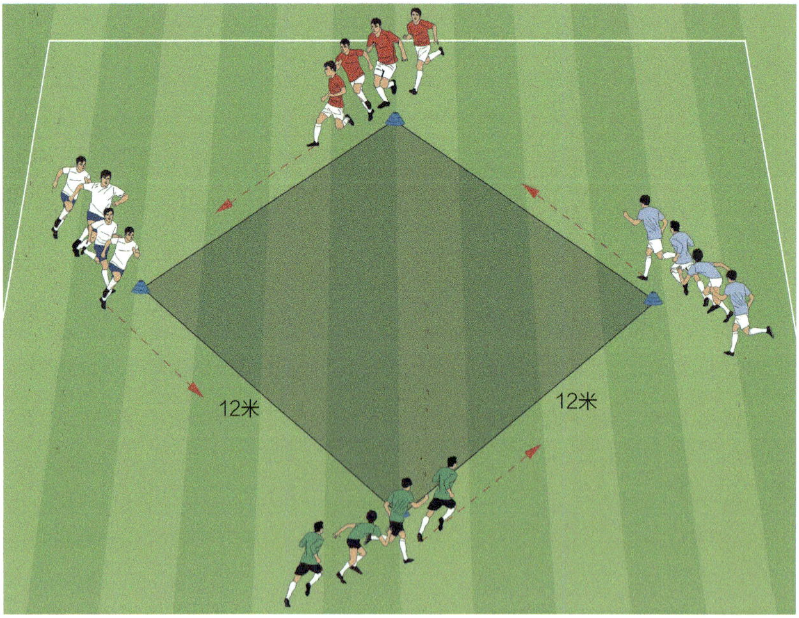

图12.16 沿一块菱形（边长约12米）的边线跑动

练习8：以跑动开始的数字跑动（见图12.17和图12.18）

球员跑动，同时教练喊出一个数字。

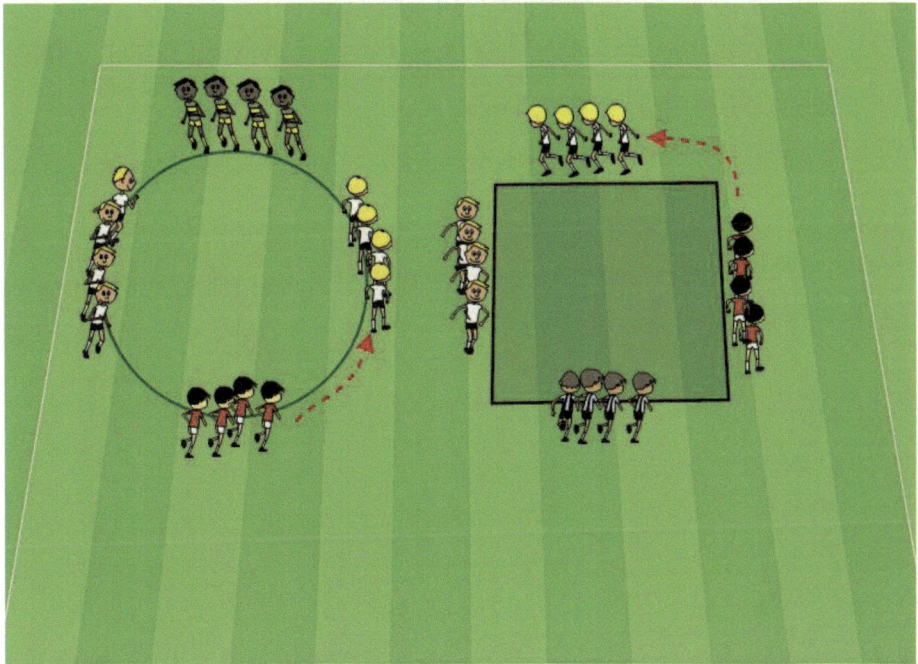

图12.17　跑动时听指令冲刺

在训练和练习中，基于以下原因，必须不断地改变跑动方向。

◐ 避免单侧骨骼肌肉负荷过多。

◐ 按照不同的方式练习空间意识（左右以及前后）。

◐ 球员以小组形式顺时针或逆时针绕着圆圈跑动，在教练发出信号后，绕着圆
圈中间的锥桶跑动，接着跑回自己小组。

◐ 根据训练目标，确定跑动距离。

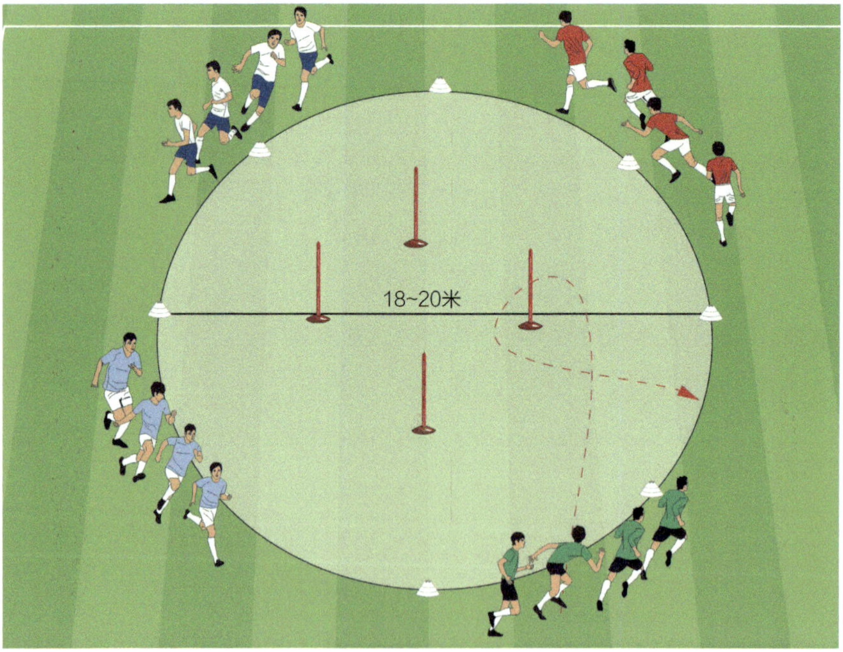

18~20米

图12.18　跑动、变向、再次追上

变化（见图12.19）

- 球员拿着接力棒或球并将它交给自己小组球员。圆圈的直径为18~20米。看看哪一组最快完成。

- 与之前一样，球员现在必须跑到圆圈外面的锥桶位置。

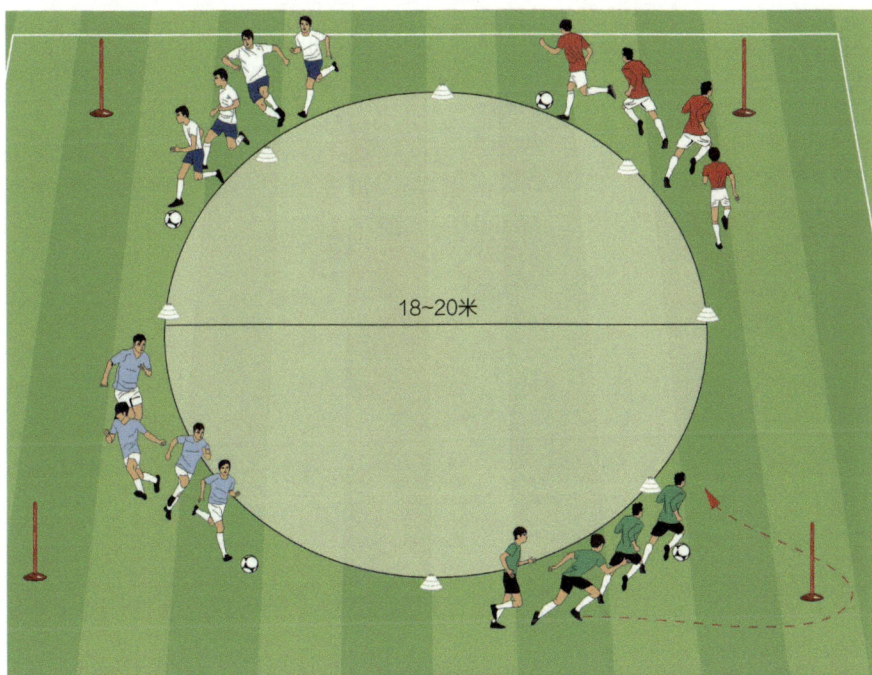

图12.19 向外跑，然后跑回你的小组

练习9：团队跑动（见图12.20）

教练组织球员人数相等的球队。球队球员可以在标记场地上自由跑动。在教练发出信号后，每支球队的第二名球员跑到前面，同时之前跑在第一位的球员回到球队最后面。其他球员补上第二名球员跑到第一位之后出现的空缺。

图12.20 永远紧跟第一名球员

变化

- 球队以高抬腿或跳跃方式跑动。球队的第一名球员指定这些动作变化，其他的球员进行准确模仿。
- 计时跑动。指定球队任务，并持续进行1分钟或者其他指定时限。当时间用完时，教练可以吹响哨子或者拍手。接着，所有球员停止跑动。看看哪名球员和哪支球队彼此之间可以保持最短距离。

目标

- 以团队方式站在一起同时留意自己的队友！

练习10：6天竞赛——培养团队节奏

组织两支人数一样的球队。采用类似于6天跑动比赛的球员阵容：球队在标记轨道上（圆形、椭圆、三角形、正方形、六边形）稍微偏离的位置彼此面对面站立。一旦比赛开始，他们会在半路相遇。教练可以要求球员完成以下任务。

- 调整跑动速度以便同时返回到出发位置。
- 在指定时间段注意做到同步跑动。
- 询问球员是否"感觉到"跑动的时间总数（速度感）。
- 询问球员是否可以做到同步跑动，这样就不会出现"太快""太慢""过于不同步"或"过于混乱"的情况。

练习11：暂停时间

球员分成几个小组，一起在足球场的标记跑道上跑动4~8分钟。指定跑动线路，球员必须从教练身边经过。球队的球员可以在跑动过程中向教练要求时间休息（短暂休息）。如果教练同意，那么球员可以坐下来休息一会儿，接着再重新加入球队。球员可以要求休息几次。

看看哪名球员或哪个小组要求休息的次数最少。

练习12：道路交通（见图12.21）

球队4~6名球员一起绕着运动场上放置的物体（如锥桶、小球门、球或长凳）跑动。球员必须不断确定他们在球队中的跑动位置（1~4）。在教练发出信号之后，不断地变换每支球队带头的跑动者，如1与4交换位置。由于几支球队同时跑动，因此所有的球队必须遵守道路交通的通行权规则：先右后左。教练会对没有注意到这些规则的球员执行指定惩罚，如原地完成10个俯卧撑。

这个练习也可以在体育馆或公园完成。

根据训练目标，确定跑动持续时间、跑动次数及休息时长。

图12.21 在道路交通中保持警惕

练习13：冲刺者优先（见图12.22）

　　根据训练目标，每组4~6名球员，同时在跑道恰当的距离设置锥桶。球队的第一名球员从A冲刺跑到B，接着慢跑穿过障碍跑道回到出发点。当第一名球员进入慢跑阶段时，第二名球员开始出发。为了避免在冲刺中出现危险的碰撞情形，必须遵守冲刺球员总是优先于慢跑球员的规定。根据训练目标，确定组数和冲刺的次数、距离和休息时长。

　　锥桶之间的距离为10~12米。

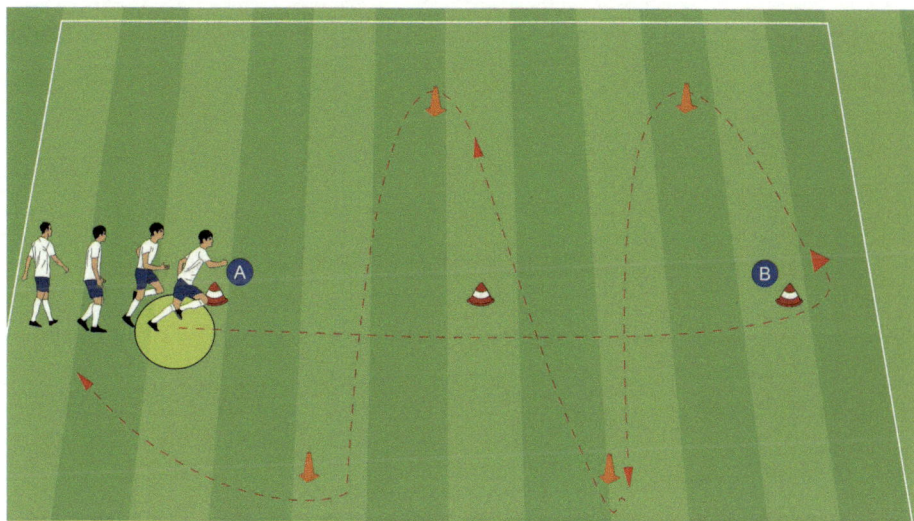

图12.22　冲刺和慢跑

练习14：争取得分（见图12.23）

球员分成4组，站在开始（终点）线后面。每组由4名球员组成。每组的第一名球员绕着锥桶跑动，接着第2~4名球员。每一个锥桶代表一定的得分。教练决定锥桶之间的距离、持续时长以及连续练习次数和组数。

- 锥桶之间较短的距离：强度性间歇训练。
- 锥桶之间较长的距离：大运动量间歇训练。

看看哪支球队在指定时间里获得最多得分。

教练必须指出球员应该学会体验感知自己的耐力，同时对以后的跑动教学训练做出总结。

- "我必须跑得更快些！"
- "我必须学会坚持！"

这些自我谈话可以成为以后跑动教学的基础（学会竞争、沟通和评估）。

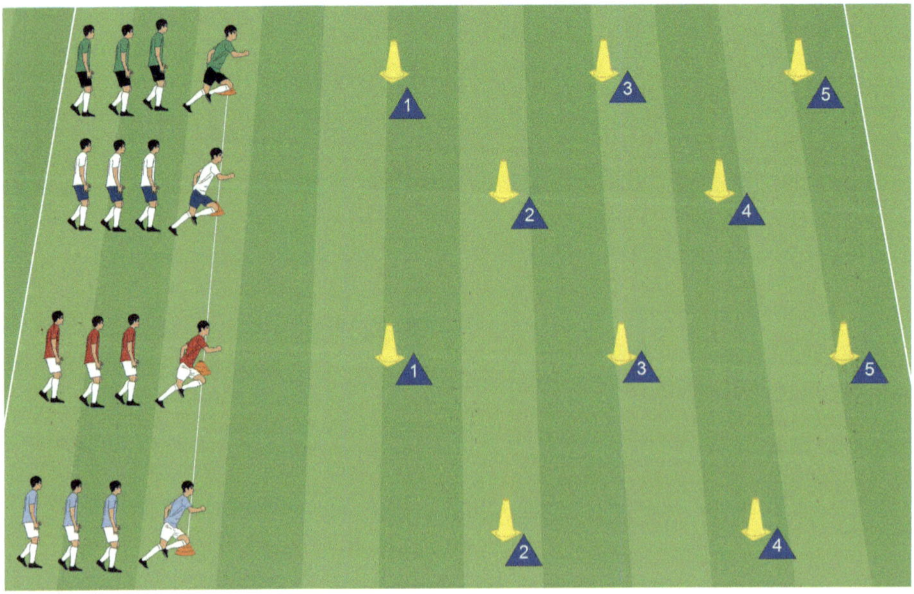

图12.23　学会完成、交流和评价

练习15：三角形跑动（见图12.24）

将球员分组。球队在三角形中跑动。三角形由ADA（26米×26米×26米）、BDB（24米×24米×24米）和CDC（22米×22米×22米）构成。每支球队从一个角落开始训练。球员按照指定的速度绕着三角形跑动（如每边10秒）。

看看哪支球队可以按照一个速度节奏稳定地跑动，跑到三角形转角时不会出现加速或减速。根据训练目标，确定时间、速度和休息时长。

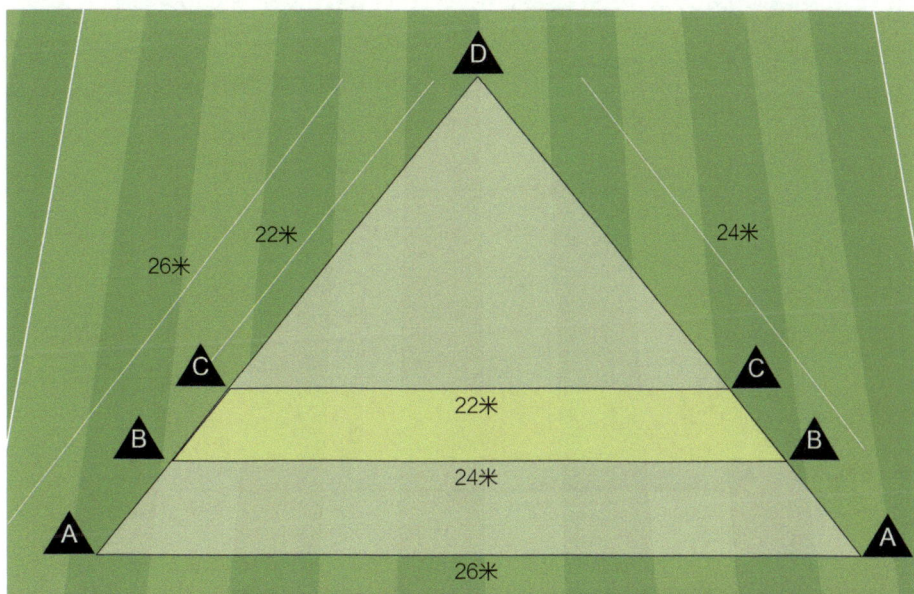

图12.24 发展节奏感

变化

- 每名球员自己跑动。
- 要求配对跑动。
- 1个人跑、接着配对跑、然后3个人跑等。
- 标识出一个正方形。
- 按照指定的速度进行接力比赛。

练习16：正方形跑动（见图12.25）

使用锥桶标出重叠的正方形。边长约为7米、14米和21米。这样可以组成3个正方形（小、中和大）。接着组织4支球队，每支球队由4名球员组成。每支球队的第一名球员（确定下来）带着球队开始跑动。在跑完3圈之后，第二名球员带着球队跑动，以此类推。教练发出球队必须跑动的圈数信号。

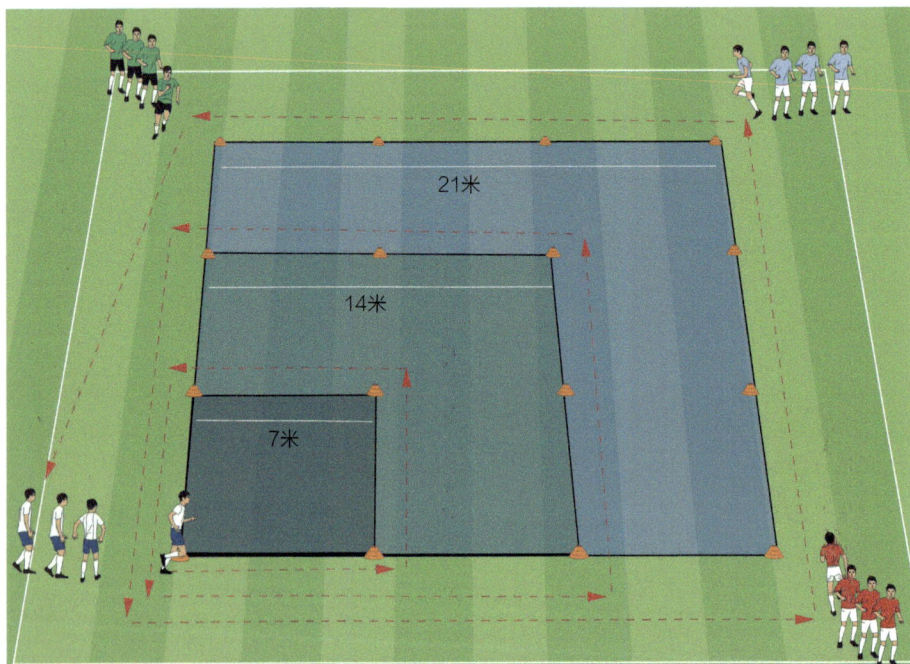

图12.25 交替带队

变化

- 有意地改变速度：一边快，另一边慢。

- 改变方向：顺时针和逆时针跑动。

- 看看哪名球员或哪支球队能够估计出跑动3圈所需要的时间。

- 在指定时间里跑动3×3圈。看看哪支球队满足这样的时间分配或者最接近时间任务要求。

练习17：小组跑 I

标出一个50~100米的跑道，3名球员组成一个小组。每支球队的两名球员按照时间分配沿着跑道跑动：在不暂停的情况下，跑动6分钟、8分钟、10分钟或12分钟。根据小组的训练水平和目标，确定时间分配。每支球队的第三名球员在跑道边缘等待，可与另两名球员替换。看看哪个小组在设定时间内坚持时间最长和跑得最远。

练习18：小组跑 II

参照练习7，由4~5名球员组成一个小组，而且球员必须持续一起跑动。教练必须留意球队做到保持较快的频率跑动。

练习19：让其他人练习跑动——享受练习！（见图12.26~图12.28）

在足球场标出不同的路线：直线、圆圈、三角形、正方形、8字形双圈。组织球队（如由4名球员组成）同时为第一名球员提供一个骰子。当这名球员抛出骰子显示一个数字时，身后的球员必须完成相应圈数跑动。接下来，第二名球员抛骰子，以此类推。所有球员依次轮流。

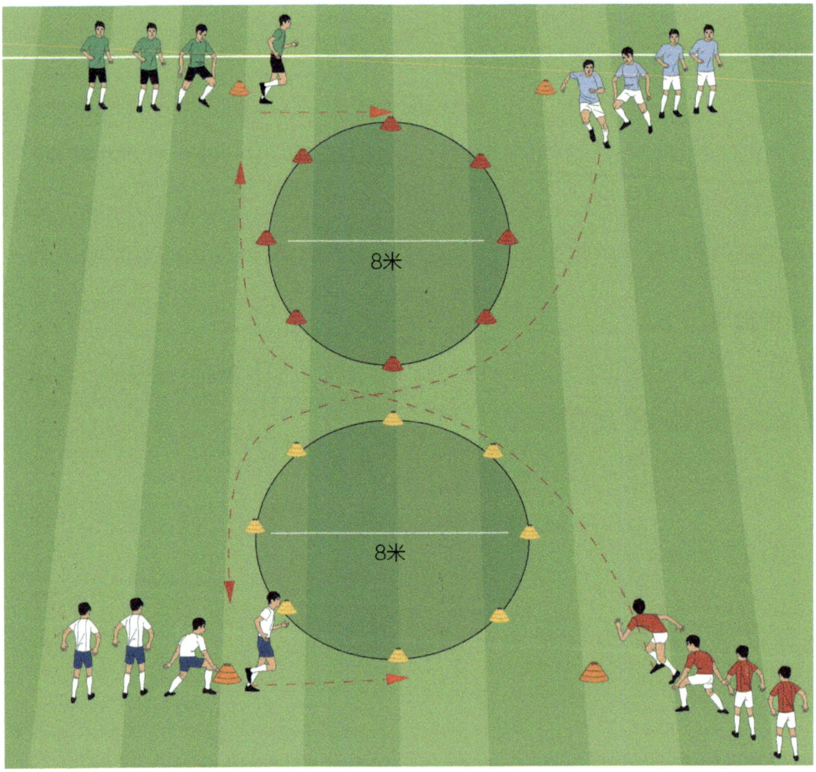

图12.26　数字8

直径约为8米的圆。

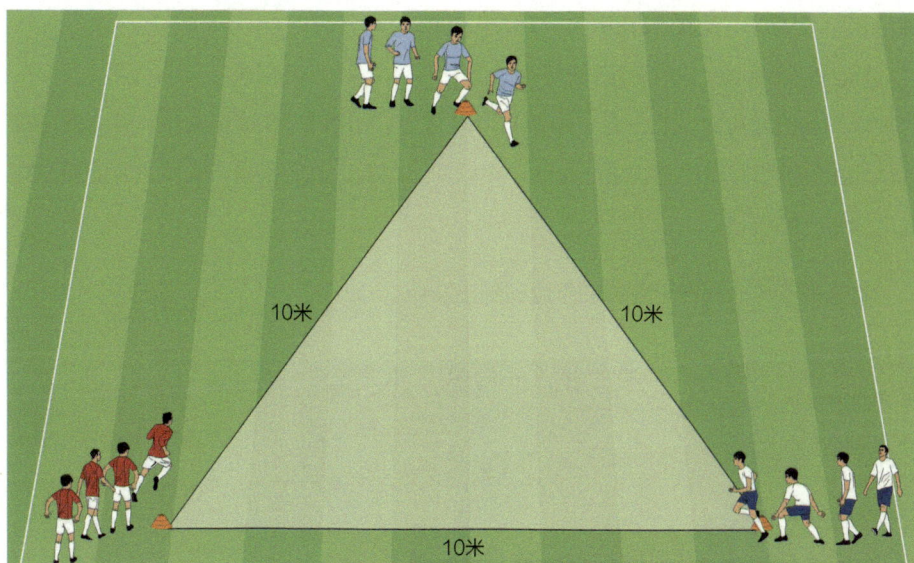

图12.27 三角形跑动

边长约为10米的三角形。

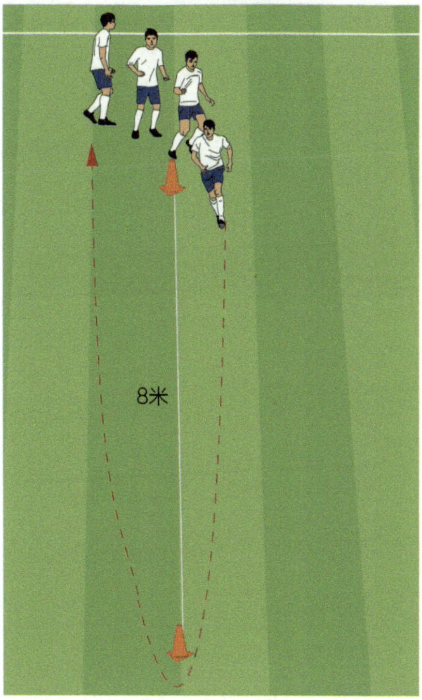

两个锥桶之间的距离约为8米。

变化

- 球队之间相互抛骰子。

图12.28 线形跑

练习20：出租车（见图12.29）

标出以下路线，有4~6名球员为一组。每组的第一名球员按照指定路线跑动。当他返回到出发点时，下一名"乘客"可以搭上"出租车"。这意味着，等待的球员陆续地跟到球员跑过的路线后面跑动。根据训练目标，确定锥桶和长凳之间的距离以及连续练习的次数。

看看哪支球队第一个完成任务返回到出发点。

图12.29 线路1

锥桶间的距离为12~16米。

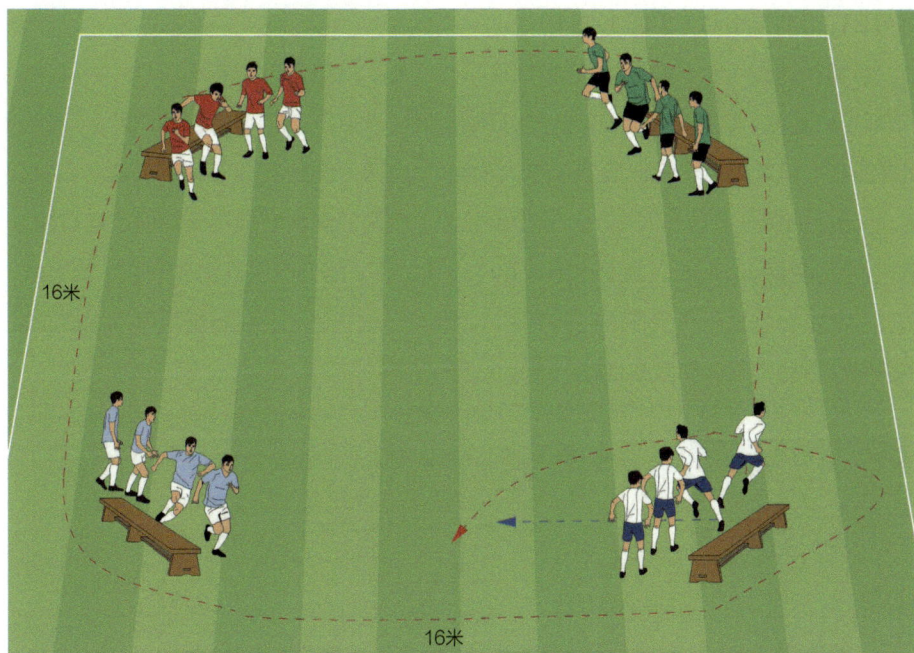

图12.30 线路2

长凳放在场地角落里。场地大小大约是16米×16米。

变化（见图12.30）

> 在路线2中，前面的球员总是绕着长凳跑动，然后在接触到下一名球员之后，改变跑动方向。这个变化要求球员注意力进一步集中，因为所有的球员都按照相同的速度跑动。告诉球员要注意观察四周，这样他们可以适应其他球员的速度。

练习21：8字形跑动（见图12.31）

　　教练按下图所示布置场地，同时组织4个小组，每组有4名球员。球队A（红色）和球队B（蓝色）的第一名球员带队同时开始跑动。例如，当球队A跑到球队C（绿色）的位置时，该队的第一名球员加入球队A后面。这支新的小组接下来跑向球队D（白色），该队的第一名球员同样加入新小组后面。前面的球员必须不断地确定与其他球队之间保持相同的距离。当两小组队完成任务之后，他们可以再跑多一圈。接下来，每支小组的一名球员总是在跑完8字形之后离开，这样小组A和B最后可以保持原始的人数。这里必须做到团队合作。

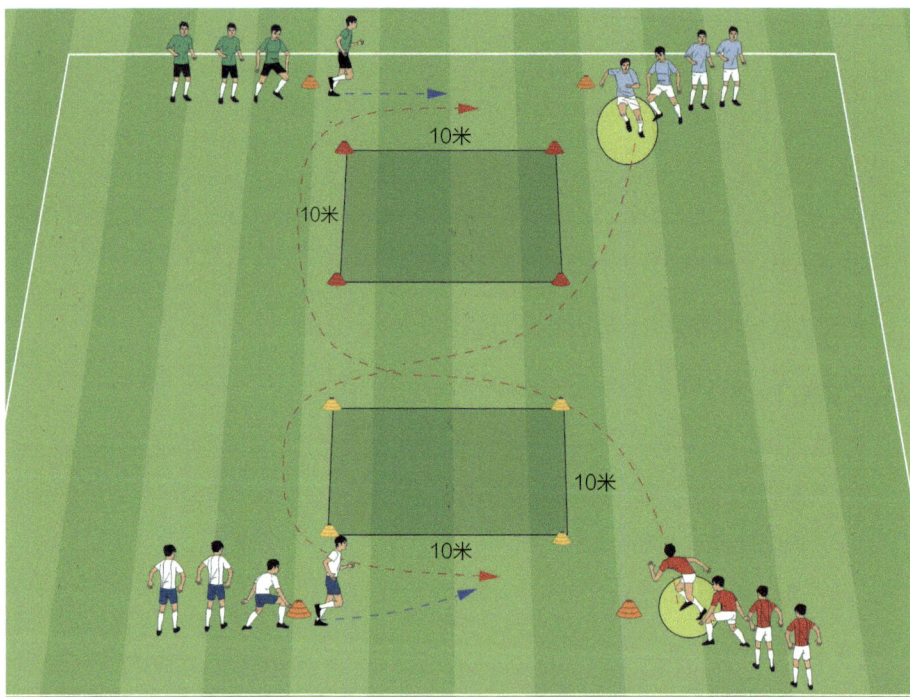

图12.31　团队合作

练习22：星形跑动（见图12.32）

　　教练标出一个星形，同时组织4个人数一样的小组。根据训练目标，选择星形大小、重复和连续练习次数。这样，可以按照配对、团队或集体的方式实施游戏规则。

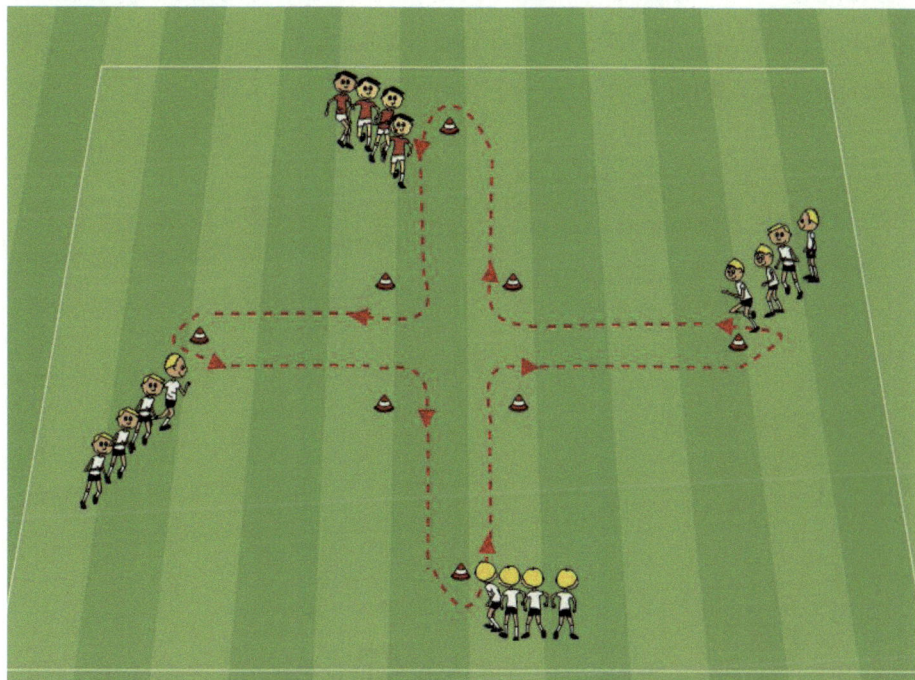

图12.32　按照一定速度绕着锥桶标出的星形里面和外面跑动

练习23：同步跑动（见图12.33~图12.35）

    教练放置约4排锥桶，同时组织两个小组，每组大约是3名球员（跑动与休息的比率是1：2）根据。根据训练目标安排锥桶之间的距离、锥桶到球员之间的距离以及重复和连续练习的次数。球队前面的两名球员同时开始，并绕着之字形线路跑动。当第一对球员跑到第二行锥桶时，第二对球员开始跑动。在跑到最后一行锥桶的前面之后，这对球员沿着锥桶的外面跑回到终点线位置。

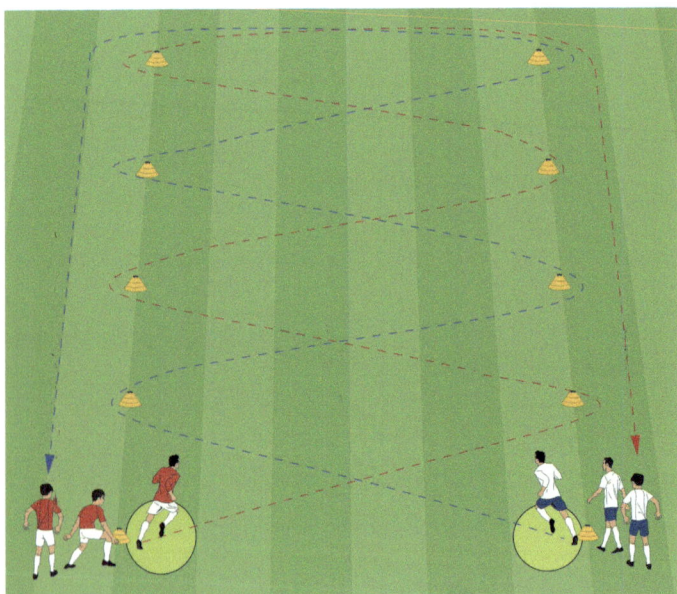

图12.33 学会合作并具备节奏感

图12.34 同步跑动

图12.35 在中间相遇

练习24：间隔队友跑动（见图12.36）

教练标出一个边长为15~30米的方形，同时组织两个人数相等的小组。

每一组的第一名球员在线ABC（红色）和ADC（白色）上同步跑动，然后跑回到自己的开始锥桶位置。接下来是第二对配对球员跑动。根据训练目标决定球员人数、重复和连续练习次数。具体跑动路线见图12.36，B、D两点距离颜色相同的A、C两点的距离相同。

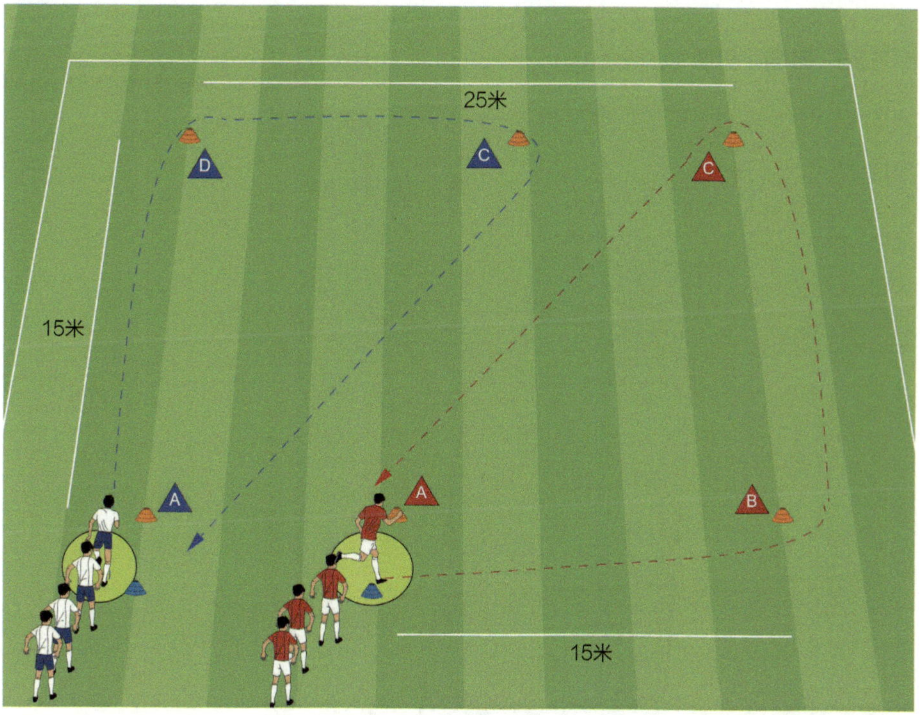

图12.36　间隔队友跑动

变化

- 两名球员最后以全速冲刺的方式完成斜线跑动。

- 配对球员变速跑。

练习25：里圈－外圈

教练标出一个大圆圈（或者可以以8字形跑动的两个大圆圈）。

球员单独跑动或者与队友一起跑动（肩并肩）。以圆圈或者8字形跑动可以让球员明白怎样做才是在里面或者外面跑动（里圈－外圈）。在比赛中，面对他们的对手和球，他们也会遇到这样的情况：不同的速度、脚放置的位置、步幅和重心转移。因此，他们必须独自不断地在里圈和外圈跑道之间轮换跑动或者由教练提示轮换。根据训练目标，确定圆圈大小、球员人数、重复次数和组数。

练习26：跑圈（见图12.37）

15米

10米

5米

图12.37 跑自己的圈

使用8个或者更多的锥桶标出前面所描述的图形，组织4个小组。每个小组的球员独自、配对或者以小组形式在教练指定的时间（或圈数）中跑动。根据训练目标，确定锥桶之间的距离（如5-10-15米），每小组的球员人数，重复练习的次数、组数。

变化

⦿ 在较长距离的线上采用慢跑方式，在较短距离的线上采用快跑方式。

练习27：冲刺

组织4个小组，每小组4名球员，并将球员从1~4编号。4支球队间隔15~20米绕着大圆圈、大方形或者大三角形一个接一个地跑动。在教练发出信号之后，每支球队的第一名球员（1号）冲刺到在他前面的小组后面并加入该小组。

变化

⦿ 教练不仅发出数字信号，而且还指示球员冲刺到另一支小组前面的小组位置。这样可以扩大跑动距离，同时提升球员的注意力。

练习28：接力赛

在直径为15~40米的圆形上，4小组的球员以中等速度一个接一个跑动。教练发出信号后，编号为1的球员带着接力棒或球绕着线路外面冲刺，然后将接力棒或球交接给编号为3的球员，以此类推。教练可以将这个游戏转变为持续接力冲刺比赛。

练习29：绕着菱形跑动1（见图12.38）

教练标出一个菱形。锥桶之间的距离为15~20米。组织4个人数相同的小组，球员如图12.38站位。

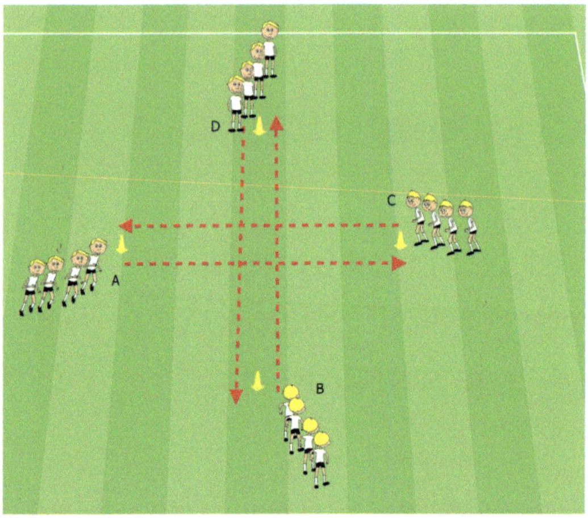

图12.38 在一块菱形场地进行团队冲刺

在教练发出信号之后，球队A和C前面的球员（编号1）快跑交换位置。当A和C的球员跑到菱形中间时，球队B和D最前面的球员开始跑动，以此类推。

变化

参照练习20，在小组循环中，每名球员都会站在最前面的位置1次。

练习30：绕着菱形跑动2（见图12.39）

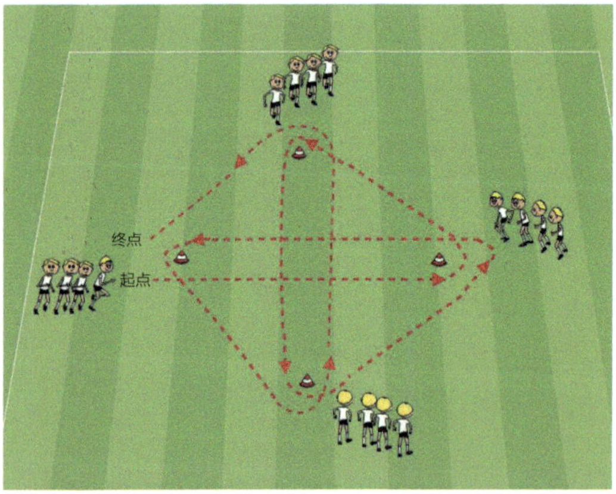

图12.39 指定跑线菱形跑（菱形场地边长约12米）

参照练习29，球队的跑动路线。先斜向跑，然后左转，再斜向跑。每个球员这样做4次，然后在各自的起点结束。

变化

- 逆时针跑。

- 对角线冲刺，外侧慢跑。

- 所有队伍交替冲刺和慢跑。

- 使用出租车练习的形式（参照第134页的练习20）和稳定的节奏。

- 使用出租车练习的形式，但是进行对角线冲刺。

- 如果锥桶间的距离大于16米，面向彼此的两个队伍可以同时开始。如果这两个小组在另一侧，另两个面向彼此的小组开始。

在一块菱形场地跑动

练习31：敏捷梯（见图12.40和图12.41）

放置敏捷梯。敏捷梯一般由12阶组成（每一阶都很窄）或由分布均匀或不均匀的24阶组成。根据团队规模、体能水平和训练目标，确定敏捷梯的放置方式。

首先，球员可以采用小步伐、步长组合，甚至变化的步频方式独自尝试发现敏捷梯之间的间隔。在跑动通过敏捷梯之后，球员必须采用一种步频和节奏，进行10~15米冲刺。

图12.40　敏捷梯和变化的步频

图12.41　使用标志杆，同时结合跳跃和跑跳（向前和侧身），进行步频训练

变化

● 这里可以使用敏捷梯、标志杆、锥桶和迷你栏进行已经熟悉的基本跑动练习。

注意

在执行练习31的训练时，特别建议要经常改变教学工具之间的距离并大幅度地变化节奏。否则，根据我们的经验，缺乏练习变化很难提高球员的步频。

练习32：跳过迷你栏（见图12.42）

将6~12个迷你栏（高度可以变化）排成一列，接着要求球员跳过迷你栏。教练必须强调高抬腿和双手摆动到下颚位置。球员在迷你栏练习时可以结合不同的跑动节奏。接着，可以将迷你栏的距离放置更宽些，以便帮助球员保持稳定的跑动顺序。

图12.42　跳过栏架

教练还必须注意以下动作特征。

- 头部姿势。
- 肩膀姿势。
- 手臂姿势。
- 身体姿势。
- 膝盖动作。
- 脚的位置。
- 动作放松。

根据训练目标，确定迷你栏的个数和高度、迷你栏之间的距离、重复和连续练习次数以及休息时长。

练习33：差异化冲刺（见图12.43）

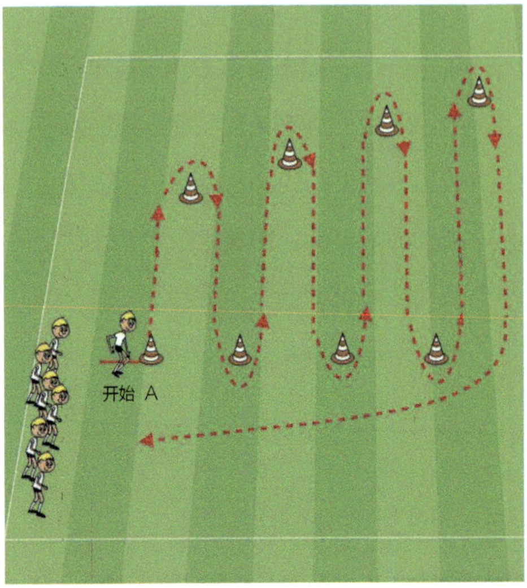

图12.43 稳步提升自己的跑动速度

间距10米、12米、14米和16米放置锥桶。根据训练目标和人数，确定重复和连续练习次数以及休息时长。球队的第一名球员从锥桶A开始跑动，接着在转弯之后尝试以更快的速度跑动。在完成练习之后，球员慢跑回到自己球队。

变化

- 指导方针：球员进行自我评估同时了解自身的冲刺能力。

- 球员必须各自分散站在锥桶A、B、C或D后面。在教练发出信号之后，球员们可以跑过每条跑道，接着尝试超过在前一跑道的球员（如C紧邻的B）或者尝试保持他们之间的距离不变。看看谁能够完成这个任务。这里采用不同的比赛规则以及奖励体系。例如，制作一张记录每周获胜球员的数据表。将数据表贴在更衣室并保持每周更新。小周期和大周期训练的获胜者可以得到奖励。

- 组织人数相同的4个小组进行接力比赛。4个小组各自带一个球或接力棒站在锥桶A到D位置。例如，球队D的第一名球员跑向A，接着绕着锥桶外围跑动，然后跑回自己球队后面将球或接力棒交给下一名跑动的球员。教练必须确保球员列队站好，以便球员能够安全地跑动并返回自己的开始点进行轮换（在需要的情况下可以增加其他标记）。在激烈的比赛结束之后，球队向前移动（例如，B到C的位置，或者D到A的位置）。这里可以采用奖励机制。

练习34：追赶敏捷圈（见图12.44）

　　球队球员配对。每一对球员都有一个敏捷圈。每一对的一名球员将敏捷圈尽可能远地朝场前方滚去。队友在敏捷圈后面跑动，同时在敏捷圈落地之前抓住它。看看哪一对球员敏捷圈滚动得最远、跑得最远。根据训练目标，确定重复次数、组数以及休息时长。

图12.44　追赶敏捷圈——团队合作、技术和跑动能力规则

变化

- 标出20米距离。与之前的主要练习一样。看看哪一对球员能够最快带着敏捷圈返回到出发点。敏捷圈只可以滚动前进。
- 与练习34一样，但是采用接力赛形式。

> CHAPTER

13

第13章 足球专项跳跃游戏

> "（针对青少年的）训练中是可以加入适当的力量训练的，例如，自重练习，甚至小跳。"

（源自：Ollmanns, 2009, p.9）

在第9章中，我们介绍了来自不同运动项目的跳跃因素。本章接下来的练习和训练形式与第9章和第14章相关联。此外，本章和第9章为第14章的足球专项跳跃训练奠定了基础。

练习1：跳绳（见图13.1）

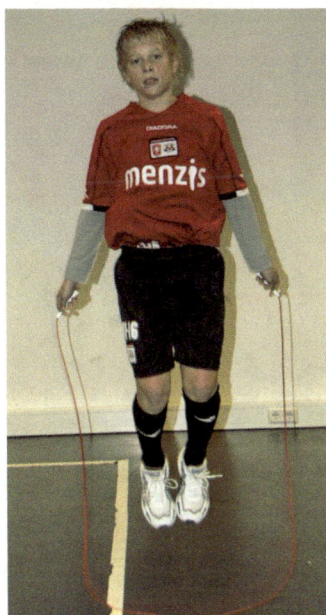

图13.1 跳绳，必须掌握技术并提高动作效率

跳绳和皮绳这两种绳子类型都适合青少年训练。必须强调的是，使用手腕和前臂甩动绳子对于青少年球员也是一项难度较大的技术挑战。跳绳的跳法是各式各样的，最常见的包括单腿和双腿跳、高抬腿以不同高度跳、垫步跳、边跳边变化位置（右－左、前－后转身）以及跑跳。此外，还有交叉双臂跳绳、双人跳绳（一名球员站在另一名球员前面）、按照节奏和无节奏顺序跳绳、不同跳跃高度和距离跳绳以及结合不同的创新技能跳绳等。这些变化方式会让青少年球员产生兴趣，可以作为家庭作业，计算跳跃或加入动作的次数。训练的难度（完美的动作组合）以及准确性（没有缺点或有缺点）。这些可以在练习过程中给球队的教练面前进行内部展示说明，也可以采用竞赛方式的排名和奖励。

练习2：跳圈

球队围成一个圆圈。一名球员、教练甩动一端系着一个装满种子或其他类似东西的小袋子的绳子。小袋子的作用是增加绳子甩动时的重量。当绳子甩动到球员脚下时，球员要跳起来（双腿、单腿）。

变化

- 抱膝跳。
- 转体跳。
- 手牵手跳。

根据训练目标，确定跳跃次数。

练习3：团队跳绳（见图13.2）

在一块场地上，放置大约6张间距2.5~3米的长凳（或者几排带有水平杆的锥桶或者几排迷你栏）。球员2~4人（手握手）为一组以特定的跑动节奏一起跳过障碍。根据训练目标，确定跳跃的次数。

图13.2　整个团队找到一个跳跃节奏

练习4：在恰当的时刻跳跃（见图13.3）

与第150页的练习3一样，每张长凳上有一个锥桶和一名队友（捕手）。每名球员现在必须在不被捕手触碰的情况下跳过尽可能多的长凳。练习时间为30秒。如果捕手触碰了一名球员，那么这名球员的这次跳跃不计入总数之中。

球员不可以连续两次跳过同一张长凳。看看哪名球员能够完成最多次跳跃。

根据训练目标，确定持续时间。

图13.3 谁可以躲过长凳上的捕手

练习5：快速跳跃（见图13.4）

教练规定在场地上放置的迷你栏（不同高度）的个数。根据训练目标，教练可以要求球队球员在20秒内跳过尽可能多的迷你栏。球员不可以连续两次跳过相同的迷你栏。

图13.4　跳过迷你栏

变化

● 与主要的练习一样，教练指定捕手的人数。捕手可以使用敏捷圈套住跳跃的球员。如果他们成功了，那么只计算球员在被捉住之前跳过的迷你栏个数。接着，该名球员重新跳跃迷你栏或与捕手交换角色。看看哪一名球员在指定时间单元里（如45秒）跳过的栏最多。

练习6：交替蛙跳

分组，每组4名球员，同时指定每人一个编号，接着在规定的场地范围内所有的球员开始自由地跑动。例如，当教练喊出"1号"，所有编号为1的球员必须下蹲，其他的球员从他们身上跳过。所有编号的球员在游戏中都有蛙跳的机会。此外，教练必须设定球员完成各自蛙跳的时间限制。看看哪名球员完成最多次蛙跳（累计）。

练习7：跳圈（见图13.5）

分组，每组5名球员，然后对每支球队从1到5进行编号。球队列队从1~5站成一排。球队的第1名球员拿着敏捷圈开始游戏。在教练发出信号之后，球员将敏捷圈直立起来，然后以跨越式跳过敏捷圈。如果他成功了，那么球队的第2名球员拿起敏捷圈，尝试完成相同的任务，以此类推。

当轮到第5名球员拿起敏捷圈时，他可以带着敏捷圈跑到自己球队前面，然后完成之前描述的一系列动作。当第1名球员带着敏捷圈回到自己球队前面时，跳圈游戏结束。教练必须明确地规定球队第一名和最后一名球员之间的距离。他可以使用秒表对第一名和第二名完成任务的组计时。这样可以避免争议。同时，他还必须确定球员（接受规则）正确地完成跨越跳动作。

根据训练目标，确定练习次数。可以使用不同大小的敏捷圈。

看看哪支球队完成最快。

图13.5　准备好跨跳过直立、滚动的敏捷圈

练习8：单腿跳（见图13.6）

分4组，每组4名球员。球员围绕在锥桶标出的方形场地上。球员手牵手尝试在保持平衡且脚不触碰锥桶的情况下单腿站立。如果球员放下他的第二只脚、摔倒或者一条腿触碰到其中一个锥桶，那么他会被罚1分，游戏也必须暂时中断。在每次中断之后，球员换腿。教练可以根据球队的体能水平评估重复次数、组数和休息时长。看看哪一名球员被罚的分最少。

图13.6 围成一圈单腿跳

变化

◉ 如果球员一只脚踏进正方形里或者触碰其中一个锥桶，那么他会被罚1分。这样通常可以更好地锻炼手臂力度。

练习9和练习10：推拉式对决（见图13.7和图13.8）

球员两人一组面对面站在标记区域内。在第一个变化形式（见图13.7）中，球员双手放在队友的肩膀上。球员尝试以单腿跳方式推动彼此使对方失去平衡，直到一名球员不得不离开标记区域（防范动作）或者使用另一条腿。在这两种情况中，球员会被罚分。确保有规律地轮换双腿进行练习。

图13.7 单脚跳起把队友推过边线

在第二个变化形式（见图13.8）中，教练发出信号，两名球员紧紧地抓住队友的前臂尝试将队友拉过线。每一次成功的尝试可以获得1分奖励。看看球队里哪名球员在激烈的竞争中获得最多奖励分。

图13.8　用力使队友失去平衡

由于强度较高，教练必须根据队伍的体能状况合理安排训练和休息。

变化

- 拉着队友跳过自己的线。
- 尝试双臂交叉放在背后使用肩膀将队友推出线。注意：避免用头撞击。

图13.9　学习预测行为控制

练习11：脚快速反应（见图13.9）

　　两名球员紧紧地手牵手，单腿跳，然后使用另一只脚尝试触碰队友的跳跃脚（不可以踢或踩）。在每次触碰之后，球员可以获得1分奖励，同时交换跳跃脚。看看哪名球员触碰队友脚的次数最多。

　　教练必须事先分解动作，同时规定重复和连续练习次数以及休息时长。

学会在发生意外时使用保护性动作，以避免伤痛

腾空争球需要勇气、时机、技巧和爆发力，球员需要在训练中为此做好
准备

CHAPTER
14

第14章 足球专项跳跃训练

在足球运动中，超过2/3的超负荷训练导致的受伤和伤害发生在下肢（Schmitt，2013）。在每天的生活当中，儿童和青少年在跳跃时运动系统的峰值力可以达到体重的八倍（Fuchs et al., 2001），因此应该避免骨突撕裂和骺板损伤。最基本且最重要的是，教练必须通过准确的技术训练（包括身体负荷与间歇）来排除无法控制和非生理性跳跃技术所可能带来的伤病。

以第13章跳跃游戏为例，在跳跃练习开始之前，教练应安排足够的基础训练为增加负荷强度提供足够的支持（起到防伤和增加负荷耐受性的目的）。如果能遵循苏德列等人（Sadres et al., 2001）研究结果的指导，那么训练带来的损伤风险将极大地降低，也不会对生长发育造成负面影响，尤其是当使用针对不同年龄的力量元素并使用安全、精准的方式执教青少年球员时。

由于足球是一项大量身体接触的体育运动，正如之前施密特所说，儿童和青少年比成年人更容易发生骨骼损伤。而且，上肢发生此类损伤的频率大约是下肢的3倍。此外，球员倾向于出现特定位置受伤模式。

- ❯ 守门员：上肢和后交叉韧带伤病。
- ❯ 其他位置球员：大多数是下肢伤病；后卫位置伤病最为严重。

当青少年球员（特别是处于发育阶段）在练习跳跃（结合力量）的过程中感到疼痛时，教练必须加以重视。专业的理疗一直都是不错的处理方法。但是，特定的、适当的离心力量训练和协调能力练习（同时配合防伤训练）往往可以消除疼痛症状。

这里以两类经常发生在青少年球员发育阶段的损伤为例：膝盖疼痛和踝关节疼痛。

关于膝盖疼痛：青少年球员出现疼痛的位置是膑腱和胫骨连接的地方，而且往往会出现肿胀。

胫骨的生长核心刚好位于这个位置的紊乱被称为奥斯古德特病（见图14.1），这个必须引起教练重视。如果青少年球员经常抱怨髌骨正下方疼痛，那么很可能患有被称为拉森-约翰逊综合征的错位（见图14.1）。如果出现这两种情形，建议由专业医生进行医疗诊断。

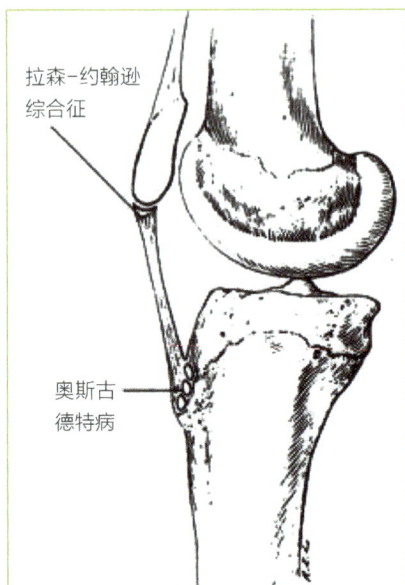

图14.1　两种典型的青少年球员膝关节问题

关于踝关节疼痛：球员表示疼痛的区域位于连接足跟骨的跟腱。这里也是生长核心位置。在医疗领域中，这种错位被称为西弗氏病（见图14.2）。

当青少年球员（特别是处于发育阶段）在练习跳跃（结合力量）的过程中感到疼痛时，教练必须加以重视。专业的理疗处理一直都是不错的方法。

图14.2　另一种青少年球员典型问题：位于足跟区域的西弗氏病

但是，特定的、适当的离心力量训练和协调能力练习（同时配合防伤训练）往往可以消除疼痛症状。

此外，青少年球员还经常发生伸肌僵硬、屈肌紧张、纤维撕裂、跟腱过度拉伸或紧张、足弓的肌腱紧张、骨膜、背部、踝关节和韧带受伤等问题。当球员出现这些症状时，教练应该怎样做呢？一个预防的方法是规律性地测量和称重，提前分析青少年球员是否正处于主要的发育阶段，同时根据测量数值、强度值和跳跃训练的场地，相应地安排跳跃训练以及调整训练计划。

通常建议在天然草坪上进行跳跃训练或确保运动场地地面所采用的材料能提供缓冲。冬天在体育馆训练时，很重要的是确保可以使用体操垫子、瑜伽垫子或者弹簧地板练习跳跃。在这种环境下，鞋子也必须适应地板表面，考虑脚的姿势（如挛缩足或平跖外翻足）则可以在练习中使用矫形器辅助。

此外，推荐在跳跃训练暂停休息时，或跳跃训练和协调能力训练换项期间，咨询医生或体能教练。

在成人体育运动中，为了提高球员在赛季中（1~10周或1~12周）的表现，通常会采用跳跃训练（Schlumberger, 2006；Killing, 2008）。

- 一开始采用强化腿部的上坡跳跃和力量循环。
- 接着是完成一系列草坪跳跃、腿部力量练习。
- 最后，再侧重距离以及组合最大力量训练的人造草坪上安排一系列跳跃训练。

练习可以分成以下4种类别。

- 第一种：在无器材辅助的情况下在空地练习跳跃。
- 第二种：使用敏捷圈练习跳跃。
- 第三种：使用绳子和杆子练习跳跃。
- 第四种：使用迷你栏练习跳跃。

14.1 无辅助器材的空地跳跃练习

基本形式： 球员练习跳跃的方式包括单腿跳、双腿跳（向前、从一边到另一边、向后）、跑跳、交替跳、直腿团身跳（见图14.3）、团身跳（见图14.4）、转身跳（顺时针和逆时针）。

图14.3 直腿团身跳

图14.4 团身跳

变化： 跳跃组合被证实有利于训练球员的跳跃能力增强。这些通常对协调能力的要求是很高的。在实践中，教练必须根据训练目标特别注意技术执行和休息时长（大拇指规则：质量比数量更重要）。以下是一些可用的跳跃组合。

- ◗ 2×左腿和2×右腿单腿跳。
- ◗ 3×左腿和3×右腿单腿跳。
- ◗ 4次双腿交替跳，4×左腿单腿跳，4×右腿单腿跳，接着4次跨步跳。
- ◗ 2×左腿单腿跳组合，1×较高的双腿跳。
- ◗ 2×右腿单腿跳组合，1×双腿跳。
- ◗ 4×任意方向直腿团身跳。

- ❯ 4× 任意方向团身跳。
- ❯ 4× 任意方向跳。

14.2 使用敏捷圈的跳跃练习

在我们看来，跳跃组合的训练特别适合在训练中提高球员的爆发力。在训练过程中采用不同训练方式时，可以显著地激励球员情绪，同时引领球员达到最佳训练状态。教练对个人和团队具体训练的指导也是很重要的。在图中，圆圈表示敏捷圈，而三角形表示锥桶。

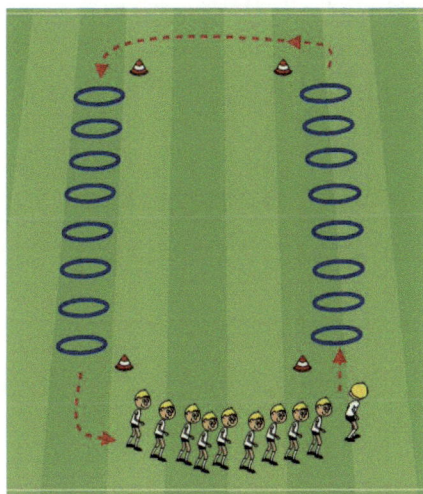

练习1：绕跑道单腿跳和双腿跳（见图14.5~图14.8）

图14.5 绕跑道单腿跳

图14.6 单腿跳，注意球员跳的高度和距离

163

图14.7 双腿跳，目标是越过更多敏捷圈

变化

- 两支球队以斜对角顺序完成单腿跳和双腿跳。这个变化可以更容易地控制肌肉增负荷和减负荷阶段。根据训练目标，确定敏捷圈个数及间距

图14.8 对角线上单腿跳和双腿跳

练习2：滑冰式跳跃（见图14.9和图14.10）

　　参照第一种形式的练习。这个跳跃组合了滑冰技术的训练形式，在国际高水平足球运动中心越来越受欢迎，因为这种训练方式采用了更具专项性的肌肉动作。这个动作在足球运动中非常类似于变向。

图14.9　有组织的滑冰式跳跃

图14.10　带手臂动作的滑冰式跳跃

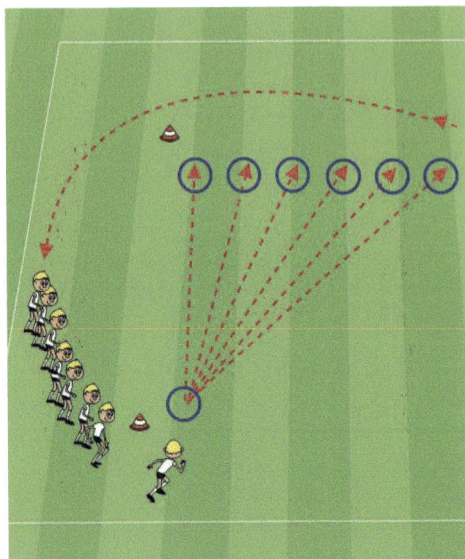

图14.11　有组织的7步跑跳

练习3：7步跑跳（见图14.11）

参照练习2。从第一个敏捷圈开始，球员必须在7步内跑跳进最远处的敏捷圈。看看谁能够在7步内跑跳进最远的敏捷圈（可以增加距离）。可根据球队球员的跳跃能力，调整敏捷圈距离。

练习4：组合跳跃（见图14.12）

参照练习3。球员交替腿练习单腿组合跳。根据小组球员的跳跃能力，确定敏捷圈之间的间距，但是不可以少于2~2.5米。

图14.12　单腿交替组合跳跃

14.3 使用绳子和标志杆的跳跃练习

每名球员都有自己的跳绳。而且，这个练习可以采用不同的方式在足球场内和场外提高球员的身体状态：双腿交替跳、跑动、单腿跳（也包括组合跳跃）、跑跳、原地跳及垫步跳。通过协调手臂和腿部动作，还可以逐步提高频率。在不需要进行太复杂的场地设置变化情况下，可以改变跳的距离（特别是在双腿交替跳时）、改变方向及采用弧形跑动等多种练习组织方式，这些变化可以作为训练中很简单的一部分。

跳绳也可以作为让一名球员跳过去的标志物。将绳子对折，接着从两端拉开，练习团身跳。

在练习中，木质或者塑料的标志杆也可以作为标志物或者障碍。球员可以跳过这些东西。但对于青少年球员来说，在地面使用绳子作为障碍物比使用标志杆更好。跳下来落到标志杆上时经常会导致突然滑倒。动作很难控制时，受伤风险会相应增加。

以下是一些在训练中使用绳子和标志杆作为障碍的例子。虚线和黑色箭头表示动作方向。三角形标志和黑色线条表示使用了绳子（见图 14.13）。

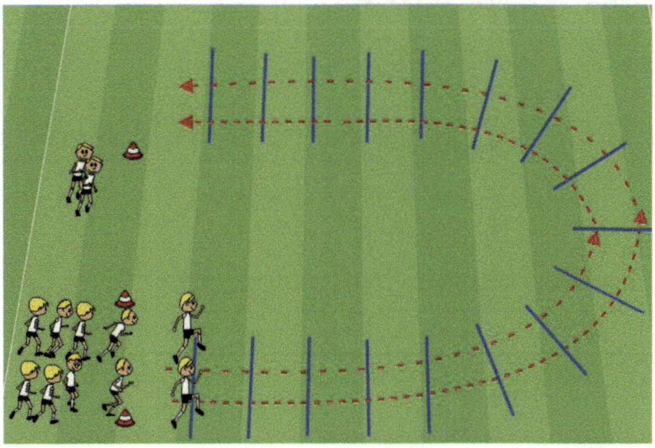

图 14.13 团队练习中跳过绳子和标志杆的不同组织形式

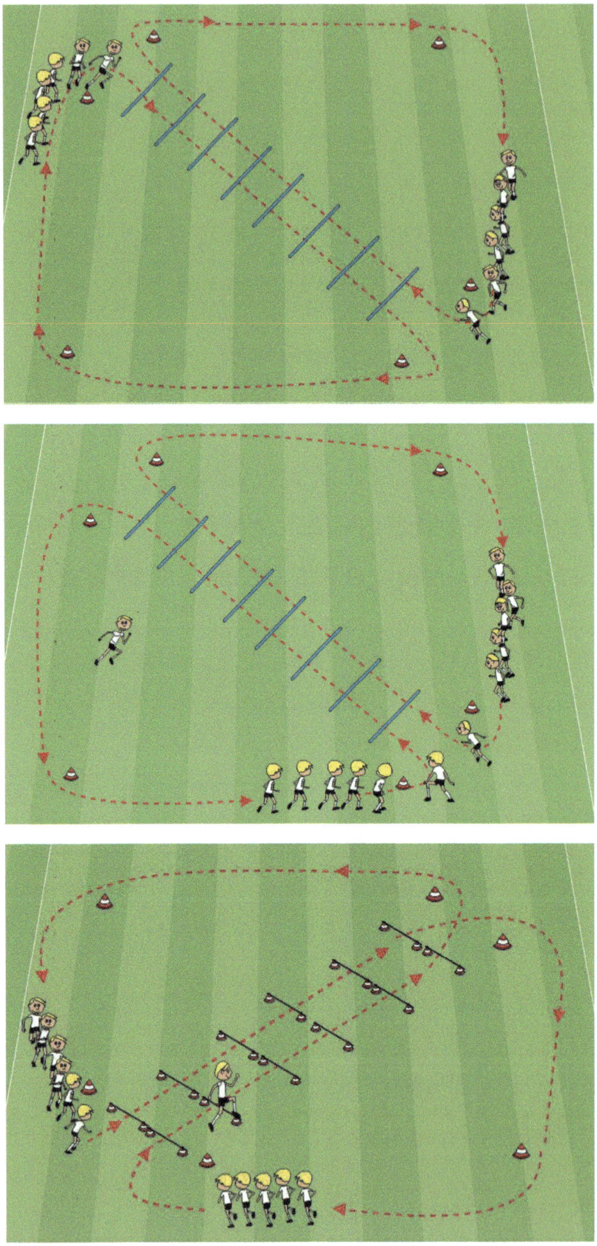

图14.13（续） 团队练习中跳过
绳子和标志杆的不同组织形式

图14.14和图14.15显示了两种组织形式。在这两种形式中，球员作为队友非常重要的助手。此外，这些训练形式不仅可以作为动作技能训练目标实现的实际训练，还可以作为球员彼此之间共同承担行动责任、合作、帮助和保护（团队精神）的培养方式。

图14.14 双腿跳过处于一定角度的标志杆

图14.15 在队友的帮助下，以"超越障碍"的方式纵跳

14.4　使用迷你栏的跳跃练习

迷你栏（不同的高度）在现在的跳跃训练中发挥重要作用，因为它是一种全面训练方法的辅助工具。特别是迷你栏可以重现在现代足球中经常发生的急停和加速。在（地面，甚至空中）对抗过程和对抗之后单腿和双腿跳起，快速降低重心（在没有帮助的情况下），而在快速向球跑过去和跑开的过程中，伴随着高步频和大步伐，且膝关节无法完全伸展（Schmidtbleicher, 1984; Mann, 1999）。现代足球要求发展球员全身力量（见第16章）、及时启动并激活动力生成要素（手臂、腿、头和身体），使用迷你栏训练有助于球员掌握现代冲刺技术，从而让球员具备在时间压力下成功执行动作的能力。

但是，在球员的常规训练过程中，我们注意到多次跳过迷你栏往往只是"一连串动作"。这意味着，在时间非常短的运动和突然力量增强（爆发力）的过程中，以及处理时间压力下，球员的动作质量并不高。特别是在青少年足球训练中，蹬地是非常重要的，因为它影响最大动作速度。因此，高水平的动作质量对于及时且同步激活快肌纤维实现预期能力至关重要。在现代足球训练中，技术和爆发力训练不可分割。应不断改进速度训练，图14.16 ~ 14.19展示了一些推荐的训练（Voss et al., 2007）。在训练中，高频率地完成目标动作往往比高负荷完成动作更重要。

图14.16　双腿跳过迷你栏

图14.17　单腿跳过迷你栏

图 14.18　90 度转身双腿跳过迷你栏

图14.19 高抬腿跳过迷你栏

　　高抬腿跳可以经常轮换左右腿跳过迷你栏。对于U16/U17青少年球员,栏之间的距离为3.01~3.66米。

> CHAPTER

15

第15章　足球专项投掷训练

"新方法注重要求而非能力。"

（源自：Roth, Memmert, and Schubert, 2006, p.37）

在现代足球运动中，守门员日益决定一支球队的持续控球权。以出色的守门员曼努埃尔·诺伊尔（拜仁慕尼黑）为例。很明显，诺伊尔的手抛球技术和作用对于整支球队以及打法理念的实施至关重要。在完成拦截传中球之后，诺伊尔快速转换为进攻发起者。他能够以自己精准的远距离手抛球（有时候超过60米）出色地加快整场球队比赛的攻防转换速度，从而给对方球队施加身心压力。

因此，守门员手抛球的方式被认为是一种传球类型。这些传球方式（地滚球、侧手抛球、肩上抛球）向队友发出了与脚传球作用相同的球。此外，使用手抛球被认为比使用脚传球更加精确，而且只要守门员手上拿着球，那么球就不会被抢走。因此，这种执行方式不会受时间压力影响，从而显著提升了成功比例。

此外，在平常的德甲比赛中，看看场地上球员掷界外球的次数，可以发现每场比赛接近50次。这意味着平均每隔两分多钟就要掷一次界外球。在竞技青少年比赛中，掷界外球发生的频率更高，因为球员的控球和传球技术往往不够准确和可靠，因此会更加频繁地掷界外球。[1] 掷界外球是足球运动中唯一可以使用手的传球方式，但在足球训练中通常没有获得足够的关注："任何人都可以掷界外球！双脚着地，双手放到头部后面，掷出球时，球员双手必须越过头顶到身前，仅此而已。"

1　在迷你足球学院的帮助下，罗斯等人（Roth et al., 2014）有效地展示了如何在早期阶段强调这些对球员的重要要求。

必须学会有效的投掷

但是，我们在此将详细地阐述一些教练必须关注的技术和战术细节。除了守门员之外，将投掷训练作为成功实现掷界外球的基础进行更加全面和深入的探讨。

- 掷界外球者是控球者（传球理念）。

- 在掷界外球过程中，有一点现象很少被关注：场地上对手的人数实际占优势，而有控球权的球队人数反而不足。比赛时，很多球员并没有注意到这个情况。

- 对手在空间是否有组织地布置好防守？掷界外球的时机是快速还是慢慢投掷界外球取决于此（传球战术）。

- 掷界外球必须准确（传球技术）。

- 接球队友，几乎每次掷界外球都必须首先是以准确技术控制住球（控球技术）。

而且，远距离掷界外球是一种有效制造射门机会的方式，特别是向对方危险区域的界外球。这里可以以传中的方式在球门附近掷界外球（Hyballa and te Poel，2015）。此外，良好的身体稳定性决定动态掷球技术的可靠性和准确性。我们将在接下来的章节里详细阐述这方面内容。

因此，教练必须向所有球员传授掷界外球技术，特别是青少年球员（可以获得掷界外球的经验），同时强调在训练过程中恰当执行这些技术[1]（脚的位置、身体紧张度、出球点、手肘位置）。教练还必须练习预防性措施。

练习1：速度比赛（见图15.1）

球员一起组成一个圆圈，分两小组（见图15.2）。每组都有一个球（足球或药球）。在教练发出开始信号后，球员使用左手、右手或双臂（见图15.2）将两个球由起点顺时针或逆时针投掷。看看哪个小组传球速度更快。

必须选择合适的练习人数、圆圈大小、球员之间间距、球的重量、练习回合次数及休息时长，以有效提升球员的投掷（和跑动）能力，使其与比赛相匹配。

图15.1 两队交叉站立进行速度比赛

变化

- 尾随行动：掷球的球员跟着自己投掷的球跑动并取代接球球员的位置。当每组最后一名球员接住球时，他们跑到没有球员的位置，接着比赛再次开始。看看哪组传球速度更快。

- 球员做好准备，带球，接着以高吊球方式将球踢给下一名投掷界外球的球员。

---

1 关于有效的足球投掷技术可参考国际足球联合会（FIFA）官方网站的相关信息。

- 准备好球，接球球员用胸部停球或者凌空将球传给下一名投掷界外球的球员。
- 头球和掷界外球组合练习。

练习2：躲避球

人数相同的两组，面对面站在场地上。这个游戏会使用两或三个球。两组球员必须将球掷向对方。游戏采用反弹球方式（与地面接触）。如果成功了，那么被球触到的球员必须快速坐到场地边缘。如果球员接住了对方球员投掷的球，那么坐在场地边缘的球员可以再次加入游戏。看看哪支球队在指定游戏时间里场地内拥有最多的球员。

根据训练目标，确定场地大小、球员人数、球的个数、游戏总时间、休息时长和重复次数。球的材质必须不会对球员造成伤害。

变化

- 现在必须直接用球触碰对方球队的球员。掷球球员现在可以尝试不同的行为投掷足球（例如，站着不动或采用假动作）。
- 使用不同颜色标记的"阻挡球员"。球队球员可以暂时留在"保护区"以便保护自己不会被球碰到。

练习3：击球（见图15.2）

两组球员面对面站在场地外面。双方都有几个网球并且尝试使用网球击中放置在场地中间的药球，以便将球击进指定的区域。球员每次努力获得成功（如药球滚进标记区），小组就可以获得1分。跑出场地的网球可以重新捡回来再次投掷。只可以在自己的底线位置投掷球。犯规会受到处罚（公平第一）。看看哪支球队最先获得3分。

根据球员能力，确定药球和投掷者之间的距离。

变化

- 采用不同的训练工具（如长凳或小球门）完成主要训练。变化高度。
- 使用不同材质的球完成主要训练。
- 使用双臂和掷界外球方式完成主要训练。
- 使用守门员专项技术（如地滚球、侧身投球或过顶球）完成主要训练。

> 进行主要训练。有些队友从侧边投掷球，这样球员可以使用头球或凌空传球的方式将球击向药球方向。

图15.2　击球：瞄准是关键

练习4：获取空间

两组球员，人数相等，面对面站在大场地上。对两组球员进行编号。第一支球队编号1的球员朝对方球队投掷药球（关于球队站位，见练习3）。该球队编号1的球员必须将球从球触地的位置开始投掷，以此类推。根据训练目标和表现能力，确定游戏时间。很重要的是，球员必须快速投掷，快速转身，保持足够的动力和高水平的努力。

看看哪个小组在指定时间限制里获得最多空间。

变化

> 使用不同类型的球。

> 使用双臂投掷界外球。

> 使用守门员专项技术（如地滚球、侧身投球或过顶球）。

练习5：团队合作反弹球

使用相同颜色的缎带或袖章标记3名球员。这些球员作为一个团队一起使用反弹球触碰场地上的各个球员。他们只可以使用球。三名球员不可以带球跑动，只可以使用投掷界外球方式。如果一名球员被碰到了，那么他会被罚1分，但是仍可以继续参加游戏。看看3人小组能够在指定时间用球碰到多少名球员。看看哪名球员被罚的分最少。

根据训练目标，确定参加球员的人数以及场地大小。

变化

　❷ 参照练习4。

练习6：弹跳球

两组球员。每组大约有6名球员，同时使用两个球训练。训练场地和排球场地大小一样。使用几排长凳、锥桶、小球门、网球网或魔法绳将场地分成大小相等的两个场地。双方来回踢球，可以尝试以接住球的方式阻止反弹球落到自己的场地上。看看哪支球队得分最多。

变化

　❷ 参照练习4。

练习7：过顶球（见图15.3）

组织两支球队（如3对3练习）在场地上（如排球场）使用两个轻的药球彼此对抗练习。可以使用网（如排球网）或者可移动的足球球门将两支球队分开。两支球队的球员都尝试使用指定的投掷技术（如单臂或双臂猛推、投掷界外球或侧身投）将药球抛过网。如果哪方让药球落地了，那么对方球队可以获得1分。

变化

　❷ 在球员将药球抛过网之后，他必须加速离开场地，然后再重新上场参加游戏。教练也可以在场下设置锥桶。接着，球员在完成投球或推球之后必须触碰或绕着这些锥桶跑动。可以使用不同颜色的锥桶。在完成抛球或推球之后，教练喊出球员必须跑向的锥桶颜色（在时间压力下定向跑动）。其他队友必须尝试不停改变位置，这样他们才可以在队友暂时展开场地时有效弥补人数较少带来的劣势（团队合作）。

图15.3 团队练习过顶球

练习8：压力球（见图15.4）

两组，每组有10名球员。每组按照编号1到10列队坐在长凳或地面。另一组分散站在场地上。坐着的组编号为1的球员向场地投掷药球，接着继续绕着自己球队顺时针或逆时针跑动。每跑一圈，球员可以得1分。同时，场地上的球队尝试接住药球，接着快速以半蹲姿势列队站在队友后面，然后将药球从两腿之间传给下一名球员。球员接住药球，然后将球以过顶球方式将球向前传给下一名球员。这样，球员以波浪形式传递药球。一旦药球传到最后一名球员手上，那么他要喊出"停止"！教练询问球员已经跑完的回合次数，接着由编号2球员继续比赛，以此类推。一旦所有的球员都轮流完成了游戏，那么可以计算总分并记录下来。接下来，球员互换角色。看看哪个小组的组织形式最好或者跑得最快。这里推荐使用奖励机制——例如，当天的赢球组不用参加清扫工作。

图 15.4 团队合作与速度

变化

> 组织较小规模球队——例如，4后卫对抗前锋或中场对抗边锋。

> 每一名冲刺者在跑一个回合之后坐下来，另一名队友接着跑。

练习9：精准掷球（见图15.5）

球员站立间距约为20米，中间放置锥桶。球员尝试使用网球、软球或足球击中锥桶。看看哪名球员最先完成3次击中锥桶。

图 15.5 精准的投掷不是理所当然的，熟能生巧

变化

- 在一张长凳上放置几个锥桶。看看哪名球员以过顶掷的方式最快将长凳上的锥桶清除掉（这里要求准确性和速度）。
- 投掷界外球。
- 增加第三名球员。这名球员采用凌空、头球或胸部传球的方式将球传给第二名球员。
- 使用守门员指定技术（地滚球、侧身抛球、过顶球）。
- 在体育馆使用跳绳练习。
- 使用不同的排列，如三角形、菱形、5个或6个栅栏（Hyballa and te Poel，2015）。

练习10：杂技（见图15.6）

球员将球放在锥桶的底部开口上，接着使用锥桶将球高高地投向空中。在完成整个身体的伸展之后，球员尝试使用锥桶轻轻地接住球。看看哪名球员在指定时间里接住最多的球。指定最小的投掷高度。

图15.6　如同杂技演员的球员

变化

- 使用不同类型的球和不同规格的锥桶。
- 每名球员使用两个锥桶。
- 每名球员使用多个球。
- 使用双臂。
- 在整个身体伸展之后，可以组合不同的滚翻练习（如前滚翻、后滚翻或侧滚翻）。
- 采用队友练习（交换球）作为主要训练方式。
- 合作完成投球任务。

练习11：接球手（见图15.7）

组织5人小组，3名投掷者和2名接球手。两名接球手使用自己制作的网（图15.7中一个带网的敏捷圈），接着肩并肩地站在指定距离的位置。投掷者轮流尝试在标记位置以过顶球方式将球投进网里。看看哪支球队在指定的时间里投球得分最多。训练中，合作和沟通非常重要。训练中必须有足够数量的球。

图15.7 集体投球和接球

变化

- 参照练习10。

- 小组球员站在开始点。投球者将球投掷到接球者的路径上。看看哪支球队在球不触地的情况下投出的球最远。

图15.8　找到环的中心

练习12：串环（见图15.8）

球员配对面对面间距约10米站立。他们可以尝试不停使用杆子或接力棒抛出和接住橡胶环。看看哪对球员得分最多。

变化

- 使用双臂。

- 使用不同大小的橡胶环、杆子和接力棒。

- 移动目标：队友一直在运动。

- 固定增加或减少距离。

- 增加投掷的高度以及力度（如将球投过足球门或魔法绳子）。

CHAPTER

16

第16章 青少年足球运动员的力量和运动能力训练

"青少年球员和成年球员在各个方面的差别都非常明显。但是没有任何证据显示在（起跳）爆发力表现上职业球员比接受过力量训练的青少年球员更有优势。这表明力量训练能够明显缩小拉长-缩短周期（SSC）运动表现的年龄差距。据此，推荐青少年球员进行长期的周期性力量训练，以便将他们培养成更高水平的球员。"

（源自：Sander et al., 2013, p.24）

在足球运动中，大部分动作都是动态且极具爆发力的。同时，球员在加速或减速过程中需要良好的力量基础。因此，有经验的教练应该在训练过程中关注肌肉组织在力量、耐力以及静态力量方面的发展。

在第7章、第8章和第9章中，我们指出，今后在精英青少年以及高水平业余足球中，逐步将身体训练和技战术训练相融合，以此来提高运动表现和预防过度训练的理念是值得推荐的（Lopes-Segova et al., 2010；Silvestre et al., 2006；Javanovic et al., 2011）。为了证明这个看法，我们引用了以下研究结果（没有按照特别的顺序呈现）。

> 霍夫（Hoff, 2005）、马修达等人（Masuda et al., 2005）、韦内克（Weineck, 2004）和威斯洛夫等人（Wisloff et al., 2004）的研究指出，下肢的最大力量在爆发性动作中至关重要，如冲刺、跳跃或足球运动中的射门。

- 布罗伊希（Broich, 2009）在研究竞技足球运动表现的定量诊断方法过程中，特别关注了决定等长收缩和动态收缩表现的肌肉和肌肉群，并以此指出主动肌与拮抗肌的最佳肌力比值（平衡）。布罗伊希强调说："职业球员膝屈肌和膝伸肌的最大等长和动态力量与他们的爆发力和最大表现能力之间存在着重要的联系。膝屈肌和膝伸肌的动态力量水平影响球员的相对力量和基于爆发力的动作质量"。此外，在测量膝伸肌区域时，布罗伊希发现，职业和青少年球员之间的动态力量水平存在显著差异。由此，布罗伊希推断，膝伸肌的动态强力量水平作为影响最大加速动作的关键因素在比赛中越来越重要。此外，膝伸肌等速测量的最大动态力量与射门时球的速度存在相关性（Newman et al., 2004；Masuda et al., 2005）。

- 在足球比赛中，除了最大力量外，提高弹跳力和与速度相关的相对力量表现也是非常重要的（Gullich, 1996；Cometti et al., 2001；Schlumberger, 2006；Kollath et al., 2006；Kotzamanidis et al., 2005）。以力量为导向的最大力量训练应该是增强球员的反应力量的一个标准的训练内容（Broich, 2009）。

- 膝伸肌和膝屈肌的运动强度对爆发力和最大动态力量至关重要。训练的主要目标是在确定球员个人的优点和缺点的基础上安排训练以促进成绩限制因素的优化（Broich, 2009）。

- 足球比赛总是对某一侧或某一部分的肌肉产生更大的负荷，这就会导致肌肉力量的不均衡，同时忽视拮抗肌以及稳定（红）肌的发展（Broich, 2009）。

- 考德威尔等人（Caldwell et al., 2009）和拉托雷等人（La Torre et al., 2007）的研究表明，在赛季期间进行专门的足球训练并不会提高短跑和跳跃成绩（更多信息见Ronnestad et al., 2008；Ronnestad et al., 2011）。

- 洛克等人（Lockie et al., 2012）获得的实证证据表明，力量训练比短跑训练更有助于提高冲刺能力。相对于冲刺训练，力量训练可能提高5~10米跑的速度。

- 桑德等人（Sander et al., 2012）发现，在青少年足球综合训练理念中，每周两次的力量训练是可行的，它可以提高U14/U15球员在30米冲刺的表现。

- 罗兰（Rowland, 2004）指出10年长期、全面（和周期性）的力量训练将有利于培养良好的冲刺能力。

- 乌尔里克等人（Ullrich et al., 2014）在一项针对优秀青年球员的研究中发现，即使是10周的力量和耐力的并行训练，也会导致躯干伸肌和屈肌神经肌肉疲劳耐受能力的系统性适应，主要肌肉群MVC[1]的适度增加。在此背景下，迈尔等人（Myer et al., 2008）发现躯干肌肉群神经肌肉能力不足与女性球员前交叉韧带的损伤有关。韦内克（Weineck, 2004）将足球运动中典型的"背部疼痛"归因于腹部和背部肌肉、肌力不足。

- 荷兰的职业守门员教练埃迪·帕斯维尔（Eddie Pasveer）（曾效力于特温特俱乐部和格拉夫夏普足球俱乐部）开发了一种创新的功能训练方法，这种方法在对守门员进行体能训练时采用著名的Vario弹力带，并且非常成功（见图16.1）。

图16.1 埃迪·帕斯维尔在专业守门员训练中使用Vario弹力带

---

1 MVC表示最大自主收缩。在肌肉中，通常可以通过最高信号部分的平均振幅计算。

> "每周有5个训练单元。此外，我们每周还去健身房3次。青少年足球身体的要求也在提高。那种身体对抗与德国真的很不同。"
>
> ——尤瑟夫·科班，18岁，出生于德国阿伦，英超俱乐部斯托克城U18/U19球员
>
> （源自：a Kicker 24 interview from March 16, 2015, 24, p.13）

综上所述，针对不同目的（如提升爆发力）的训练方法可以提升运动表现。这些训练方法可以简化和概述如下（见图16.2）。

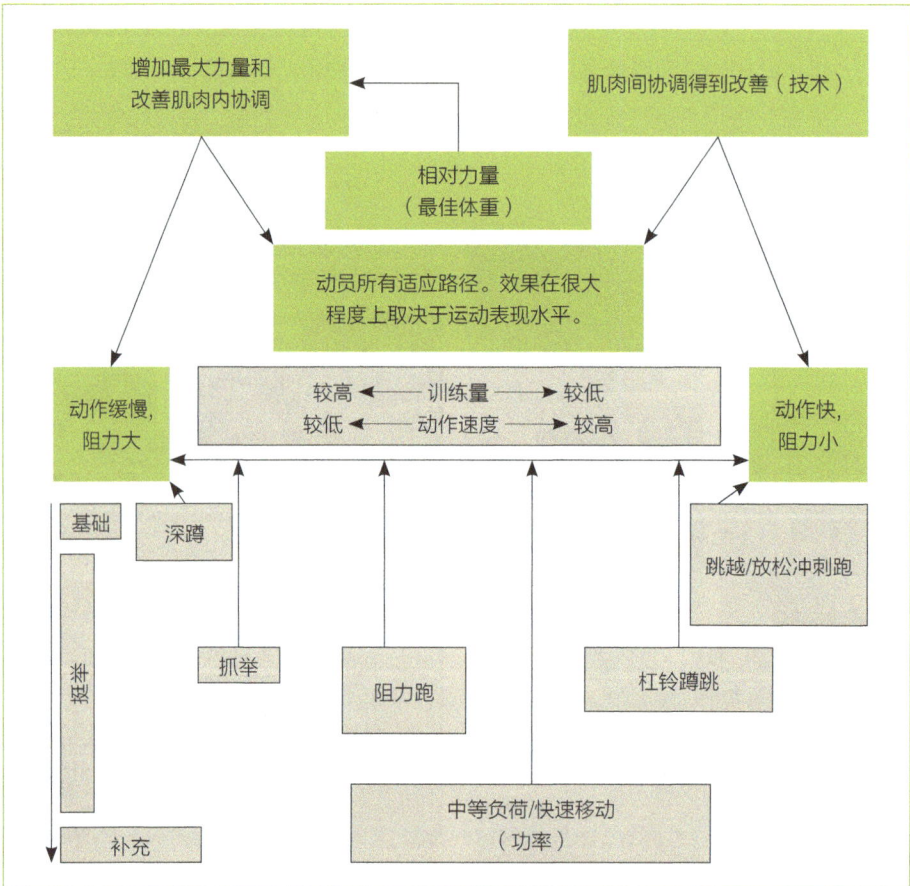

图16.2　力量发展简化图（Wirth et al., 2012）

正如第1章中所探讨的，在现代足球的长期训练过程中，作为足球训练的一

部分，身体训练需要得到更多的重视。根据年龄和发育阶段，可以采用经典的力量训练作为训练补充。这些力量训练包括使用自由重量、现代健身房以及特定的训练设备。这些训练主要用于提升职业球员最重要的能力如最大力量和爆发力。[1] 要在训练中完成高强度负荷，达到最优爆发力的训练目标（Wirth et al., 2012）需要以广泛和详细的知识为前提，特别是自由重量方面的训练的知识。同时，教练需要拥有运动科学学士学位，并持有国家足球协会下发的教练员证书。[2] 因此，关于经典力量训练的话题这里不再探讨。[3] 此外，拉伸、热身、整理活动、适应过程、周期及比赛前[4]和比赛后的再生都需要教练的关注。

以下几点总结了足球训练中的拉伸方法及训练计划（Freiwald，2009）。

1. 所有的方法都是为了达到更好的关节灵活性。最有效的是CR-AC、AC、DS、CR和SS。

2. 必须提前确定个人的拉伸目标。要使灵活性不断提升，有时候需要单独的训练课。确定标准的负荷规范及拟定训练方案，是非常必要的。

在此，我们建议读者参考现有的相关资料，这些资料详细介绍了训练和比赛这一重要主题，并以实践为导向（Wegmann, 2012; Timmermanns, 2010; Freiwald, 2009; Oltmanns, 2009）。

海森足球协会（Hessian Soccer Association）的前选拔教练冈特·韦格曼（Gunter Wegmann）在一个关于拉伸和力量训练的视频课程中将这两个主题领域结合起来。视频中的训练帮助球员长期提升运动表现，使教练可以使用具有针对性

1　以主要肌肉收缩为特征的力量训练是将肌联蛋白激酶从收缩肌联蛋白释放出来的重要激发要素，最后再促进肌肉肥大（Hottenrott, 2010）。

2　目前，在德国科隆的训练研究会中，关于杠铃训练方式包括以4个月为1个模块，含96个学习单元（再加接近20个球员自身学习单元的深入学习）。此外，关于训练的学习报告可以作为必要理论考试的基础。培训后发放证书。

3　在这个方面，感兴趣的读者可以参考目前关于杠铃训练在体育运动中不同运动表现水平的探讨（Steinhöfer, 2014）。这些探讨涉及目前尚未解决的问题，即运动能力双向转移机制实际上是如何运作的（Issurin, 2013）。

4　在这个方面，可以参考2014年的一期*Leistungssport*杂志上关于疲劳和恢复的一篇文章。在力量训练之后（达到6个小时）的蛋白质形成过程中，酶mTORC1（蛋白质复合物）对于预期的适应过程特别重要（Schnur, 2014）。

的、系统的足球训练方法。因此，本书将有意识地不再对这个方面进行阐述。

在计划、实施和评估力量和体能训练课程时，特别重要的是，教练能够评估训练小组以及每名球员。评估的方面包括力量、小组的整体团队合作、防护措施和协助知识等。为了强调多年运动表现提升范围内的一些通用的策略，特别是力量方面，本书接下来会列出一个示范性的而非面向专项的过程导向训练参数表（见表16.1）。

表16.1　关于最大力量和爆发力的多年培养（*根据专项要求和训练周期）（Wirth et al., 2012）

最大力量和爆发力的多年培养				
培养阶段	量度	强度	持续时间	目标
力量训练开始阶段	低	低	1年	技术技能
一般力量训练阶段	中等	中等低	2年	提升生理基础/技术技能
开始发展目标性力量	中等高*	中等高*	3年	在练习中培养高质量的动作 开始培养专项生理特征
发展最大力量*	高*	最高*		在练习中培养最高质量的动作 最大限度地培养专项生理特征*

在力量训练和体能训练中，防止受伤必须是重中之重。在开始长期的力量训练和体能训练（见第8章）时，我们推荐了一些测试程序（包括测量仪器），这些程序现在已经广泛用于足球训练。想要进一步了解相关内容，我们推荐阅读一些国内医疗研究报道、免疫状况分析、骨科创伤研究、生物力学功能诊断、耐力和力量差异诊断及专项协调能力研究设计（Beck and Bös, 1995; McGill et al., 1999 and 2002; Beck et al., 2006; Durastani, 2008; Kleinöder, 2004; Lottermann、Laudenklos and Friedrich, 2003; Mester and Kleinöder, 2008; Weineck, 2004; Swiss Olympic, 2003）。

因此，在本章中，在选择训练内容和执行形式（在稳定或者不稳定的支持表面上）时，本书会根据变化原则阐述训练，同时将这些内容与团队建设、小组和团队领导要素联系起来。在这里，读者可以在训练过程利用动作模式和设备。这样，（根据资源经济[1]）这里就不需要使用训练器械（包括滑轮器械）。

对于青春期前期的力量和体能训练，可以考虑以下推荐方式（见表16.2）。

表16.2　青春期前期的力量和体能训练推荐（Wirth et al., 2012）

训练阶段	组数	重复次数	适应
基本	3	10~15	神经/形态
力量	3	6~10	神经/形态
爆发力	2~3	6~8	神经
峰值	1~2	6~8	神经
暂停设计	–	–	–

16.1　游戏形式的训练

练习1：举起手并加快速度（见图16.3）

球员分为几个小组。每组大约有5名球员。球员一个接着一个地坐成一排。教练发出信号，前面的球员（第一名）将药球从头顶传给身后的球员。接着，快速站起来跑到自己小组的最后并坐下。第二名球员重复这个过程，以此类推。在这个过程中，小组整体向后面移动。

必须根据训练水平和训练重点选择药球的重量。

比赛规则

> 看看哪支球队最先跑到指定位置。

1　这里简单地参考了目前面向足球的体能训练的趋势，如CrossFit（Beilenhoff, 2015）。

图16.3　沿着直线向后传递药球

图16.4　沿着直线将药球从头顶向后传，接着从后面将球从两腿之间向前滚

变化（见图16.4）

▶ 采用站立的姿势，如图16.4完成练习。

练习2：掷界外球接力赛（见图16.5）

组织两组球员，每组有5名球员。接着，要求他们按顺序站好。目标是采用掷界外球的方式将药球投给队友。顺序：球员一（右边）将药球掷给球员二（左边），接着球员二将球回投给球员一，然后蹲下来。接着，球员一将球投给球员三，以此类推。在球员五将药球投给球员一之后，球员一跑到球员五的位置。现在，球员一站在球员二前面。必须根据训练水平和训练重点选择药球的重量。

比赛规则

▶ 看看哪一组最先完成位置交换。

图16.5　在投球接力赛中，必须具备团队精神并安排好时间

练习3：背桥（见图16.6）

每组5名球员，分别组成桥的形式，同时必须在桥的下方来回滚动药球。

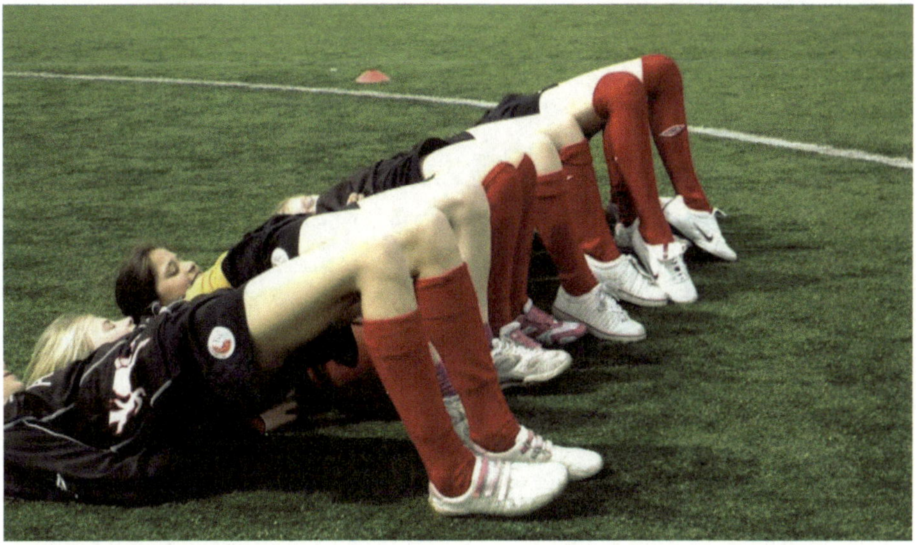

图16.6　桥必须保持张力

比赛规则

- 看看哪一组最快完成来回8次滚动药球。

变化

- 比赛规则：和上面的要求一样，但是改变任务。3名球员保持俯卧撑姿势，将身体抬起，这样球可以从身体下方滚过。两名球员从两端来回滚球8次。

必须根据小组的训练水平和训练目标选择重复的次数、连续练习次数以及药球的重量。

练习4：传包裹（见图16.7）

组织人数相同的小组，接着前后传递药球。双腿必须保持分开姿势。后面的球员（以及接下来的所有球员）必须在接到药球之后半转身，接着将药球传出。药球不要触碰地面。

比赛规则

- 看看哪一组最先完成，如8个回合。如果球落到地面，那么必须重新开始。

图16.7 包裹能够到达目的地吗

练习5：举凳（见图16.8和图16.9）

可根据凳子的大小、重量及球员能力水平和训练目标，确定小组人数。要求球员首先练习几次，熟悉举凳技术的流程。小组的一名球员（在可能的情况下，可以是小组的任意一名球员）必须在练习过程中履行这个责任：球员宣布举凳过程开始，而教练确保练习安全进行（防护措施和协助完成）。一旦球员安全地共同完成了这个过程，那么接下来可以执行以下比赛规则：看看哪一组最快来回举凳子6次。根据球员能力水平和训练目标，确定连续练习次数。

图16.8 团队合作是关键

图16.9 将凳子举过头顶，接着再安全地将凳子放在另一边

练习6：倒车（见图16.10）

参照练习5，小组球员必须一起将凳子从他们的双腿中间向后传。根据比赛规则，必须做到：（1）凳子不可以触地；（2）前面的球员总是在完成抬举之后跑到本组最后（接着再次抬起凳子）；（3）整个凳子必须传送过一条线（标记）。

根据球员能力水平和训练目标，确定线的距离。

图16.10 静态用力、团队合作和熟练是关键

图16.11 推力和敏捷，要求团队合作努力

变化

- 向前传凳子。
- 从头顶向前传凳子（见图16.11）。注意：凳子不可以触碰到头部，否则必须重新开始。使用手臂缓冲。

练习7：我们会支撑并抓稳你（见图16.12）

参照练习6，球员必须使用双臂握住凳子的底部并将凳子抬到头部高度，这样球员就可以密切地注视整个过程。一名队友从凳子的一端走到另一端练习保持平衡。推荐在"山峰"（凳子）的两边都有一名监视员，以便在平衡练习开始时确保安全。在平衡动作最后，球员必须跳下凳子，轻轻地安全着地。推荐使用柔软且平坦干燥的地面。两名提供防护措施的队友可以帮助球员下来。在训练之前必须认真地练习体操或杂技的保护动作。（关键词：捏握手柄、支撑手柄以及拧握手柄。）这里，合作和沟通原则同样非常重要。

图16.12 体现力量、勇气和责任分担

变化

❯ 球员一起手掌向上，使用开放式握法，将凳子提到髋关节位置（见图16.13）。

图16.13 以团队方式握住并保持平衡。相互信任是最重要的

❂ 小组球员必须使用长凳将一名球员安全且快速地运送过指定标记。在跑道上与另一个小组比赛或者与另一个小组进行计时比赛（见图16.14）。

图16.14 紧紧地握住，一起完成任务

❂ 将凳子上的两名球员进行传送。必须指定支撑点，这样重量才可以均匀分布（见图16.15）。

图16.15 责任感和增加用力

练习8：爬行者（见图16.16）

　　组织小组，每组3名球员。将球员悬挂，然后向后爬行。球员必须用反握法握住杆子。在可能的情况下，运送球员必须使用混合握法（一手向下、一手向上）握住杆子运送队友。要求运送球员在传送队友过程中不可以松开杆子。要求小组的3名球员之间必须做好沟通。

比赛形式

❂ 根据运动表现水平和训练目标，3人小组的球员必须绕着远处的标记（如锥桶）跑动，接着返回到出发点，然后交换队友。看看哪一组最快完成交换。

- 在设定的跑道上完成主要练习。

- 以接力赛形式完成主要练习。

- 使用引导球完成主要练习。

- 完成主要练习。在具备较高技术技能的情况下，球员可以以触地和不触地的方式在跑道上颠球。

图16.16　用最快的速度一起完成游戏

练习9：运输者（见图16.17）

球员4人一组摆好姿势，其中一名球员保持俯卧撑姿势。握姿与练习8一样。后面的运送球员用半握的方式握住脚踝并做好安全措施。

比赛形式

- 参照练习8。

图 16.17　身体收紧以团队合作方式快速且安全地跑到终点线

练习 10：飞机式向后（见图 16.18）

　　根据运动表现水平、训练重点以及球员的体重组成小组。这个小组球员能够举起一名球员并将他传送到后面。接着，后面的球员使用半握手法与自己的队友做好协调，将球员下放到双臂下方，最后安全地将他放到地面。

图 16.18　你可以相信我们

在开始这个信任感练习时，首先球员以屈膝姿势被举起，接着打开整个身体，双臂向两侧伸展。只有在球员能够得到精准地保护和协助的情况下，才可以采用这个形式训练。同时，在向后传送球员时，传送球员必须意识到自己对被传递队友的安全完全负责。教练必须监督练习过程，选择水平且干燥的平面。在可能的情况下，在两侧放置柔软的垫子以保证安全。根据训练目标，确定重复练习次数。

16.2 力量和平衡训练

在今天的足球运动中，增强力量和提高关节稳定性是体能训练的基本要素（Kollath and Buschmann, 2010; Ülsmann, 2012）。当场地类型不同（旧的和新的人造草坪、天然草坪、煤渣跑道、体育馆地板）、天气和动作强度不同（在地面上、跳跃时以及在空中）时，缺少平衡和稳定会明显地增加受伤风险并限制完成复杂动作的能力。

下面的练习主要集中在本体感觉训练[1]和运动感觉训练[2]，后者可以被认为是当今常用的术语——稳定训练的同义词。从运动专项的角度来看，进行静态和动态稳定性的训练，都能够促进动作稳定且准确地完成，预防因过度训练而造成的运动损伤，并有助于伤病的康复。

16.2.1 个人力量和平衡训练

下面的练习取决于球员的表现水平、发展阶段、教练的训练目标和训练重点。因此，本书将不对任何与训练负荷结构相关的具体细节或基准进行阐述。很多照片中会使用黄色的虚线，为教练提供视觉上的说明，以帮助教练员进行更高效的训练。

---

1 肌梭、关节感受器、腱梭和皮肤感受器这4个器官可以让球员通过姿势和关节动作实现空间定位。
2 基于感觉信息（前庭、视觉、触觉、听觉和动觉）的感知和处理。本体感觉是基础。该训练通过优化信息的接收和处理及将感觉信息转化为相应的动作（Ollath and Buschmann, 2010）。

以下练习（见图16.19~图16.63）可以作为足球训练中的热身练习的一部分，也可以作为在热身和第一个主要部分之间的衔接练习，如果有必要也可以作为一个单独的训练单元。除了表16.1中列出的内容，训练过程可以按照以下内容进行调整：双侧练习，增加外部干扰，改变速度，改变持续时间以及方向、精度、复杂性的变化（Kröger and Roth, 2014）。

练习1

图16.19　俯卧撑姿势，交替双臂向前伸展，拉长身体。髋关节不可以转动

练习2

图16.20　完成练习1相同的动作，但是交替手臂，向侧面伸展

练习3

图16.21 俯卧撑姿势，快速使用双手推离地面，接着轻轻着地。球员完成连续的身体和手臂伸展动作

练习4

图16.22 保持最后姿势

练习5

图16.23 直臂平板支撑姿势，髋部微屈

练习6

图 16.24 能够成为多大的蜘蛛?
保持最后姿势

练习7

图 16.25 保持俯卧撑姿势同时轮
换将一只手放到对侧的肩上

练习8

图 16.26 从俯卧撑姿势转换为侧
平板式,双侧交替练习。躯干和双
腿必须呈一条直线。同时,手臂和
肩膀呈一条直线

练习9

图16.27 交替双腿,做出剪刀动作

练习10

图16.28 以背桥姿势轮换抬高双腿。髋关节抬高

练习11

图16.29 举杆下蹲

练习12

图16.30　双臂前伸，上半身保持直立，左右交替侧跨步

练习13

图16.31　俯卧撑姿势，屈臂向下时，一条腿尽可能抬高（见图16.32），双腿交替练习

练习14

图16.32　从俯卧撑的最低位置开始，手推地向上时，一条腿尽可能高地向上伸展

练习15

图16.33 身体侧躺，双腿伸直并交叉，髋关节离开地面

练习16

图16.34 单手支撑，髋关节抬高离开地面，另一只手经头侧向上伸展，身体呈弓形

练习17

图16.35 在侧撑的基础上，身体像开合跳一样完全打开，并保持打开的姿势

练习18

图16.36 在练习17（见图16.35）的基础上换另一侧并保持平衡

练习19

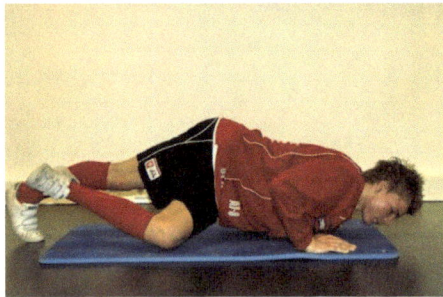

图16.37 单腿俯卧撑姿势，在屈臂向下时，髋关节内旋，悬空的腿在不触碰地面的情况下尽可能往里伸，到达最大幅度时，慢慢还原

练习20

图16.38 俯卧撑姿势，两臂伸直，双脚依次蹬地（左右两侧蹬地）

练习21

图16.39 在练习20（见图16.38）的基础上左右两条腿依次交替做剪刀脚的动作，落地后可以短暂停顿。有能力的球员可以连续做剪刀动作

练习22

图16.40 俯卧撑姿势，双臂伸直，双脚轮换蹬地呈跨步姿势。落地时前脚向内收，并且尽可能靠近双手和手臂位置

练习23

图16.41 俯卧撑姿势，手臂伸直，双脚蹬地后屈膝收腹，膝关节呈90度

练习24

图 16.42 倒立姿势，屈臂向下时，身体弯曲呈反弓形，胸、腹依次滚动落地最后回到倒立姿势，在帮助与保护下完成这个动作

练习25

图 16.43 直立姿势，身体前倾，落地时双臂前伸撑地并弯曲缓冲。初学者从跪立姿势开始练习

练习26

图16.44　参照图16.43，呈双脚开立姿势

练习27

图16.45　以左图所示的起始动作开始，双脚蹬离地面接近垂直姿势，同时保持动作不变，接着轻轻着地

练习28

图16.46　肘撑姿势，双腿进行剪刀脚动作

练习 29

图 16.47 坐姿踩单车

练习 30

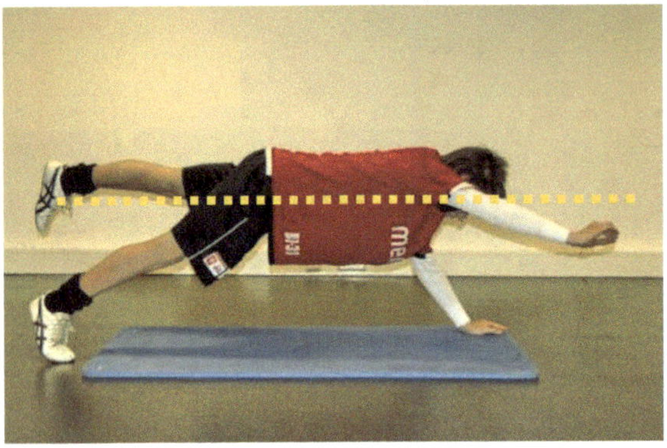

图 16.48 在规定时间内,保持单手、单脚的平板支撑动作(对角线)

练习 31

图 16.49 单膝跪撑,将球从一只手传到另一只手上

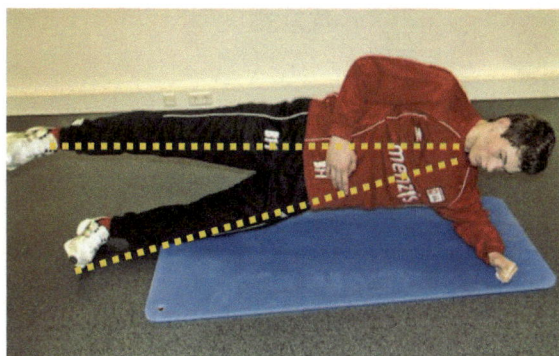

练习32

图16.50 分腿侧撑（肘关节）。两侧轮换练习

练习33

图16.51 直腿俯卧撑姿势，一条腿屈膝向上蹬，膝盖弯曲90度。双腿轮换练习

练习34

图16.52 单手、单脚跪撑（同侧）。身体两侧轮换练习

练习35

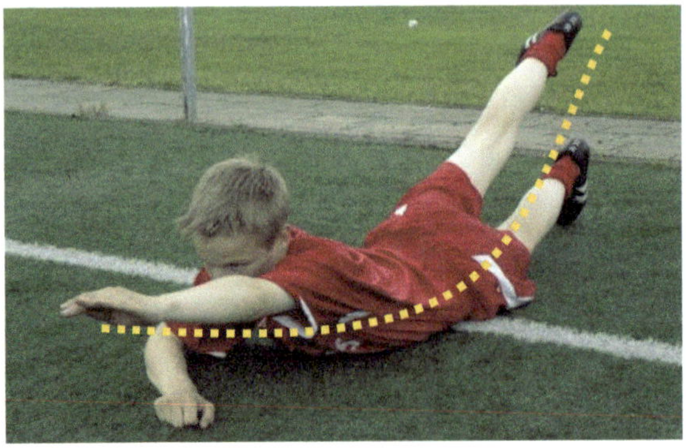

图16.53　自由泳

练习36

图16.54a　俯卧姿势，上半身发力上抬呈反弓形

图16.54b　上半身抬到最高点时顺势向前滚动，双腿抬起

练习37

图16.55a　坐姿，屈膝，双脚离地，双手抓住脚踝

图16.55b　在不向后倒的情况下，双腿伸直

练习38

图16.56a　伸展和弯曲双腿穿过敏捷圈

图16.56b　始终保持平衡

练习39

图16.57a　在练习38的基础上，双腿轮流穿过敏捷圈

图16.57b　坐直并伸直双腿

练习40

图16.58a　一条腿在地上，另一条腿伸直穿过敏捷圈，交替进行

图16.58b　腿伸直时，躯干可以触碰地面

练习41

图16.59a 在杆子上方轮流伸展双腿

图16.59b 屈膝时收腹,伸腿时躯干伸直

练习42

图16.60a 握紧杆子中间,上半身抬离地面并连续180度转动

图16.60b 握紧杆子两端,上半身抬起,并向右转动180度

练习43

图16.61a 坐姿抬起双腿并保持平衡,双腿依次抬高,将球经地面反弹并接住

图16.61b 尽可能保持双腿伸直

练习44

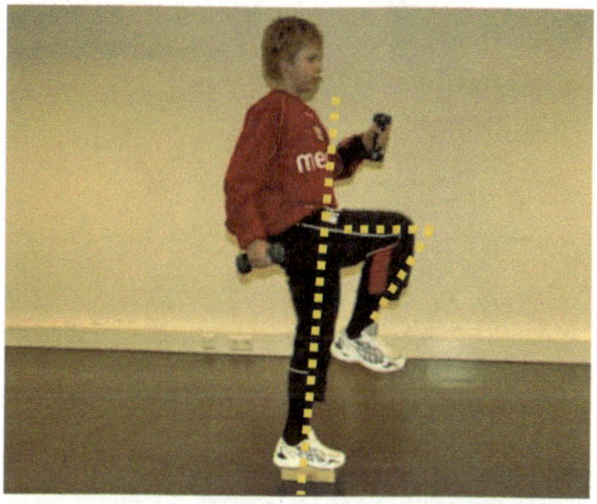

图16.62a 单腿站在木块上，屈髋提膝，同时对侧手臂向前摆动（手持哑铃，肘屈90度）

图16.62b 提起的腿向后蹬伸，同时对侧的手臂向后摆动

图16.63a 单腿站立，双手持哑铃并触地

图16.63b 起身将哑铃上举并保持平衡

图16.63c 单腿站立，双手持哑铃并触地

图16.63d 触地后双手抬起做燕式平衡动作

16.2.2 双人力量和平衡训练

事实证明，在不稳定的表面上进行训练能够在运动过程中更好地激活肌肉，从而提高训练效果（Anderson and Behm, 2005）。以下双人配合的每一个练习（见图16.64~图16.107）都非常贴近这个原则：施加干扰。在推和拉的练习中不断保持平衡对中枢神经系统提出了非常高的要求。这种"战斗"可以采用多种手段来完成动作任务。就像足球比赛一样，干扰的方向、时机和干扰程度等大多是没有规律的。

练习1

图16.64a 将队友推过线

图16.64b 以握紧手腕的方式将队友拉过线

练习2

图16.65a 摔跤

图16.65b 尝试将对方举起

练习3

图16.66a 双腿抬高的俯卧撑，身体保持直立，队友用半握的方式握住脚腕

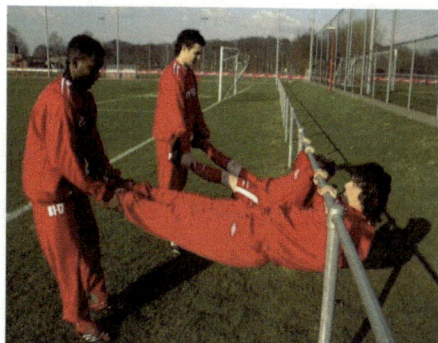

图16.66b 双腿抬高反拉，身体保持直立，队友用半握的方式握住脚腕

练习4

图16.67a 在队友的膝关节上做俯卧撑，做动作时采用半握的姿势

图16.67b 屈臂向下时队友收腹起身并触摸做俯卧撑的球员的背部

练习5

图16.68a 双人配合的仰卧蹬腿。一人身体直立并将手放在腰间，另一人平躺并将双脚平行放抵在队友的手上，注意不要穿钉鞋

图16.68b 队友应保持身体直立

练习6

图16.69a 半握的方式握住队友的双脚做俯卧撑

图16.69b 队友做仰卧蹬伸的动作

练习7

图16.70a　双脚顶着队友的臀部，不要穿钉鞋

图16.70b　弹弓：在飞的过程中保持平衡，同时双脚安全着地

练习8

图16.71a　背靠背双臂交叉，坐在地上

图16.71b　两名球员同时发力起身，保持平衡，直到完全站立

练习9

图16.72　背向站立，手腕握紧，身体直立向前倾，形成Ｖ字形并保持平衡

练习10

图16.73 采用半握的方式相互扶着队友的肩膀，身体直立，双脚慢慢向后，看在保持平衡的前提下脚能分开多远

练习11：拔河

图16.74a 球员手握木棍，手臂与木棍垂直

图16.74b 尝试将彼此从位置上拉开

练习12

图16.75a 双手握木棍

图16.75b 身体向后倾慢慢起身，直到完全站立

练习13

图16.76a 以半握的方式握住两根杆子，下蹲至膝关节弯曲90度

图16.76b 尝试将队友拉到失去平衡。看谁的脚最先移动

练习14

图16.77a 跷跷板：半握的方式握住杆子两端，轮流站立和下蹲

图16.77b 单腿保持平衡，比赛：看看谁最先移动支撑腿（-1分）或者必须使用第二条腿（-2分）。定期替换支撑腿

练习15

图16.78a 使用弹力带，对抗拉力保持平衡

图16.78b 在看不到的情况下，拉紧、放松弹力带，施加干扰

225

图16.78c 球员单腿站立，队友尝试在突然改变拉力的情况下保持平衡

图16.78d 背对队友，进行与图16.78c中一样的练习

练习16

图16.79a 双腿抬高的俯卧撑，在没有提示（左脚或右脚）的情况下，队友松开手（手掌向上）

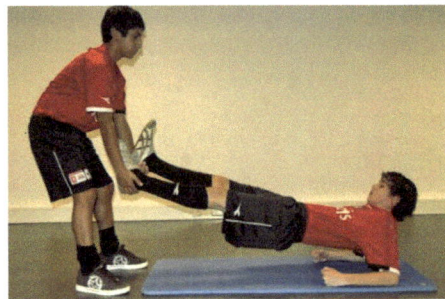

图16.79b 以翻转手肘平板姿势完成练习

练习17

图16.80 哈萨克舞：双手握住杆子两端重心向后并屈膝下蹲，使用脚内侧和外侧轮流触碰杆子

练习18

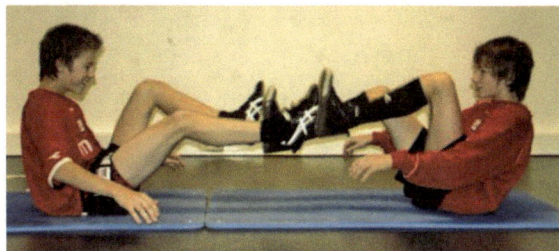

图16.81　坐姿，双腿伸展，保持身体紧张，同时踩单车

变化

1. 双手抓住双腿并保持坐姿平衡：一名球员双腿并拢快速上下移动。另一名队友使用同样的姿势并尝试用脚触碰对方的脚，同时保持坐姿平衡。

2. 与变化1一样，但是在胸前交叉双臂。

3. 蹬腿：看看哪名队友先跌倒或者使用手臂支撑。进行比赛。

练习19

图16.82a　两名球员相距约身高的距离站立

图16.82b　身体直立向前倒，双手前伸向队友的双手，手掌接触时相互抓紧并屈臂缓冲，然后相互推离回到起始动作（注意：保持眼神沟通、相互提醒以避免头部受伤）

练习20

图16.83 跳跃和支撑——起跳并撑住队友的肩膀

练习21

图16.84 爬树：一名球员尝试在不触碰地面的情况下尽可能快速地绕着队友爬。组织配对球员比赛

练习22

图16.85a 手推车。队友以开握方式（手掌向上）提供安全防护

图16.85b 变化：翻转手推车，可组织比赛

图16.85c　俯卧撑姿势，轮流将腿提到胸前。队友总是以开握方式抓住一条腿提供安全防护

图16.85d　球员必须将膝关节尽可能靠近胸前

图16.85e　俯卧撑姿势，抬高手臂并击掌

图16.85f　单手、单脚的平板支撑，看谁最先失去平衡并趴下。规则：球员可以触碰队友的手臂（看看哪名球员最先拿到3分）

变化

➤ 石头剪刀布：两名球员同时举起一只手并按照要求做出这些熟悉的手势。组织比赛（俯卧撑比赛）。

练习23

图16.86　旋转木马：采用环胸抱住或其他抓牢方式，接着转身，通过旋转的方式让队友"飞"起来

练习24

图16.87 背靠背坐着,手臂交叉扣紧。尝试将旁边的组合推倒

练习25

图16.88 在对方的抵抗下,试着把杆的一端推到地上(注意:杆的上端要远离对方的头部)

练习26

图16.89 跪姿,双手放在彼此肩膀上,尝试让队友失去平衡,侧身倒向地面

练习27

图16.90　单腿保持平衡，跳跃并摔跤：看谁最先离开标记区域或双脚落地

练习28

图16.91　单腿保持平衡同时以双手握紧并相互推拉：看哪名球员能够保持10秒平衡

练习29

图16.92a　长凳手推车

图16.92b　长凳之字形独轮手推车

练习30

图16.93 正面飞机；保持平衡！双脚（不穿鞋子）顶住球员胸骨下方的腹直肌（注意：提前明确演示脚放置的正确位置，同时要求对着"飞机"的球员注意安全，避免碰撞）

练习31

图16.94 单腿手推车。比赛：间距5码（约4.6米），到达终点线之后转身，换腿后重新回到开始位置（组织比赛）

练习32

图16.95a 仰卧姿势，双臂伸直，双手扣紧

图16.95b 提腿（放到肩膀上方，双脚触碰队友）

练习33

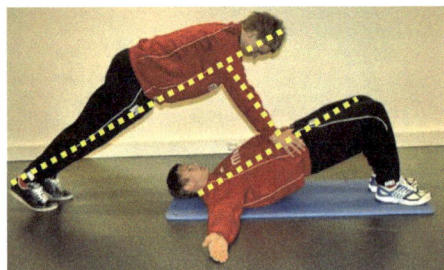

图16.96 俯卧撑与背桥

练习34

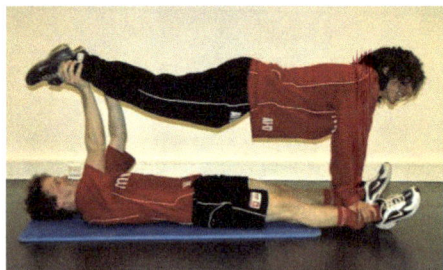

图16.97 相互握住对方的脚踝，同时做俯卧（仰卧）撑

练习35

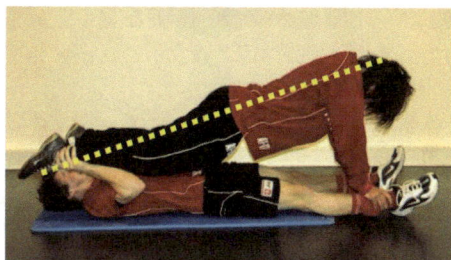

图16.98a　交替做俯卧（仰卧）撑

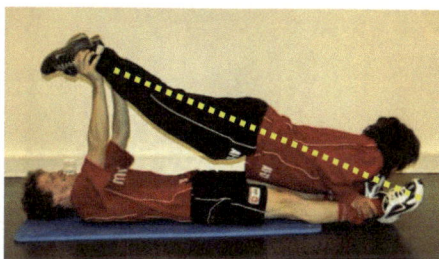

图16.98b　在不触碰地板的情况下，保持身体直立

练习36

图16.99　将队友横背在肩膀上，以不同方式轮流跑动；只有高水平的球员可以练习

练习37

图16.100　在队友的帮助下练习垂直俯卧撑

练习38

图16.101 球员用双臂紧紧环抱住保持跪撑姿势的队友。球员身体保持直立，尝试在队友的帮助下倒立同时保持平衡

练习39

图16.102 一名球员握住队友的髋部并用力地举起，让队友"飞"起来。队友落地后顺势蹬地再次起跳。着地动作要平稳

练习40：杂技表演

图16.103a 椅子：使用室内足球鞋或旅游鞋，下面的球员双手握紧上面球员的一只手

图16.103b 傀儡：下面的球员稳稳地抓住队友的髋部

练习 41

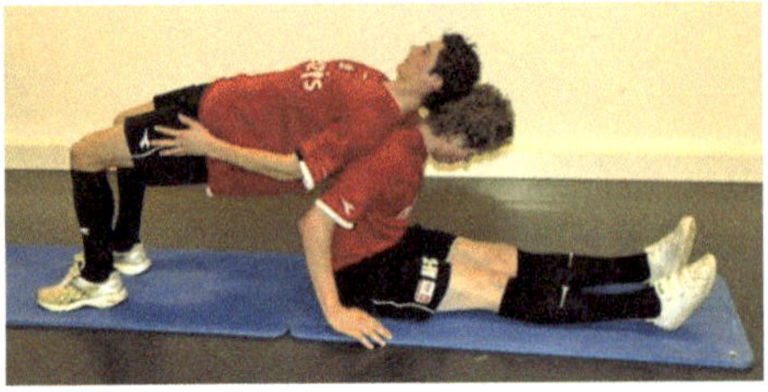

图 16.104a 靠在队友的后背上做背桥动作

图 16.104b 柔韧性是关键

练习 42

图 16.105a 单腿跳圆圈；两名球员相互抓住对方的一只脚并保持稳定

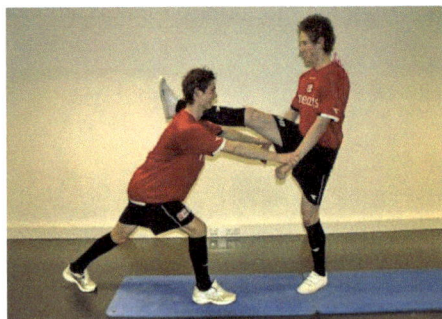

图 16.105b 队友尝试在保持平衡的情况下抬起一条腿。必须小心地抬腿

练习 43

图 16.106a 组成两个弓形同时保持平衡

图 16.106b 将队友左右甩动（在可控的幅度内），队友必须稳住自己同时使用双手用力推地面（有力且富有弹性）

练习44

图16.107　一名球员双脚开立，双手撑地，另一名球员与其背对背站立，身体后仰。手臂上举慢慢向后弯曲。第一名球员握住第二名球员的脚踝，通过匀速地抬起上半身，将第二名球员放至倒立姿势。重新回到开始动作或以倒立下马（高级技能）完成这个练习。可以将这个图片上的动作反过来作为单独练习训练。这里，球员一开始可以顶住站着的队友的后背保持倒立动作。站立球员可以以半握的方式握住倒立球员的小腿，上半身慢慢前屈，接着以流畅且可控的动作将球员向前和向下压。建议开始时四名球员一起进行该练习。两名辅助的球员按照之前提到的方式用双手稳住两名训练球员的重心。这有助于防止腿翻得太快或手臂在支撑阶段屈曲

16.2.3 三人配合的力量和平衡训练

在今天的足球运动中，在教练看来，互相帮助、小组训练、保持较高的动机水平以及努力尝试的意愿越来越重要。

在足球训练中，合作、竞争和沟通是培养责任心、提高运动表现的重要内容。而通过这些方面的学习逐渐形成的团队能力、社交能力、行动能力和决策能力可以避免球员陷入困境。教练必须在每天的训练中有条不紊地对球员进行这方面的教育，特别是对球员进行个别指导时。

以下练习（见图16.108~图16.114）适用于这方面教学内容，特别是将提高运动表现为导向的快乐体验融入三人配合的体能训练。没有目的的训练方式只能成为过去式。

练习1

图16.108a 三人小组，以脚对脚的方式坐下

图16.108b 双手抓紧并蹬地起身

图16.108c 球员背对背，尝试保持平衡

练习2

图16.109a　在预先安排好的接力赛中，被运送的球员必须自己保持平衡

图16.109b　中间的球员以反手握方式双手撑杆，同时尝试在接力比赛过程中不触地且保持平衡

练习3

图16.110a　在一名球员纵跳的过程中另外两名球员抓住并支撑。在最高点处抱膝跳

变化

- 抱膝并转身。
- 在队友的帮助下，跳到最高的位置。创造系列动作！
- 在跳跃过程中转身（向前－向后－左边－右边）。

图16.110b　队友以半握方式支撑并搬运球员几米的距离，组织接力球队同时组织比赛

图16.110c 中间的球员以站立姿势跳起，同时顶住队友的肩膀将自己撑起（支撑跳跃）。由于存在受伤风险，队友不可以移动。支撑动作保持大约3秒

图16.110d 飞机：按照图片版本，参加者一起走动约10码（约9.1米）的距离。注意：首先尝试跪姿，以便评估球员的力量。可以增加更多的球员以便提供额外的安全保护

练习4

图16.111a 信任队友，身体直立前倾

图16.111b 弓步姿势轻轻地接住倒下的队友

图16.111c 将身体保持直立的球员（木板）来回推

图16.111d 里面的球员持续180度转身。队友必须提早伸手缓冲。合作是关键

练习5

图16.112a 拉起身体直立的球员。拉起时背部要挺直

图16.112b 双腿蹬地伸直，身体后倾，将地面上的球员抬起。然后再慢慢放到地面。背部必须尽可能保持挺直

练习6

图16.113a "死尸": 队友以半握的方式抓住中间球员的手腕

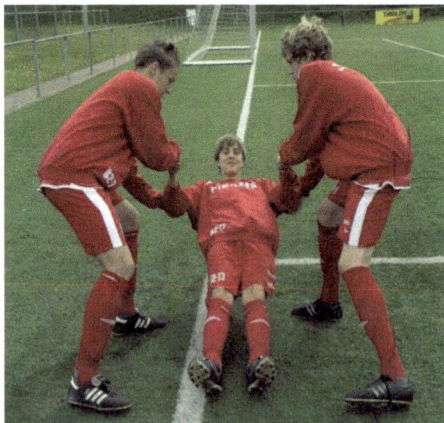

图16.113b 中间球员身体呈反弓形并向后倒下。当球员处于稳定的水平位置时, 队友将球员定住大约3秒, 接着将他拉回到直立姿势。在这个过程中, 球员必须保持身体直立

练习7

图16.114a 球员同时采用推掷的方式将药球投向空中

图16.114b 在完成12次投掷之后, 当球还在空中时, 球员顺时针或逆时针交换位置。队长发出信号。球员必须保持三角形站位。沟通很重要

16.2.4 药球个人训练

在媒体报道足球教练菲利斯·马加特的成功训练经验之前，药球就已经被证明可作为训练器材。此外，药球还是一种基础健身器材。教练可以使用药球实现很多训练目标，如协调能力、感觉运动技能和体能。从体能训练的角度看，逐步增加药球的重量能够提高力量。

如果训练的重点是动作的迁移、增加动作难度或者进行局部的稳定性训练以达到身体其他部位的训练效果，那么药球是发展协调能力的最佳训练工具。此外，这个训练工具可以为教练提供组织上的灵活性（分站式、循环式及个人和小组合作），确保（个人）有针对性的负荷和需求计量，并有利于情感能力。具体来说，药球有多种使用方式，球员可选择多种动作模式，而且可以同时使用多个球，非常有趣。

必须慎重地挑选药球。太重或太旧的球都是不行的，特别是在青少年足球训练中。在训练场地上，最好选择合适的塑料或橡胶球。

必须仔细检查训练计划中的安全措施。在足球场地上安排练习空间时，必须注意避免药球滚动和飞向观众，避免球员踩到球和使用脚踝踢球，以及不要出现安全距离不够的情况。

统一的警告和停止信号在练习中是很有用的。这样，参与者可以提前识别危险情形而且还可以尽快地进行处理。球员直接参与安全措施制定还可以提高判断力。

因此，在体能训练中，将使用药球看作过时的体能训练方式是完全没有道理的。以下是一些推荐药球单人训练（见图16.115~图16.154）

练习 1

图 16.115a 将球投掷和推到空中，然后接球并坐下

图 16.115b 反向练习：坐着投球；站立接球

练习 2

图 16.116a 弓步姿势跳跃，双腿交替练习

图 16.116b 全身伸展，弓步跳跃

练习 3

图 16.117a 站姿，首先双臂向前伸展握住药球，接着以弧形方式将球从头顶向后投掷

图 16.117b 在不看的情形下，双手接住药球。关键是抓住时机，同时尝试尽可能站直身子

练习4

图16.118a 将药球放在一条大腿上，接着尝试膝盖用力将它推到空中

图16.118b 保持直立和稳定

练习5

图16.119a 从后向上方投球——穿过双腿从后面往前面投

图16.119b 稳稳地接住球

练习6

图16.120a 单臂投球

图16.120b 总是将身体往一侧弯曲

练习7

图16.121a 双腿开立,往下运球并将球运到一侧

图16.121b 在全身伸展之后,将球运到另一边。膝关节不要弯曲

练习8

图16.122a 将药球放在地面上，距离为双脚间距

图16.122b 双臂伸展，回到直立姿势

练习9

图16.123a 松开药球

图16.123b 双手在双腿的前面和后面交替接住球

图16.123c 现在侧向接住球

图16.123d 在每次接球之后变换方向

练习10

图16.124a　将药球夹在双脚之间

图16.124b　跳起，将药球夹到空中，接着接住球

图16.124c　接着侧身将球夹起

图16.124d　在身体的前面，尽可能高地接住球

练习11

图16.125a 大步慢跑，不断地从内到外交替传球

图16.125b 将药球从膝盖的内侧传到外侧

练习12

图16.126 同时抛接两个药球

练习13

图16.127a 双腿之间呈8字形绕环

图16.127b 8字形滚球

练习14

图16.128 单臂俯卧撑，绕着支撑臂运球

练习15

图16.129a 单腿站在木板或平衡板上。一开始双手抓住地上的药球

图16.129b 拿起药球，全身伸展并保持平衡

图16.129c 变化：将药球投掷到空中

练习16

图16.130 从坐姿移动到肩膀倒立，接着伸展双腿

练习17

图16.131a 保持平衡，将球朝腿滚动

图16.131b 使用双腿将药球向前和向上踢起，接着抬起身体，双手接住球

练习18

图16.132a 压住药球，侧身跳

图16.132b 确保外侧腿尽可能地往远伸

练习 19

图 16.133a　单腿站立，抬起另一条腿。不要穿鞋子

图 16.133b　将抬起来的腿向后伸展，接着在双腿之间运药球（如图）。保持平衡！变化：选择不同的支撑表面

练习 20

图 16.134a　以俯卧撑姿势将药球从一侧滚到另一侧

图 16.134b　将药球滚动到离身体较远的位置

练习 21：手放在球上

图 16.135a　俯卧撑姿势，小步跳交换放到球上的支撑手

图 16.135b　确保手肘弯曲

图16.135c 双手放在药球上支撑身体

图16.135d 用力推药球同时缓缓着地（弯曲－伸展－弯曲－伸展）。变化：在伸展之后，突然向上推，将球稍稍带离地面

练习22

图16.136a 见练习21。这个练习对球员的力量能力要求非常高

图16.136b 再次，在支撑阶段，双臂不要伸展

练习23

图16.137a 身体朝上，双脚平放在药球上。保持大约5秒

图16.137b 双脚放在药球上，做出俯卧撑姿势。保持大约5秒

253

图 16.137c 坐姿将臀部提起

图 16.137d 反向撑体，沿着小腿向前滚动，直到身体完全伸展

图 16.137e 仰卧姿势提臀

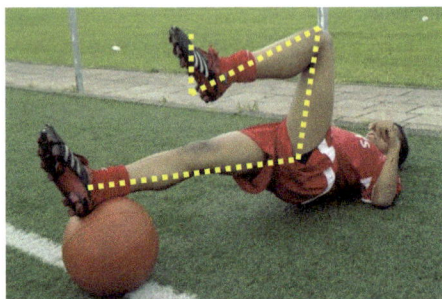

图 16.137f 轮换提起一只膝盖。保持髋关节伸展和身体稳定大约3秒

练习24

图 16.138a 在两腿之间传药球时，双腿执行剪刀动作

图 16.138b 在伸展的双腿周围不断地传药球

图16.138c 单腿交替保持背桥姿势，在支撑腿下方来回滚动药球

图16.138d 双腿合拢摆出背桥姿势，同时在双腿下方来回滚动药球

练习25

图16.139a 双臂伸展，在药球上方来回摆动

图16.139b 双手伸展，握住药球，来回摆动

练习26

图16.140 坐姿，将药球投向空中，接着用双脚接住。身体必须尽可能保持笔直

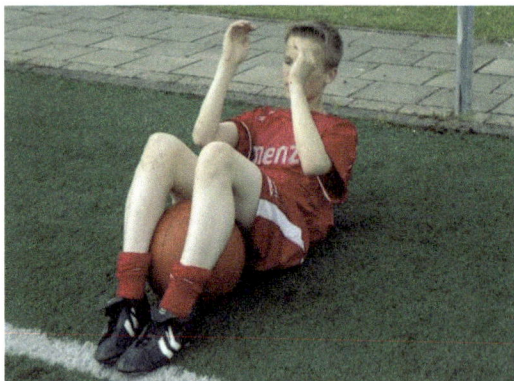

练习27

图16.141 在仰卧起坐时，夹紧药球

练习28

图16.142a 用力压药球。保持双腿合拢，交替双腿向下压药球，同时保持平衡

图16.142b 尽可能保持身体挺直

练习29

图16.143a 风挡刮雨器：双腿尽可能伸直，保持90度

图16.143b 双腿不要触地。双臂呈T字形保持平衡。保持双肩触地

练习30

图16.144a 双手准备向双腿间释放药球，双腿准备夹住药球

图16.144b 双腿准备向双手释放药球，双手准备接住药球，在这个过程中，双腿尽可能伸直

练习31

图16.145a 坐姿风挡雨刷：特别注意双臂的方向动作

图16.145b 在不触碰到药球的情况下，将伸展的双腿从药球的一侧移到另一侧

练习32

图16.146a 运球：不断地在弯曲的两腿和双手之间运药球

图16.146b 将药球放在胫骨位置，身体保持仰卧姿势

图16.146c 坐姿，双腿伸展，移动双腿做出犁田姿势，药球夹在双脚之间，接着双脚轻轻触地

图16.146d 在回滚到坐姿之后，双手触球

练习33

图16.147 俯卧撑姿势，尽可能远地滚动药球，接着再回滚

练习34

图16.148 翻转前臂平板：抬起和放低髋关节，保持大约3秒

练习35

图16.149 使用药球，交替单腿背桥

练习36

图16.150a 弓步：前后弓步动作并将球高举过头。注意身体挺直和对齐，身体保持紧张，同时避免膝盖呈锐角角度

图16.150b 球员双臂向前伸展握住药球，稍稍单腿深蹲。保持平衡

图16.150c 站姿转换为弓步，将药球放到脑后。变化：将球放在胸前。前膝不可以超过脚趾。伸展腿触碰药球。接下来，交换支撑腿，重复动作

259

图16.150d　弓步，在身体前方伸展双臂握住药球，膝盖不可以超过脚趾

图16.150e　身体转动90度，弓步向前和向后

图16.150f　双脚平行半蹲，可以改变膝盖角度

图16.150g　负重体前屈练习：注意不要过度伸展膝盖

图16.150h　勇士三式开始动作

图16.150i　转换到勇士三式动作（注意观察垂直轴和矢状轴）

图 16.150j　交替侧跨步。保持躯干直立，药球放在脑后

图 16.150k　使用药球，练习从低到高动作

图 16.150l　练习斜对角动作。交换侧边，也可以以三维空间变化方式练习

练习 37

图 16.151　量角器：将药球夹在放低的双腿之间，接着移动双腿画圈

练习38

图16.152 半蹲，双臂握住药球，身体伸展，将球投到空中，接着接住球

练习39

图16.153 将药球砸向地面，接着接住球

练习40

图16.154a 半蹲，将药球往上投

图16.154b 保持后续的动态全身伸展

图16.154c 弓步，尽可能高地将球投到空中

图16.154d 同时完成全身伸展

16.2.5 药球双人训练

以下是一些推荐的药球双人训练（见图16.155~图16.184）。

练习1

图16.155a 坐姿，双臂投球。一名球员投球；另一名球员接住球并回投

图16.155b 现在，单臂投球

练习2

图 16.156 坐姿投掷界外球

练习3

图 16.157 双臂侧投，轮换两侧练习

练习4

图 16.158a 向前和向上投球

图 16.158b 保持全身伸展，双腿用力

练习5

图16.159a 蹲姿，用力扔

图16.159b 向高处和远处扔球

图16.159c 蹲姿转换为弓步，突然用力扔药球

图16.159d 全身伸展，接着跳起

练习6

图16.160a 封闭式站位投掷界外球，弯曲身体

图16.160b 现在弓步掷球

图16.160c 屈膝投掷界外球

图16.160d 退后一步，单膝投掷界外球

图16.160e 坐姿投掷界外球

图16.160f 坐姿掷球

图 16.160g 小组形式跪姿掷球

练习 7

图 16.161a 弓步，转身侧投

图 16.161b 过山车：队友背对背间距大约两臂距离站立。跨坐，两名队友同时扭向相同的方向。一名球员将球传给另一名球员

图 16.161c 球员之间的距离不断增加，侧身准确投掷药球

图 16.161d 卡巴莱：两名球员各自拿着一个药球面对面站立。他们同时将球投给对方。球不可以在空中相碰

图16.161e 错位的同时投掷药球

图16.161f 侧滑步－接住药球，一名球员确定好节奏

图16.161g 单腿站立，来回掷药球，保持平衡

图16.161h 站在木板或平衡垫上，保持平衡，来回掷球

练习8

图16.162a 压球：球员必须使用药球互推，直到失去平衡

图16.162b 蹲姿，球员尝试互推，迫使对方失去平衡

练习9

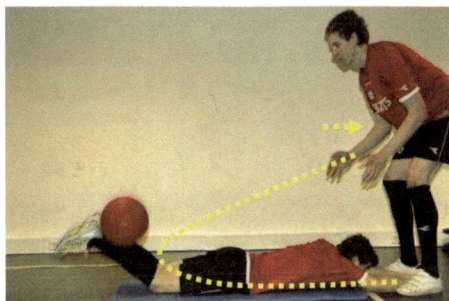

图16.163a 球员躺在地板上,队友沿着球员的背部滚动球

图16.163b 球员使用小腿尝试加速将球回传给队友。队友是否能够接住球

练习10

图16.164a 俯卧撑摆动:前倾,双臂完全伸展挤球。要求全身肌肉紧张,同时确保不要将臀部推出太远。训练中,身体控制比最大距离间隔更重要

变化

1. 2名球员均以俯卧撑姿势开始。

2. 在最后,2名球员慢慢地侧向移动。

3. 类似于变化2,但是使用以下三种路径:平行线、三角形或菱形。

4. 几名队友球员列队,移动,把球运送到某个指定区域。

5. 2名球员背靠背微蹲,移动,把球运送到某个指定区域(见图16.146b)。

图16.164b 背靠背微蹲,运送球

练习11

图16.165a 双脚一起支撑药球

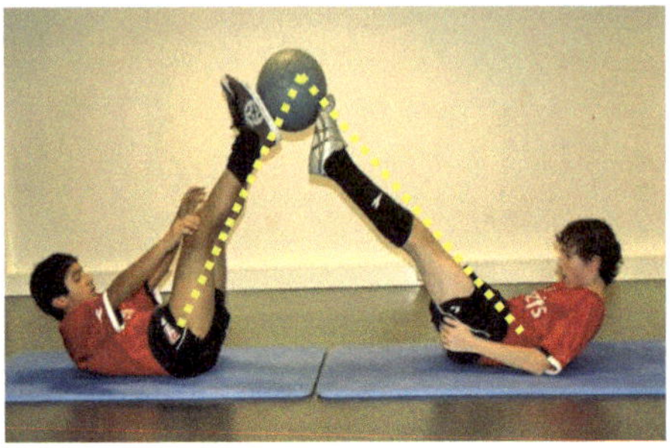

图16.165b 单腿伸展支撑药球，保持身体紧张，特别是腹部，同时向球施压

练习12

图16.166a 头部对决：跪姿，顶球施压

图16.166b 转换为俯卧撑姿势

练习13

图16.167a 背桥姿势并在桥下方传球

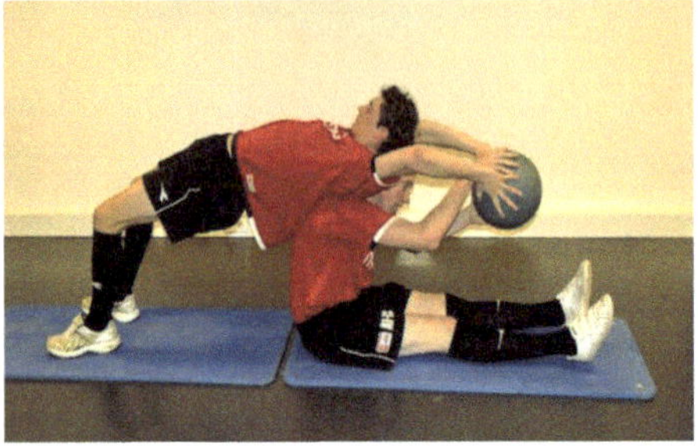

图16.167b 轮换，保持肌肉紧张

练习14

图16.168a 伐木工：双腿稍微叉开，弯曲，将药球从双腿之间传出

图16.168b 移动到直立姿势，从头顶传球，双眼盯着球

练习15

图16.169a 施压球：手肘弯曲，俯卧姿势稳住药球

图16.169b 一起将球往前推。伸展！接着背部慢慢下压

练习16

图16.170 脚弹射：背部躺下，双腿夹住药球，然后将药球传给队友

练习 17

图 16.171 腹部跷跷板：俯卧姿势，将药球又稳又高地投给队友

练习 18

图 16.172 坐姿双腿颠球；双腿不断地接住药球；接着，使用双腿以可控的力度将球回投给队友

练习 19

图 16.173 坐姿，双腿伸展，双脚向后滚动球，并将球传给队友

练习20

图16.174a 不断地绕着双腿移动药球，同时在一侧将球交给队友

图16.174b 双脚不断地保持接触

练习21

图16.175a 坐姿过山车：坐姿，双腿伸展，传球和接球

图16.175b 选择距离，这样队友可以在不接触彼此的情况下持球转身

练习22

图16.176 仰卧姿势，双腿抬起，双脚触碰，向上滚动球并投球

练习23

图16.177a 一名队友用一只脚的脚底将投过来的药球回推给另一名队友

图16.177b 双脚将球回推给队友

练习24

图16.178 轻弹:站姿,双脚夹紧药球,跳起来并将球扔给队友。在可能的情况下,队友用双脚接住药球

练习25

图16.179 抢球:哪一名球员能够抢到球

练习26

图16.180　从后面向前投球

练习27

图16.181a　碰撞：彼此靠近，用胸顶球，彼此互撞，手必须放在所示位置

图16.181b　现在彼此跳跃碰撞，确保动作同时进行

练习28

图 16.182　膝盖提起药球：保持描述姿势大约3秒，同时保持平衡

练习29

图 16.183　蛙跳：半蹲姿势，用力将药球推向队友；接下来，腹部着地，并滚向一侧

变化

- 在体操垫上向前滚动。
- 柔道垫。

练习30

图 16.184　转线：小步移动，将球朝各个方向运送

变化

- 转动。

16.2.6 壶铃个人训练

壶铃是一种有 U 形手柄的圆形练习工具。由于形状特殊，壶铃的重心并不在手柄中心，而是在手柄下方，手的外侧。在体能训练中，教练可以依据这种独特性选择练习带有旋转和离心力量的弧形动作。不同的负荷和拉力类型要求球员在练习时做出相应的调整。

大多数的训练器械都适用于单或双关节运动，而壶铃则可以应用于与多个平面和全身运动相关的多关节运动。因此，力会从多平面对球员产生影响，练习时可采用异侧和同侧练习方法。在练习过程中肌肉必须进行更多的稳定性工作，此外还必须系统地控制心肺负荷。

此外，壶铃练习可以锻炼技术协调能力和技能。正如之前所提到的，球员做动作时主要是通过甩动壶铃动作来激活离心力。在训练过程中，球员必须做出补偿动作才能保持平衡。这种用力方式类似于足球比赛中的用力方式。在足球对抗中，要求球员快速转身（不可以同时触碰地面），带球时快速变向、转身等。这些动作在现代竞技比赛中都是很常见的。

因此，壶铃训练可以作为全方位足球体能训练的一个选择。

大体上，在力量训练中，在使用较轻重量进行技术训练之前，必须先进行做好以下安全措施的壶铃训练。

- 确保没有人在训练区域。
- 使用体操垫和选择带有橡胶涂料的壶铃，以便确保训练区域安全。
- 不是使用肩部或手臂力量提起壶铃，而是通过相应的腿部动作和上肢提起壶铃。因此，推荐初学者参考体能教练保罗·柯林斯的教程。

接下来，本书将阐述可以组合到足球体能训练的实用练习（见图16.185~图16.188）。

练习1：单臂和双臂壶铃摆动

开始动作

　　双膝稍微保持弯曲同时确保膝盖弯曲时不会超过支撑脚的脚趾。如图16.185a所示握住壶铃，同时不要弓背。空出来的手臂保持平衡。

图16.185a

动作顺序

　　首先支撑腿伸直，接着是臀部，然后是上半身。按照这个顺序，球员最后使用壶铃的冲力完成最后动作（见图16.185b）。

最后动作

　　伸展身体（腿部、臀部、上半身）。

　　接下来，以快速但可控的动作移动壶铃回到开始动作。这个练习也可以在腿部做好支撑的情况下使用单臂或双臂完成动作。

图16.185b

练习2：侧身垂直提起壶铃

开始动作

　　屈髋（程度依力量水平而定，可以屈90度），双手在身体前方握住壶铃。

动作顺序

　　用力将壶铃提到一侧。避免出现静止阶段。

图16.186a

最后动作（中间动作）

　　在手臂提到胸部高度时开始向回做动作。

　　接下来，慢慢下放壶铃，同时使用所生成的冲力在最低点位置换手，接着在另一侧提起壶铃。这个动作也可以站直练习。

图16.186b

练习3：壶铃画圈

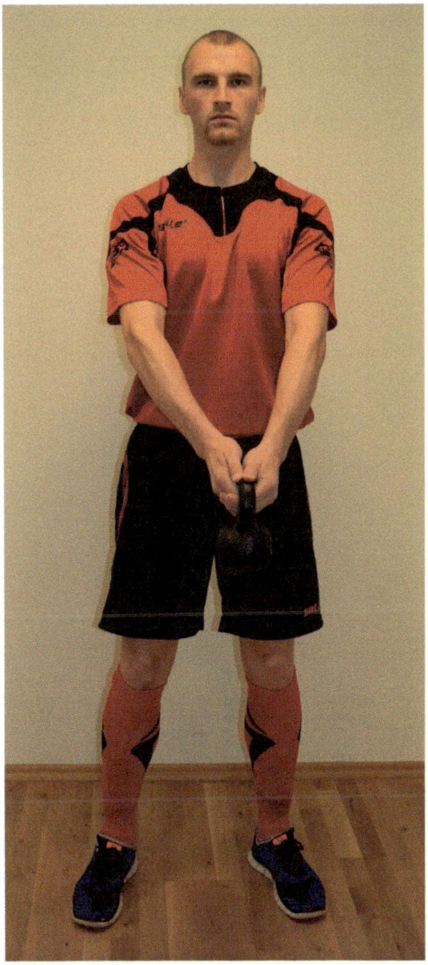

开始动作

　　站直，双手在身体前方握住壶铃。

动作顺序

　　双臂伸展，使用壶铃绕着身体画圈。总是在躯干的前后换手。

图16.187

练习4：8字形壶铃练习

开始动作

　　双膝稍微弯曲，双手在两腿之间握住壶铃。头部和背部保持直线姿势。

图16.188a

动作顺序

　　在两腿之间以8字形移动壶铃。保持背挺直。

图16.188b

282

16.2.7　悬吊个人训练

悬吊训练包括任何类型悬吊带的训练。在这些训练中，可以在天花板、树木或墙壁上固定悬吊带。这个训练方法的优点在于悬吊带的末端可以在两条轴线之间自由移动。通过激活肌肉，球员为自己提供稳定的支撑。

由于很多球员的核心力量存在明显的不足，特别是青少年球员。因此，通过全面核心训练培养自我保护能力和竞技运动能力至关重要。

降低受伤风险，避免过度训练。

研究人员（Riegler and Stöggl, 2014）通过6个星期的研究证明，使用悬吊带进行核心力量训练的球员（在固定位置）在肌肉链方面获得显著提高。在球员们看来，通过各种不稳定的刺激，对肌肉神经系统的需求增强，感觉运动神经肌肉适应能力逐步提升（相对于在稳定支撑表面上训练）。悬吊训练可以引起中枢神经系统传入信息的增加，从而更多的付出神经信息，以增加动作控制（Taude, 2012）。

最大力量和爆发力的发展有助于足球专项运作中核心肌肉的有效工作（Verstegen and Williams, 2006; Miiler Wohlfahrt and Schmidelein, 2007; Lüchtenberg and Görgner, 2010）。

悬吊训练可以提供更多的本体感受系统刺激（Magnuson et al., 1996）。其还能提供额外的干扰，仅次于平衡板、振动板、充气稳定垫及走软绳（Meher, 2011），有利于在运动表现训练中优化腹侧、外侧和背侧的核心肌肉链（局部稳定肌）。

作为专项核心训练的补充球员，每周至少固定进行25分钟的感觉运动神经肌肉训练以避免关节受伤（特别是下肢），还要进行肌肉力量、爆发力、反应能力和平衡能力训练（Riegler and Stöggl, 2014; Behmand Anderson, 2006）。根据训练重点和球员水平，确定重复次数或持续时间以及连续练习次数。

悬吊带有不同的类型和价位。本书以下练习（见图 16.189~图 16.196）都在拥有沃尔夫博士功能性训练[1]器的专业体能训练工作室中进行。可以使用这些练习测试核心力量。

练习1

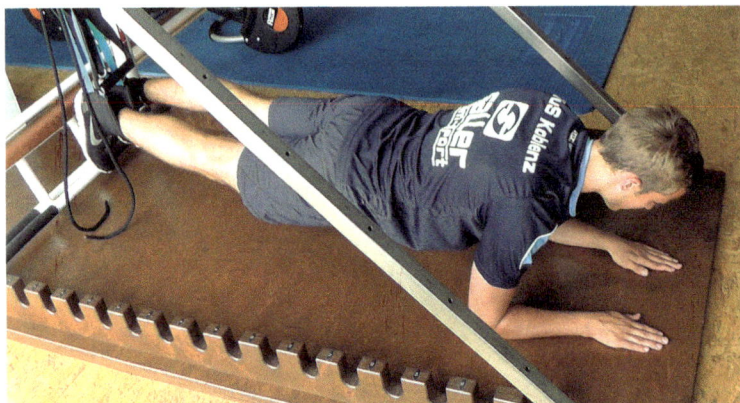

图 16.189　前臂平板姿势，右腿放在吊索上

图 16.190　另一条腿向手肘一侧移动，接着回到开始动作。保持骨盆水平高度。避免腰椎"颤抖"

练习2

图16.191 侧身平板以便激活侧链，一条腿仍然放在吊索上，肩部、髋部和膝盖呈一条直线，以这个姿势放下和抬起髋部

练习3

图16.192 抬起髋部：仰卧姿势练习背侧链，重点练习下肢。一条腿推吊索以便髋关节伸展。在0.5秒内提起和下放髋部

练习4

图16.193　见练习2形式。侧身平板锻炼中间链（重点是下肢）。上肢以脚内侧边缘施压吊索，接着在0.5秒内再次提起髋部

练习5

图16.194　仰卧姿势，移动双臂摆出门柱姿势，上臂放在吊索上，这里的重点是锻炼肩胛骨周围的肌肉

练习6

图16.195 弓步：前脚放在吊索上，双腿呈弓步姿势，后膝盖向着地板拉伸，腿对齐。这个练习主要锻炼臀肌、大腿肌肉和平衡能力

练习7

图16.196 俯卧撑：双手放在吊索上练习俯卧撑。这个练习锻炼腹侧链，重点是上肢

16.2.8 个人核心和灵活性训练

核心训练是康复训练的一部分，一般包括核心稳定性和核心力量训练。自20世纪90年代以来，博尔马克、霍奇斯和理查德等（Bermark, 1989；Hodges et al., 1996；Richardson et al., 1999）对核心练习进行了实证研究。研究结果最先应用于背部问题患者的康复计划。自此，很多研究主题一直围绕良好的躯干稳定性和运动能力提升之间是否存在重要联系这个问题，古施泰特还对这个方面的内容做了总结（Gustedt, 2013）。

在欧洲足球运动中，"核心表现"在2006年德国世界杯[1]中因马克·沃斯特根而知名。在这段时间里，出版了很多关于足球训练"核心表现"的作品（Verstegen and Williams, 2006）。

因此，本书接下来将侧重于术语和目标区域的差异化描述、关于核心训练及其对足球训练的影响已被证实的发现，以及核心训练的实际应用。

术语核心一般指的是双肩和双膝之间的区域（见图16.197）。

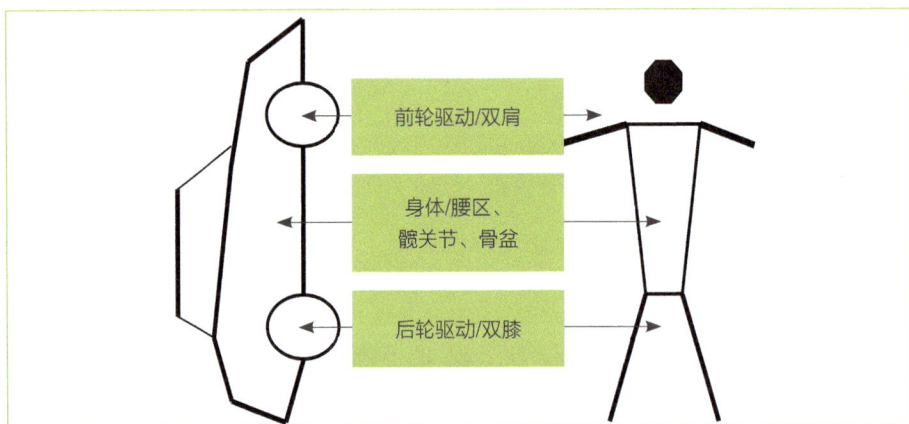

图16.197 高速和稳定

如图16.197所示（类似于车子），核心肌肉生成力量（作为每个动作的基础），接着将力量输送到上肢和下肢、稳定脊柱。在技术文献中，根据法里斯和格林伍德

---

1 德国国家足球队主教练尤尔根·克林斯曼（Jürgen Klinsmann）执教团队中的体能教练。

（Faries and Greenwood, 2007）的看法，身体中段29块参与的肌肉可以分为局部和整体肌群，如表16.3所示。

表16.3 局部和全身肌肉群（Modified based on Faries and Greenwood, 2007, p.12）

局部肌肉（稳定肌肉系统）		整体肌肉（运动肌肉系统）
主要	**次要**	
腹横肌	腹内斜肌	腹直肌
背部肌肉	腹外斜肌（内侧纤维）	腹外斜肌（横向纤维）
	腰方肌	腰大肌
	横膈膜	竖脊肌
	盆底肌	
	腰段髂肋肌和竖脊肌	

核心训练在训练场地上的重要性在于局部（小和较深的）肌肉由30%~40%最大自主收缩的慢肌纤维组成，而整体（大和外部）肌肉由40%以上最大自主收缩的慢肌纤维组成。这两种肌肉群可以一起协同帮助脊柱稳定。同时，球员通过对这两种肌肉的训练可以完成较大幅度的动作。

此外，在核心稳定性和核心力量之间一般存在功能差异。在训练中，发挥核心稳定性可以让球员在体育运动中做出最佳动作。这里的目的是控制躯干相对于骨盆的动作。

核心力量侧重腰椎周围的肌肉控制。它可以保持功能稳定性（Kibler et al., 2006；Faries et al., 2007）。

在实际训练中，可以使用很多不同类型的核心训练。本书接下来将侧重于整体躯干稳定性的练习，从而确保足球训练中更高程度的身体恢复，促进长期运动表现的提高。此外，在以运动表现为导向的青少年训练中，训练量和强度随着年龄的增长而相应提升，因此教练必须对核心训练的受伤预防高度重视。但是，必须说明的是，单纯的核心稳定性训练在竞技足球运动中无法提升运动表现能力（Gustedt, 2014）。

在实际训练方面，静态练习的功能是增加核心肌肉（主要稳定肌）力量和抗疲劳能力，动态练习（小幅度背部、骨盆动作）用于发展辅助肌群的力量。

按照图16.198~图16.214所示，可以将包含核心训练的个人体能训练看作在高水平技术层面，力量能力和目标动作之间的过渡练习（见第1章）。

在比赛中，球员不断地面对必须成功完成的任务。核心训练可以帮助球员成功完成这些任务！

图16.198　核心稳定性是必需的

图16.199　努力做到核心稳定

图16.200　保持平衡

图16.201　功能练习，身体保持平衡

图16.202　任何方向都应保持平衡

图16.203　保持对角线肌肉紧张

图16.204 侧向稳定性

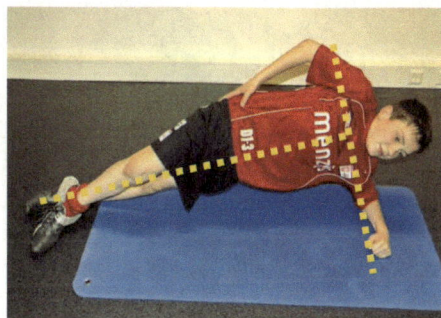

图16.205 接球灵活性

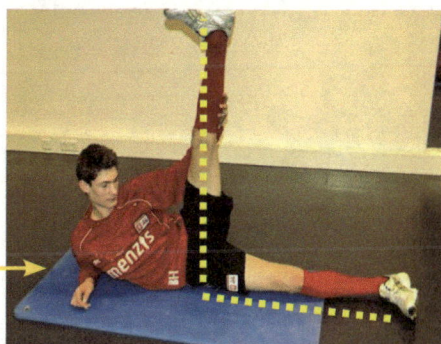

图16.206 髋关节活动度

图16.207 以避免受伤的的形式摔倒

图16.208 双手和双脚以向心的方式推离地面，以离心的方着地

图 16.209　侧身大跨步弓步对肌肉弹性要求较高

图 16.210　对内收肌柔韧性要求较高

图 16.211　在失去平衡之后再次保持平衡

图 16.212　动态稳定性有利于保持平衡

图 16.213　碰撞和封锁

图 16.214　肩对肩和保持平衡

在接下来的内容里，我们将通过介绍针对U12/U13到U18/U19球员小组的核心练习，建立核心训练与实践训练的直接联系。这些训练可以在进行足球训练前、中和后进行。也可以使用本书所提供的多个训练作为补充或者替代训练。核心训练必须作为足球体能训练的常规部分。在肌肉缺陷补偿、负荷调节与稳定以及活动方面，核心练习可以提供重要的控制因素。鉴于能力水平、目标、训练量及强度存在不同，只能对每周的训练单元的数进行一般的、原则性的量化（也可以见第6章；Fröhlich，Schmidtbleicher and Emrich, 2007）。

表16.4　在竞技足球运动准备和比赛时期，使用核心练习进行训练的个数基准

每周的训练单元数	准备期间的核心练习个数	比赛期间（整个赛季）的核心练习次数
男/女青少年球员：2	1	1
男/女青少年球员：2	2	1
男/女青少年球员：4	2~3	2
U12/U13：5及以上	3	2
U14/U15：5及以上	3	2
U16/U17：5及以上	3	2
U18/U19：5及以上	3~4	2~3
针对男/女球员：5及以上	3~4	2~3

表16.5　在竞技足球运动中，使用核心练习进行训练的内容和方法基准

球队/年龄组	腹肌稳定性和活动度练习	躯干肌肉稳定性和活动度练习	肩部和手臂肌肉稳定性和活动度练习
	执行每个练习的次数		快速执行每个练习的次数
U12/U13	10~12	10	6~8
U14/U15	12~14	12	9~10
U16/U17	14~16	14	10~12
U18/U19及男/女球员	16~20	16	10~12

根据训练目标、个人情况、训练年数、技术技能水平、执行速度、训练强度和量度以及方法选择，以下计划的核心练习对球员的影响差别显著。因此，我们提倡在计划和实施核心练习时高度个性化。

针对U12/U13球员的核心练习

我们建议针对U12/U13的个人体能训练采用以下12个核心练习（见图16.215~图16.226）。

图16.215 坐直，手掌向前推，稍微提起上半身

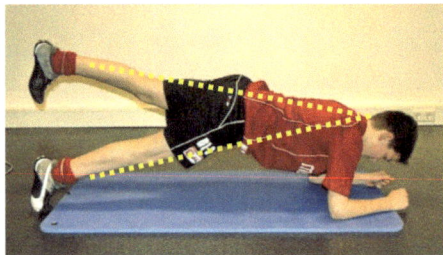

图16.216 前臂平板支撑，单腿提起

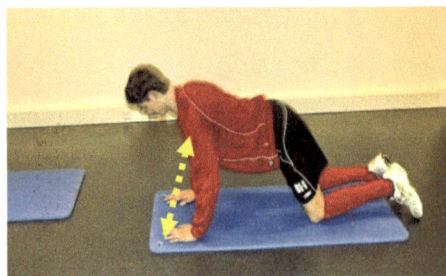

图16.217 四肢着地，向前推木板，接着用力拉

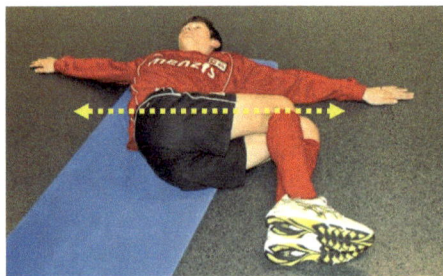

图16.218 双膝弯曲，风挡刮水器姿势

图16.219 猫牛式：每个姿势保持2秒

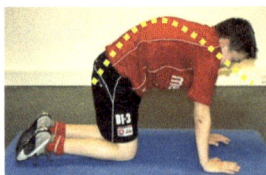

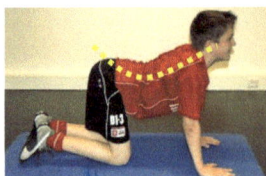

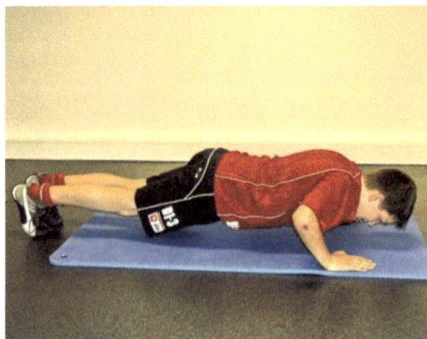

图16.220 肩膀高度平板支撑

图16.221　双膝弯曲，折叠刀姿势

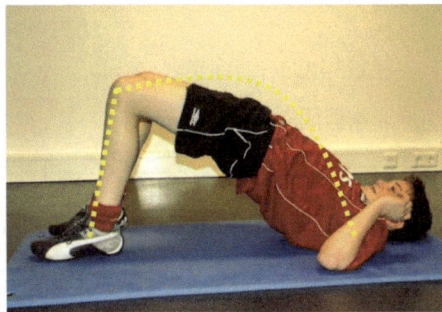

图16.222　移动到背桥姿势，并保持2秒

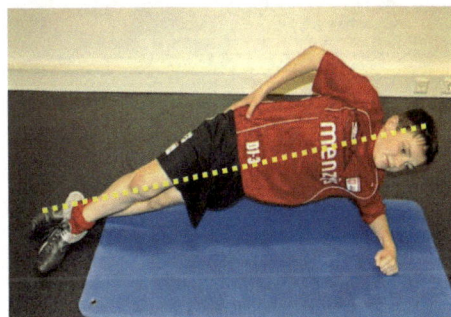

图16.223　双腿交叉，侧前臂平板支撑

图16.224　斜坐仰卧起坐（只有腹肌力量好的情况下可以练习）

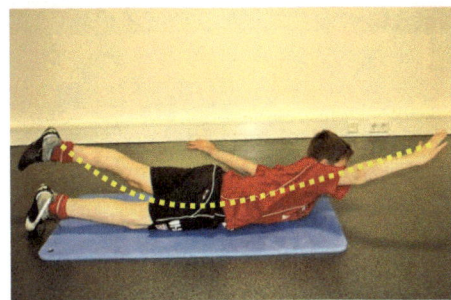

图16.225　俯卧姿势，抬起一条手臂和一条腿，轮换练习

图16.226　宽俯卧撑（只有手臂、肩膀和身体肌肉发达的情况下可以练习）

针对U14/U15球员的核心练习

在U14/U15训练实践中，以下12个核心练习（见图16.227~图16.238）被证明是非常有用的。

图16.227 仰卧起坐姿势，双掌向前推，上半身稍稍提起（变化：在胸前交叉双臂）

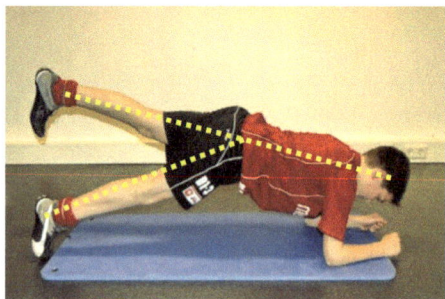

图16.228 前臂平板支撑，交替抬起一条腿

图16.229 肩膀高度俯卧撑

图16.230 斜向仰卧起坐，双腿交叉抬起

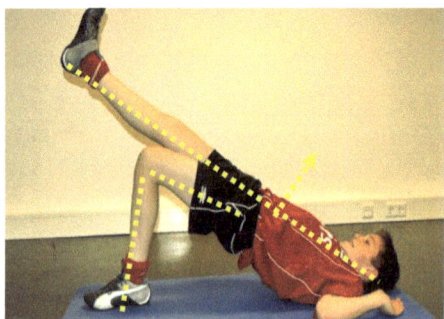

图16.231 抬起髋部：抬卧姿势，单膝弯曲，另一条腿向上伸展，抬起臀部

图16.232 使用双手和双腿向心推及离心吸收冲力

图16.233　交替伸展一条腿，仰卧起坐

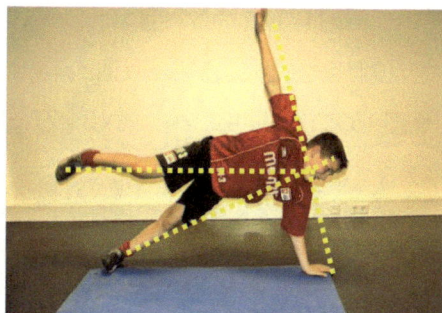

图16.234　俯卧撑姿势，接着换到图中所示姿势，伸展双臂和双腿并保持平衡

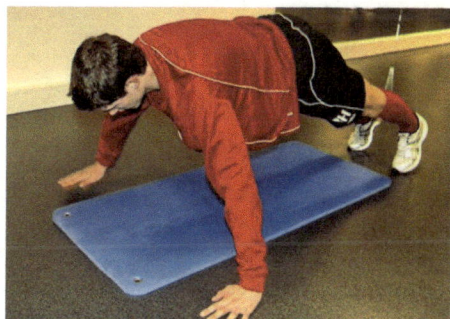

图16.235　宽俯卧撑：弯曲和伸直

图16.236　单腿折叠刀，伸展双腿并轮换固定的腿（由于明显的脊柱压迫，因此只有能力较高的球员可以进行这个练习）

图16.237　眼镜蛇姿势，以1/2秒节奏轮换练习

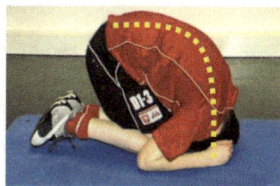

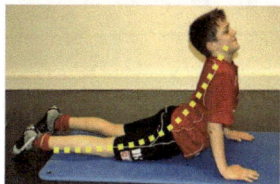

图16.238　俯卧撑，最后单腿伸展接近90度

针对U16/U17球员的核心练习

按照恰当的能力水平（以训练年限判断），为U16/U17球员提供12个核心练习（见图16.220、图16.226、图16.227、图16.231和图16.239~图16.246）。

查看第296页的图16.227，双掌向前推，上半身稍稍提起，完成仰卧起坐。

变化

- 手掌放在头部后面。

图16.239 以翻转前臂平板姿势进行

查看第295页的图16.226，进行宽俯卧撑。

图16.240 跨坐折叠刀（由于明显的脊柱压迫，因此只有能力较高的球员可以进行这个练习）

图16.241 对侧伸展：单臂平板支撑，伸展一条腿和对侧手臂

查看第296页的图16.232，双手和双腿向心推及离心吸收冲力。

图16.242　仰卧，弯曲髋关节和双膝，上半身伸展离地

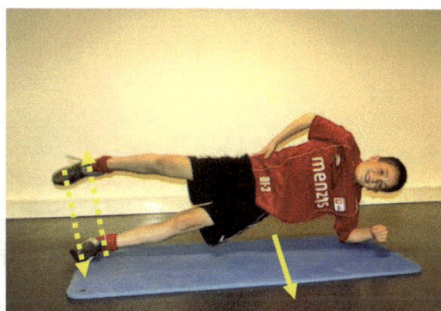

图16.243　前臂侧身平板支撑，抬起上腿，提起和下放髋关节

查看第294页的图16.220，进行肩膀高度平板支撑。

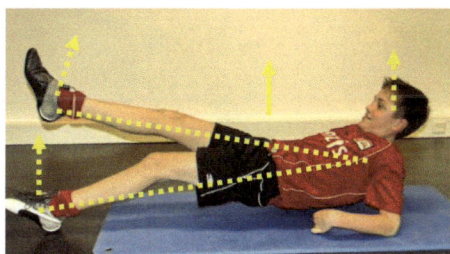

图16.244　翻转前臂平板支撑：提起臀部，交替提起和下放双腿

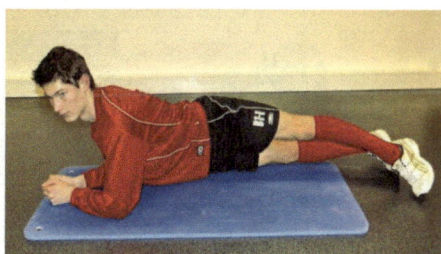

图16.245　前臂平板支撑：双腿交叉，臀部尝试触地

图16.246　肩膀水平高度俯卧撑，同时膝盖在垫子和身体之间弯曲

针对U18/U19球员的核心练习

　　这里列出了U18/U19球员希望教练为他们提供符合自身训练进度的12个核心练习（见图16.230、图16.239、图16.241和图16.247~图16.255）。

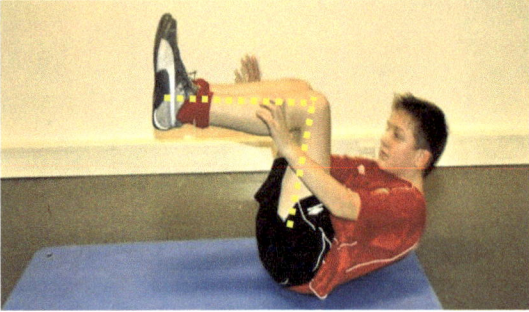

图16.247　双膝弯曲保持仰卧起坐动作的平衡

　　查看第298页的图16.239，以翻转前臂平板姿势行进。

图16.248　窄俯卧撑

　　查看第296页的图16.230，进行斜对仰卧起坐，双腿交叉抬起。

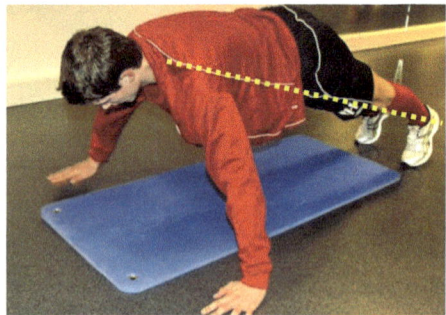

图16.249　髋部提起，仰卧姿势，膝盖弯曲，单腿向上伸展

图16.250　宽俯卧撑

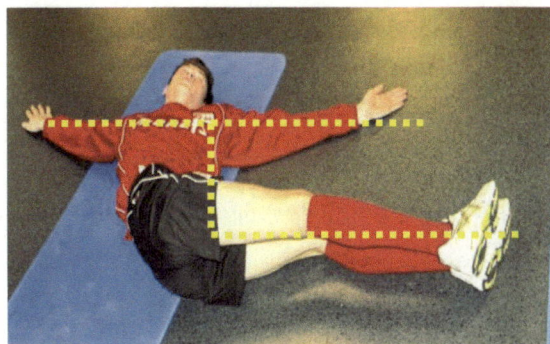

图16.251　挡风刮水器：双腿不可以触地

查看第299页的图16.242，仰卧，弯曲髋关节和双膝，上半身伸展离地。

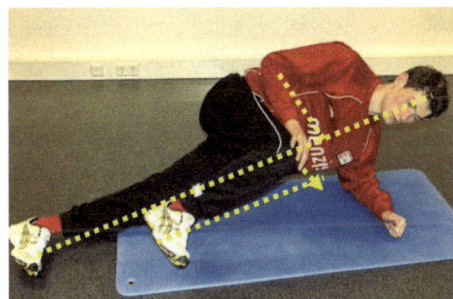

图16.252　前臂侧身平板支撑：90度角拉前膝

图16.253　向前移动俯卧撑

图16.254　前臂侧身平板支撑，不断地在支撑腿的前面和后面交替移动前腿

图16.255　俯卧撑姿势离地拍手，接着轻轻地回到俯卧撑姿势

在比赛过程中，运动能力、敏捷性和柔韧性的展现

教练应在运动表现训练及长期的训练过程中，应使用辅助器械对列出的核心训练加以变化。这是一种打破常规的方法，否则容易导致球员训练意愿下降，能力水平难以提高。本书不再阐述关于之前核心训练的多种变化方式。

这里只是提及一小部分内容：使用弹力带及药球进行核心训练；使用泡沫轴进行筋膜伸展训练；使用BOSU球、平衡板和不同的振动板进行稳定性训练；使用不同重量的绳子进行训练。这里，我们建议有兴趣的读者参考一些通过论证的专题资源（Braun, 2014；Geisler, 2012, 2014；Schiffers, 2014）。

16.3 针对足球运动均衡发展和全身训练的不同方法[1]

[该部分内容在德特勒夫·赫伯恩（Detlef Herborn）和爱德华·费尔德布什的帮助下完成。]

第一眼看上去，足球和柔道对于足球教练而言并没有任何共同之处。如此看来，柔道训练对于球员有何意义呢？

本书第7章已经充分分析了在足球运动中2/3的受伤都发生在肢体接触过程中（Schmitt, 2013）。

---

1 在学校运动练习方面，赫伯恩（Herborn，2015）也对这个主题做了阐述。

柔道是对身体和心理要求很高的格斗运之一，而且还是一种在训练计划中特别侧重全面训练的格斗运动（见第8章）。练习柔道的好处如下。

- 扩展运动经历和认知能力。
- 在比赛中集中训练与体能相关的能力（特别是诸如平衡、定向和反应等协调能力）。
- 在直接的肢体接触过程中培养自信。

在20世纪末期柔道作为日本学生缓解身心压力的娱乐运动形式出现。嘉纳治五郎删除了柔术中所有危险的动作，将其发展成遵循特定规则的一对一格斗运动。今天，很多教育课程里将柔道分类在"按照规则摔跤和擒拿的一对一格斗运动"中。

从青少年竞技运动的角度来看，在儿童和青少年时期，通过柔道全面增强肌肉骨骼组织特别重要。此外，柔道训练还对竞争行为产生积极的影响（特别是对待自己和对手的态度）。

任何运动在与其他球员进行比赛之前，必须通过包含倒地技能的测试。在柔道中，进行无伤害比赛必须具备两个基本技能。

1. 良好的抱摔技术（Nagekomi）。
2. 出色的倒地技术（Ukemi）。必须在比赛中不紧张且不胆怯才能够出色地施展倒地技术。这就是很多人强调倒地技术规则的原因。在倒地技术中学习保护性动作顺序有助于避免关节、肩膀、手肘、双手以及双膝受伤。在足球运动中，这直接关系到所选择的训练内容。

此外，柔道垫表面非常柔软，可以将体操和杂技动作融入训练。

CHAPTER
17

第17章 针对足球运动员的协调能力和速度训练——从策略到实战

对于青少年球员来说，协调能力和速度的提升有助于记他们在未来成为职业球员（Hartmann, 2004）。但是，如何在长期的训练过程中培养这些基本能力，以及如何有针对性地进行训练呢？本章将结合第3章和第4章内容从实践的角度进行阐述。

根据数十年的长期研究（包括很多体育运动方面的课题），德国海德尔堡的体育运动研究者K.罗斯（K. Roth）博士及德国科隆体育大学的认知和体育运动研究者D. 梅默尔特博士建议，为了提高运动表现，要同时进行一般性（如跳跃、跨越）和专项性（如运动任务及运球时的脚下技术）的系统训练（见图17.1）。可以按照以下方式系统地实施要求协调能力的训练。

- 改变外部条件（环境、设备）。
- 调整动作执行（速度、幅度、频率）。
- 组合运动技术（纵跳加蹲或收腹跳动作）。
- 在压力条件下练习（见表17.1）。
- 调整外部信息（灯光条件、噪声）。
- 在高强度下练习（心率、持续时间）。
- 在心理压力之下练习（观众、朋友、对手）（Hohmann, Lames and Letzelter, 2002）。

表17.1 足球运动的协调压力（Weineck, Memmert and Uhing, 2012）

时间压力
准确性压力
动作顺序压力
同步压力
变化压力
应激与紧张

17.1 针对足球运动员的系统协调能力训练

在制定针对青少年足球的运动表现训练计划时，可以使用以下系统的执教方式提升协调能力（见图17.1）。

一般协调能力训练
在青少年足球运动中，可以采用一般协调能力训练方式。这种训练非常多样化，而且采用非专项形式，一般可以以游戏方式执行。

以运动为导向的协调能力训练
以专项为导向的协调能力训练包含可以提高与运动表现相关的因素方面的练习，如跑动协调能力。

专项协调能力训练
在这个阶段，可以从专项运动中挑选出技术协调因素。

特定协调能力训练
这里的特定方面在运动表现中非常重要。

一般

专项

图17.1 系统协调能力训练（Roth and Kröger, 2011）

通过恰当的教学和方法，有助于淡化关于协调能力训练方面的一般性建议，同时在训练过程中始终以运动表现因素作为训练目标。

当开始在最年轻的球员（年龄为7~13岁）中开始一般的协调能力训练时，在这个年龄和发育阶段，必须特别地增强认知能力、信息处理能力、注意广度及创造性，就像之前所提到的海德尔堡足球学校采取的做法一样。

经验证明，良好的协调能力对学习新事物及其学习质量、可变性和情境可用性具有非常积极的影响（Roth and Kröger, 2011）。这种提高基于多任务策略，且非常重要，因为儿童在小学毕业时已经基本达到他们最终协调能力水平的80%。

根据图17.1，这里的协调能力与爆发力的速度因素（和技术）有某种联系。从某个角度乍一看，在现代足球90分钟的比赛里，无球快速跑动距离占总跑动距离的0.5%~11%，速度训练似乎并不是最重要的。（Schlumberger, 2006）。但是再仔细看看，就会发现，在目前的精英足球运动中，当进行比赛时，在抢到球和保护球及射门和阻止进球（除传球外，这里必须特别注意协调技术）方面，动作技能爆发力的速度因素依然是能够带来比赛胜利的高水平表现的决定因素（见第4章）。因此，在这种情况下，青少年足球训练必须重点提高跑动协调能力（作为专项协调能力训练）。

正如之前的第9~12章阐述的，进行速度训练（这里以跑动协调的形式进行）时，必须提前考虑和掌握以下内容。

- 基本动作形式，如跳跃、爬行、滚动、蹦跳、拉、推、抓、投、摔、变向等。
- 足够的力量。
- 良好的整体平衡性和稳定性。
- 肌肉弹性。

17.2 以运动为导向的协调能力训练——基本跑动练习

一旦个体进行了充分的一般性协调能力训练，就可以开始以垫步跑、高抬腿跑、跳跃跑和膝部动作作为特征的基本跑动练习（见表17.2），这些为更具经济性和功能性的冲刺打好基础。

表 17.2 针对球员的基本跑动练习（Grosser, 1991）[1]

序号	练习	执行/观察	改正
1	前脚掌弹性跑动	• 中等频率 • 主动/反应性用前脚掌支撑身体（CG）	• 如果脚趾朝下 • 如果小腿前摆 • 如果腿部和髋部伸展不充分
2	前脚掌弹性跳跃	• 稍微提膝 • 主动/反应性用前脚掌支撑身体（CG）	• 如果腿部和髋部伸展不充分 • 如果脚趾朝下
3	单臂和双臂前后划圈，前脚掌弹性跑动和跳跃	• 放松双肩 • 手臂划圈的幅度 • 骨盆不要侧向扭转	• 如果肩膀上耸 • 如果在跑跳时手臂未贴近身体划圈
4	双臂交替前后划圈，前脚掌弹性跑动和跳跃	• 双臂和双腿（放松）协调 • 骨盆不要扭转	• 如果在腿部伸展过程中，腿部动作幅度不足 • 如果双臂摆动的角度不在跑动方向上
5	脚踝运动 • 正常速率 • 最快速率 • 提升速率	• 在脚前掌支撑身体时稍微提膝 • 主动/反应性固定前脚掌	• 如果膝盖抬起太低或太高 • 如果腿部关节伸展不充分 • 如果脚趾朝下，且前脚掌支撑在重心前面
6	脚踝运动，交替抬起大腿（左腿和右腿）	• 首先是伸展，接着在重心前移时，主动/反应性支撑身体 • 通过协调手臂动作，主动支撑	• 如果伸展不充分 • 如果前脚掌没有主动支撑在重心上
7	跳跃（SK） • 正常速率 • 最快速率 • 提升速率	• 中等提膝幅度 • 前脚掌主动/反应性支撑在重心上 • 腿部和髋部伸展	• 如果伸展不充分 • 如果前脚掌支撑在重心前 • 如果在变换为跑动时，姿势变化

---

1 感兴趣的读者可以在原文献中找到其他的例子，包括草地跑动。

续表

序号	练习	执行/观察	改正
8	交替进行脚踝运动和跳跃 ● 正常速率 ● 最快速率	● 立刻从脚踝动作转换到跳跃	● 如果两个因素的协调性不充分
9	高抬腿跑 ● 高抬腿 ● 高抬腿同时小脚向前做动作 改变频率	● 伸展、前倾、手臂动作在跑动方向上 ● 主动/反应性支撑 ● 在不出现上半身侧扭的情况下，手臂和腿部协调	● 如果膝盖提起不充分 ● 如果没有伸展 ● 如果向前动作和前脚掌支撑是被动的
10	跳跃转换到跑动	● 两个因素的协调性转换	● 如果缺少协调性
11	后踢腿 ● 一侧 ● 两侧交替 ● 两侧交替加跑动	● 快速 ● 大腿稍微向后 ● 主动/反应性支撑 ● 在跑动方向上，协调手臂和手肘动作	● 如果缺少协调性 ● 如果脚趾朝下 ● 如果协调性不充分 ● 如果支撑时，前脚掌是被动的
12	跨步跳 ● 水平跳跃转换到跑动	● 伸展腿部和髋部 ● 协调手臂 ● 主动/反应性支撑 ● 上肢动作与跑动方向一致	● 如果缺少伸展 ● 如果自由腿的活动是被动的 ● 如果无法协调地转换到跑动
13	交替跳 ● 从纵向或水平方向转换为跑动	● 膝盖伸展和方向 ● 主动/反应性将摆动腿固定在重心上 ● 协调的整体动作	● 如果缺少伸展 ● 如果支撑活动是被动的 ● 如果手臂动作不协调
14	后蹬跑 ● 频率 ● 转换为跑		

17.3 针对足球运动员的专项协调能力训练

在协调训练的整个训练体系（见图 17.1）中，另一种关于协调性训练的运动机能学视角可以为足球训练提供重要依据：运动专项协调训练"不是老套的、无须球员动脑筋的机械性重复动作，而是需要球员高度动员、专注地完成动作……，这有助于教练员在足球训练中增加技术 – 协调因素。(Neumaier and Mechling, 1999, p. 87).

题外话：在计划协调能力训练时（Weineck, Memmert and Uhing, 2012）建议制作一个关于已计划动作任务最重要方面的汇总表。以下是关于跑动和跳跃协调能力例子的简要概述（见表 17.3；无球训练见表 17.4）。

表 17.3　在无球的情况下，使用基本跑动练习的一般跑动协调能力计划的汇总表示例（Weineck, Memmert and Uhing, 2012）

压力条件	要求	协调能力	动作任务 / 技术	难度
不同压力	大肌肉群活动技能（包括 1/7 以上的骨骼肌肉）	平衡、定向、适应性和节奏	跑动	容易、中等、困难

特别是在青少年足球运动中，这样可以做到详细、系统和高实践性地设计训练。

在安排长期的足球训练时，特别重要的是，强调球员具备不同（一般和运动导向）的协调能力，这样才可以流畅地实现跑动和技术要求的灵活协调转换（见第 3 章和第 4 章）。因此，这些因素可以作为足球专项协调能力训练基础。当要求球员使用双脚训练时，足球教练往往可以在经典的组合练习中使用这些因素。

在我们看来，这个训练在以后的青少年训练中还应该作为更重要的训练内容。

现在，全世界的青少年足球基本训练（Roth and Kröger, 2011）都按照以下方式进行专项（以及一般和以运动为导向的）协调能力训练（带球）。

- 情形导向练习（以团队练习、提供信号和方向、制造优势以及避开对手干扰等方式）。
- 能力导向（特别是在时间、准确性、多样性、复杂性和心理压力之下）。
- 技能导向足球教学（以摆脱防守、观察跑动线路、角度及控制用力等）。

不仅必须训练协调能力和技能，同时还要学会使用一般的战术和技术模式。

以下模式表示初学者在协调能力领域方面练习的内容。

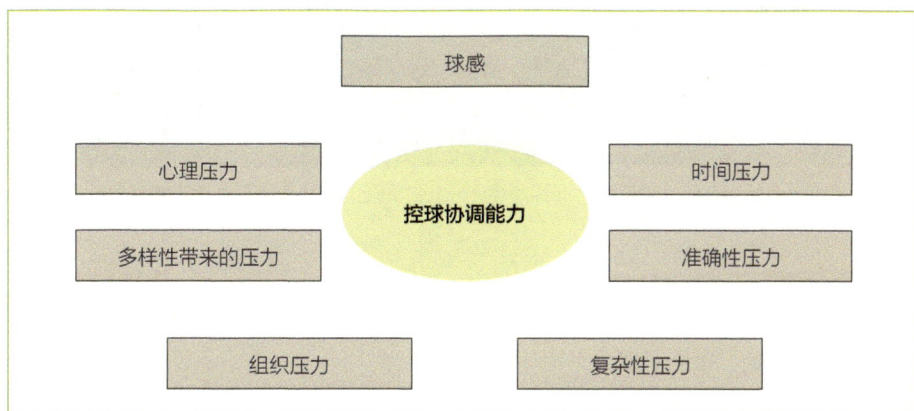

这些可以与协调能力任务组合到一起，同时遵循以下系统公式。

练习协调能力模式＝简单的技术任务＋困难（一般）协调能力任务（压力条件）

以下这个实用例子解释了在足球运动（带球）中诸如此类协调能力训练的内在系统和重点（见图17.2）。[1]

---

1 感兴趣的读者可以在波尔和希巴拉（Poel and Hyballa, 2015）的研究中找到很多针对足球训练的实用练习和训练例子。

图17.2　任务目标猎杀——协调能力训练模式——在时间压力和多样化压力之下向开放球门传球

设置和进展

- 两人一组，每组一球。
- 在任意大小的场地上使用彩色锥桶设置球门。
- 以传球方式将球经锥桶球门传给队友。
- 大声喊出并计算射门得分。
- 使用秒表、额外的球和可用的分队服。

变化

- 以脚内侧或外侧或脚背传球。
- 比赛：看看哪个队的球员在指定时间里最多进球，或者看看需要多长时间拿到10分。
- 团队比赛：分成两组，进行上述传球过球门的练习。看看哪一组（如蓝色和黄色）在多长的时间里能够完成所有可能的配合和进球。

在高水平训练中，协调能力训练往往作为训练的补充或针对个人的特殊训练。这个训练主要用于优化特定的重要运动表现组成部分（如步频）。而在动力学中，目前这种训练用于单独或组合完善足球运动的认知和决策制定过程（Lutz, 2010）。

17.4 掌握足球专项跑动技术

在速度方面，这种跑动方式明显不同于田径短跑，这表明球员需要专项协调能力训练。在训练时，一般在完成跑动协调能力训练之后进行，而且侧重于以下方面。

- 球员很少以直线方式冲刺。
- 在足球运动中冲刺的特点是有很多快速的方向变化。
- 在足球运动中，快跑往往包含速度变化。
- 在足球运动中，很多时候冲刺会面临对手和肢体接触。
- 除了恰当的体力，冲刺对抗需要精神力量（"我想抢到球，而且观众的嘈杂反应不会对我造成不好的影响！"）。
- 在足球运动中，冲刺距离一般为5.5~38码（5~34.7米）。

在跑动技术方面，球员一般采用低重心和小幅度提膝的方式。"低重心和相应的身体朝前姿势对于球员是非常有利的。他们可以随时快速改变当前动作，如抢球、变化跑动速度、改变方向、冲撞"（Lutz, 2010）。

根据我们在使用跑动技术方面的经验，在符合生物力学的理想跑动状态之下，不可以破坏球员的个人跑动和动作方式。相反，在长期的训练过程中，必须注意通过跑动训练单元（见表17.2）逐步形成技术建议。这些训练单元有助于在足球运动中培养实用且经济的跑动技术。在这个过程中，以下训练内容在实践中对于自我改正和指导他人非常有用。

- 放松颈部肌肉。
- 放松双肩。
- 呼吸顺畅，头不要向后仰。
- 上半身稍微向前倾。
- 在冲刺时，双臂摆动到下巴位置。
- 手臂保持恰当的角度并紧贴身体。

- 用力蹬地。
- 保持双膝的动态姿势。
- 前脚掌反应性主动着地。

在足球运动中，这样的速度意味着传球长度和传球频率之间是最佳的关系。我们推荐在足球训练中使用以下原则（一般取决于不同的比赛情形）。

$$速度 = 步幅 × 步频$$

在专项协调能力或技术性协调补充训练领域，专项跑动和协调能力练习（无球）包括以下5个基本技术（见图17.3）。

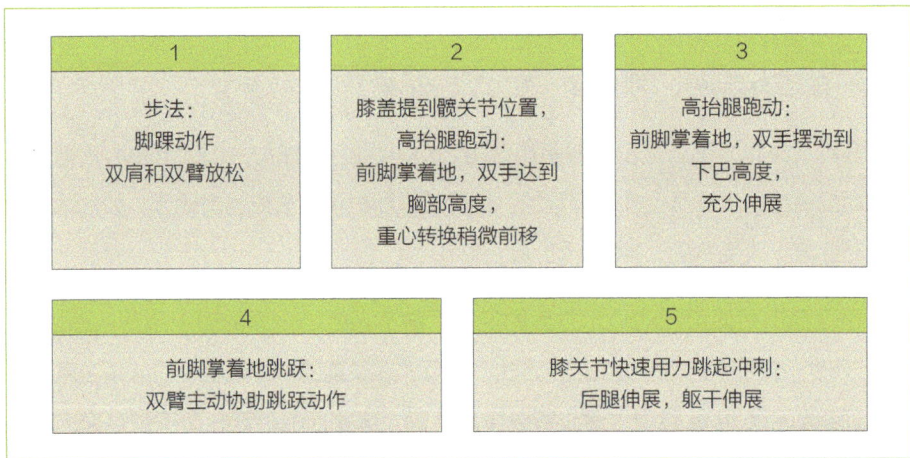

1	2	3
步法： 脚踝动作 双肩和双臂放松	膝盖提到髋关节位置， 高抬腿跑动： 前脚掌着地，双手达到 胸部高度， 重心转换稍微前移	高抬腿跑动： 前脚掌着地，双手摆动到 下巴高度， 充分伸展

4	5
前脚掌着地跳跃： 双臂主动协助跳跃动作	膝关节快速用力跳起冲刺： 后腿伸展，躯干伸展

图17.3　专项跑动和协调能力练习（无球）的基本技术

根据基本跑动技术（以运动为导向的协调能力训练）和表17.2和表17.3，可以以不同的方式练习这5个基本技术（Schöllhorn, 2003; Lühnenschloss and Diercks, 2005; Bauersfeld and Voss, 2007）。我们推荐首先减少空间动作误差，接着优化动作。从差异化学习方法（Schöllhorn, 2003）的角度上看，系统的方法已经经过了反复的验证。而在实际训练方面，则意味着以下几点。

- 侧重整体动作的某个方面/环节。
- 首先保持练习条件不变，接着再变化条件。

◐ 通过对比（如放大）动作和改变外部条件（如改变小障碍）提高对错误源的认识。

17.5　在无球的情况下，为期4周的协调能力和速度训练

图17.4展示了在青少年足球运动中，在无球的情况下，在足球训练的热身阶段一般怎样进行为期4周的协调能力和速度训练。

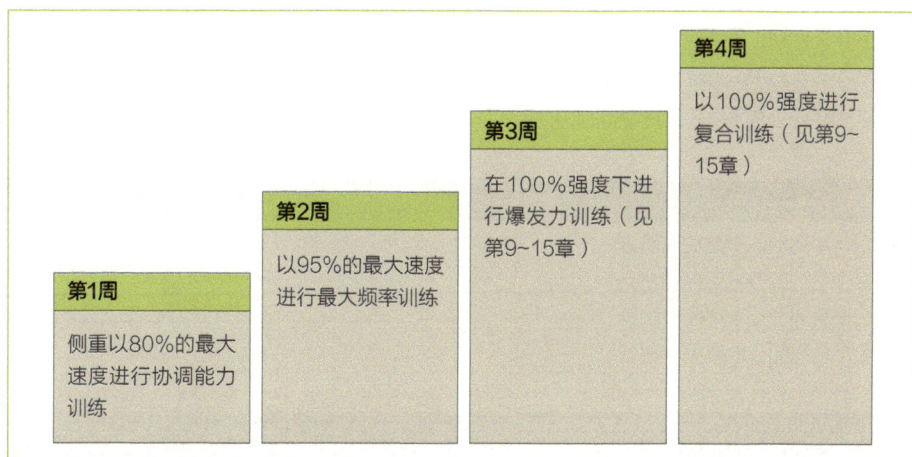

图17.4　为期4周的协调能力和速度阶梯

表17.4　在青少年训练中，安排（无球）协调能力和速度训练（E=练习，A、B、C和D分别代表U18/U19、U16/U17、U14/U15和U12/U13的青少年球队）

针对A（U18/U19）、B（U16/U17）、C（U14/U15）和D（U12/U13）青少年球员的协调能力和速度训练，所有的练习都是一样的	阶段	第1周	第2周	第3周	第4周
		E 1-2-3-4	E 1-2-3	E 1-2-3	E 1-2
	1	每个练习2组	每个练习2组	每个练习2组	每个练习2组
	2	2	2	2	2
	3	3	3	3	3
	4	3	3	3	3
	等等				

第1周：

以80%的最大速度进行最大频率训练。

练习1

D：2个系列的5米脚踝运动
C：2个系列的6米脚踝运动
B：2个系列的7米脚踝运动
A：2个系列的8米脚踝运动

练习2

D：2个系列的5米中等到高提膝跳跃
C：2个系列的6米中等到高提膝跳跃
B：2个系列的7米中等到高提膝跳跃
A：2个系列的8米中等到高提膝跳跃

练习3

D：2个系列的5米高提膝跳跃
C：2个系列的5米高提膝跳跃
B：2个系列的5米高提膝跳跃
A：2个系列的5米高提膝跳跃

练习4

D：2个系列的4米高提膝跳跃，同时转换到6米冲刺
C：2个系列的4米高提膝跳跃，同时转换到7米冲刺
B：2个系列的4米高提膝跳跃，同时转换到8米冲刺
A：2个系列的4米高提膝跳跃，同时转换到10米冲刺

第2周：

以95%的最大速度进行最大频率训练。

练习1

D：2个系列的3米脚踝运动
C：2个系列的4米脚踝运动
B：2个系列的5米脚踝运动
A：2个系列的6米脚踝运动

练习2

D：2个系列的3米中等到高提膝跳跃，同时转换到5米冲刺
C：2个系列的4米中等到高提膝跳跃，同时转换到6米冲刺
B：2个系列的5米中等到高提膝跳跃，同时转换到7米冲刺
A：2个系列的6米中等到高提膝跳跃，同时转换到8米冲刺

练习3

D：2个系列的3米高提膝跳跃，同时转换到5米冲刺
C：2个系列的4米高提膝跳跃，同时转换到6米冲刺
B：2个系列的5米高提膝跳跃，同时转换到7米冲刺
A：2个系列的6米高提膝跳跃，同时转换到8米冲刺

第3周：

在100%强度下进行爆发力训练（见第13~14章）。

练习1

D：2个系列的3米脚踝运动，4次跳跃和5米起跳冲刺
C：2个系列的3米脚踝运动，4次跳跃和6米起跳冲刺
B：2个系列的4米脚踝运动，6次跳跃和7米起跳冲刺
A：2个系列的4米脚踝运动，6次跳跃和8米起跳冲刺

练习2

D：2个系列的3米中到高提膝跳跃，4次跳跃，同时转换到5米冲刺
C：2个系列的3米中到高提膝跳跃，4次跳跃，同时转换到6米冲刺
B：2个系列的4米中到高提膝跳跃，6次跳跃，同时转换到7米冲刺
A：2个系列的4米中到高提膝跳跃，6次跳跃，同时转换到8米冲刺

练习3

D：2个系列的3米高提膝跳跃，4次跳跃，同时转换到5米冲刺
C：2个系列的3米高提膝跳跃，4次跳跃，同时转换到6米冲刺
B：2个系列的4米高提膝跳跃，6次跳跃，同时转换到7米冲刺
A：2个系列的4米高提膝跳跃，6次跳跃，同时转换到8米冲刺

第4周:

在100%强度下进行复合训练(见第9~15章)。

练习1
D: 2个系列的2米脚踝运动, 2米中到高提膝跳跃, 2米高提膝跳跃, 4次跳跃和5米冲刺
C: 2个系列的2米脚踝运动, 2米中到高提膝跳跃, 2米高提膝跳跃, 4次跳跃和6米冲刺
B: 2个系列的2米脚踝运动, 2米中到高提膝跳跃, 2米高提膝跳跃, 4次跳跃和7米冲刺
A: 2个系列的2米脚踝运动, 2米中到高提膝跳跃, 2米高提膝跳跃, 4次跳跃和8米冲刺

练习2
D: 2个系列的3米跳跃和5米起跳冲刺
C: 2个系列的3米跳跃和6米起跳冲刺
B: 2个系列的4米跳跃和7米起跳冲刺
A: 2个系列的4米跳跃和8米起跳冲刺

在训练中必须经常变化练习以及使用其他的基本跑动练习。以下是之前练习的一些变化方式。

脚踝运动

- ❯ 完全旋转, 向左和向右。
- ❯ 侧向交替向左、向右和向前。
- ❯ 向后。
- ❯ 360°转身跳, 向左和向右。
- ❯ 将所有脚踝练习和任意方向短距离冲刺组合到一起。

选择中到高提膝跳跃

- ❯ 完全旋转, 向左和向右。
- ❯ 原地。
- ❯ 侧向。
- ❯ 向后。
- ❯ 360°转身跳, 向左和向右。
- ❯ 侧向、左边、向右和向后。
- ❯ 将所有中到高提膝跳跃与任意方向短距离冲刺组合到一起。

选择高抬腿跳跃

- 完全旋转，向左和向右。
- 原地。
- 侧向。
- 向后。
- 将所有的练习与任意方向短距离冲刺组合到一起。

选择跳跃

- 4次完全旋转，向左和向右跳。
- 之字形跳。
- 原在跳。
- 大步跳。
- 向前大步跳，向后小步跳，接着重复动作。
- 跳高。
- 快速跳，变换高度。
- 360°转身跳，向左和向右。
- 将所有跳跃方式与任意方向短距离冲刺组合到一起。

（在完成一个处理球的技术后）突破/摆脱

- 侧向急停后。
- 原地控球后。
- 向前运球后。
- 向后运球后。
- 跳后。
- 快速单腿跳后。
- 左右蹬步跳后。
- 传球后（传球的脚也是冲刺时第一迈步脚）。

17.6　专项协调能力训练示例

在青少年足球中，从专项协调能力训练来看，使用各种最后以技术行动结束的跑动和跳跃任务是非常重要的（Weineck, Memmert and Uhing, 2012）。这里，我们提供了几种值得效仿的任务（见图17.5~图17.10）。

1. 敏捷梯和足球技术

图17.5　以传地滚球方式将球回传对方。以1-2节奏快速跑到一侧，接着将第二个球回传对方（总共：重复10次）

图17.6　与图17.5中的训练方式一样，但是以脚推方式回传

图17.7　与图17.5中的训练方式一样，但是快速旋转，随后在敏捷梯末端单腿控球（站立和脚推回传）

图17.8　与图17.5中的训练方式一样，但是采用跳跃头球技术

2. 复杂方式

图17.9 快速跑动10米，接着减速，在锥桶之间进行8字形跑动，然后用力平传将球回传

图17.10 两名球员间距大约12米站立。正方形里的球员以1~2节奏前后左右快速移动双腿。在完成动作组合之后，正方形里的球员做启动，突破摆脱动作。在跑动中，他控球绕过第二名球员，接着精准回传。跑出正方形且快速跑开的球员选择球传给他的时机。比赛：看看在球到达之前，球员能够跑开多远。设置锥桶以便帮助快速定向和确定冲刺距离

感兴趣的读者可以在韦内克和尤因（Weineck and Uhing, 2012）的研究中，并从苏黎世足球俱乐部的跑动和协调能力教练汉斯·坦纳（Hans Tanner）、慕尼黑青年学院寻找到很多其他关于跑动和跳跃协调能力的练习。因此，本书只是简单地提及一些练习。

17.7　比赛形式——技术协调能力补充训练

A）传地滚球

里贝里（Ribery）传地滚球

重点： 处理时间压力和准确性，同时掌握双脚平传技术。

任务： 两名球员在大约8米距离内使用不熟练的脚相互传球（左撇子用右脚；右撇子用左脚）。

比赛规则： 两名球员一开始都是10分。每次犯错（如传球过度用力或不准确）被教练指出之后会被扣掉1分。设置时间和得分限制。

B）控球权

重点： 在练习运球技术的过程中同时处理时间压力。

任务： 一名球员在标记空间里运球，队友发起进攻，制造对手压力。

比赛规则： 看看谁能够在不丢失控球权的情况下运球45秒。制作表格并在更衣室张贴。根据训练水平，选择持续时间和场地大小。

C）射门

重点： 在时间和准确性压力之下，练习射门技术。

任务： 球员站在4周设置了4个小球门的场地上，同时使用不熟练的脚将传过来的球踢进小球门。

比赛规则： 教练计算进球个数同时提前制定质量标准（如用力平传）。看看谁在45秒内踢进最多进球。制作表格并张贴在更衣室。根据训练水平，选择持续时间和场地大小。

以上练习的变化练习包括传中凌空抽射或者头部射门。

D）1对1训练

重点： 在时间、准确性和复杂性压力之下，练习射门技术。

任务

- ☑ 在对手施压的情况下，练习运球方法并向小球门射门（对方球员在前面和侧边或者侧边斜对面施压）。
- ☑ 在有对手施压和没有对手施压的情况下，在锥桶或锥柱之间准确射门。
- ☑ 面对守门员，射门。教练站在球门后面发出射门方向信号。
- ☑ 在接住队友传球之后射门。球员背对球门射门。

比赛规则： 教练计算进球个数同时制作排名列表。根据训练水平选择持续时长、重复次数和场地大小。制作图表同时粘贴在更衣室。

E）1对1假动作

重点： 侧重主观因素、变化和时间压力，同时使用做动作技术。

任务

◉ 运球跑过终点线。

◉ 使用科比足球训练技术：如齐达内戏法、罗纳尔多戏法、踩单车步法、贝肯鲍尔转身和马修斯动作。

◉ 教练根据著名的花样滑冰计分系统进行评估。A得分：进球或没有进球；B得分：技术质量（变化、感觉、腿部动作）。

根据训练水平，选择持续时长、重复次数和场地大小。制作图表并将其贴在更衣室。

教练可以按照以下方式设计训练计划（见表17.5）。

表17.5 针对赛季的个人简单训练计划

球员 惯用脚：左脚	号码：5 身高约1.85米，体重约78.3千克	中后卫（中间靠左） 出生日期：1998年1月1日
日期	重点：能力薄弱脚（技术）	（+）
日期	重点：腹肌（体能）	（−）
日期	重点：能力薄弱脚（技术）	（+）
日期	重点：防守头球（位置）	（−）
日期	重点：防守头球（位置）	（+）
值得注意的方面：左小腿轻微疲劳，因此，不可以参加任何个人训练！		
日期	重点：躯干肌肉（体能）	（−）
日期	重点：假动作（技术）	（−）
值得注意的方面：U19训练课程（区选拔队），因此，不可以参加任何个人训练！		
日期	重点：防守头球（位置）	（+）
日期	重点：能力薄弱脚（技术）	（+）
日期	重点：防守头球（位置）	（+）
日期	重点：背部肌肉（体能）	（−）
日期	重点：精准射门	（+）
日期	重点：背部肌肉（体能）	（−）
日期	重点：凌空抽射（位置）	（−）

续表

球员	号码：5	中后卫（中间靠左）
惯用脚：左脚	身高约1.85米，体重约78.3千克	出生日期：1998年1月1日
直到冬季休赛期		
日期	重点：防守头球（位置）	（+）
日期	重点：薄弱脚（技术）	（−）
数据	重点：薄弱脚（技术）	（−）
数据	重点：薄弱脚（技术）	（+）
数据	重点：佯假动作（技术）	（−）
数据	定位球（技术）	（−）

记录例子中所显示的内容不会花费太多时间，而且可以通过使用加符号（团队比赛获胜者）和减符号（团队比赛失利者）简化。这样，教练就可以快速浏览时间表以及限制运动表现方面的训练水平，特别是在青少年能力训练时。

17.8　专项训练内容和方法——其他方式

在高级和转换训练以及竞技和高能力训练中，往往可以采用其他训练形式补充速度训练。

目的是在无球的情况下提高足球运动中特定的速度因素。

- 在没有负荷的情况下练习20米和50米冲刺可以提高最大速度（Zafeiridis, 2005）。

- 通过跳绳提高速度（Bauersfeld and Voss, 1992）。

- 下坡冲刺可以显著提高最大速度（Paradisis and Cooke, 1996）。

- 在为期八周的训练计划中，进行外部阻力5千克的最大冲刺（4×20米和4×50米）训练可以提升10米反复冲刺的冲刺次数（Zufeiridis, 2005）。

- 在训练中结合练习垂直和水平跳跃（包括跨栏）可以提高最大速度（Schlumberger, 2006）。

- 跳深可以改善下肢刚强度和张力，从而间接促进最大速度的提升。这个因素对于青少年尤为重要。由于青少年的发展阶段和训练水平，因此他们的相关肌肉组织不具备所要求的刚强度或张力。

- 下蹲（CMJ）的能力对30米冲刺中的冲刺表现存在显著影响。

- 跨步跳是一种水平用力跳跃的方式。这种方式对最大冲刺速度产生积极影响。

- 弹射式训练（负重蹲跳）可以显著提高30米冲刺速度。

- 冲刺加速（10米距离）能力与最大速度（20米冲刺）能力并没有相关性。在冲刺过程中会出现方向变化和直线冲刺。根据训练目标，可以分开训练这两种能力（Wisloff et al., 2004）。

- 垂直跳跃能力可以代表腿部伸肌的爆发力。这就是为何"传统的深蹲力量训练（增大肌围度）、跳深爆发力训练及增加负荷的向心蹲跳（负重跳蹲）有利于提升爆发力"（Schlumberger, 2006）和最大速度能力。

- 挪威的职业球员能够在8周的力量训练计划中通过最大力量负荷深蹲的方式在垂直跳跃表现（CMJ）方面取得显著进步（Schlumberger, 2006）。

- "在复杂的协调任务（腿部－身体－手臂协调能力）中，针对快速功率输出、具备高要求的举重启动力量技术也是爆发力提升方法"（Schlumberger, 2006）。这种说法特别适用于挺举及其动作变化。

- 力量和爆发力组合的训练计划有利于在爆发力表现方面达到最大适应（Schlumberger, 2006）。

- 主动动态准备策略（典型意义上的热身）对于接下来的速度和爆发力表现产生更积极的效果（Schlumberger, 2006）。

- 使用复杂或对比方法。例如，在跳跃和冲刺之前进行杠铃深蹲力量练习。经证实，这有利于速度和爆发力提升（Schlumberger, 2006）。

- 跳跃和冲刺力量训练的效果很大程度上取决于强度最大化。球员本身的动机和意愿会对效果产生一定程度的影响。关于运动表现的外部目标（你能接住球吗）和及时反馈（与之前相比）在练习训练过程会对强度最大化产生积极影响。

- 将冲刺和力量训练结合到短期和长期训练结构中。

a）A"低训练量的力量训练计划［组合杠铃练习（深蹲、高翻）、垂直跳跃、冲刺］"可以"提高爆发力表现"（Schlumberger, 2006）。

b）"因此，可以得出这样的结论，在整个训练负荷范围中，球员的训练频率可以是每周2~3次。这样相对低训练量的爆发力和速度训练计划就已经足够了"（Schlumberger, 2006）。

在执行这些速度训练要素时，要根据训练对象进行合理安排。这意味着，男足球员和女足球员的训练形式必须与青少年足球训练区分开来。所有一切都必须是适当的！

提升运动能力的方法一直处于不断的更新变化之中，教练员需要根据原则进行选择、创新，而不是固守老旧的训练思路和方法。

> CHAPTER

18

第18章 现代足球体能训练的重点——训练强度、训练量和训练间歇

> "通过足球运动可以发展足球体能。这是在正确的时间使用正确的刺激方式！"

（源自：Verherjen, 2009, p.26）

在这样的前提以及主教练古斯·希丁克（Guns Hiddink）的指导下，2008年，荷兰体能教练雷蒙德·维尔海因（Raymond Verheijen）博士带领俄罗斯国家足球队开始为期3周的欧洲锦标赛备战训练。

在这一阶段之前，体能教练维尔海因根据自己的实践经验，对不同运动表现目标的足球体能、再生和爆发力方面进行了比较（Verheijen, 2009）。

- 荷兰国家队2000年和2004年欧洲锦标赛的体能教练
- 韩国国家队2002年世界杯和澳大利亚国家队2006年世界杯的体能教练

此外，维尔海因在巴塞罗那、费耶诺德和曼城（自2009年开始）俱乐部采用足球体能模式进行训练。通过在间歇往返跑测试（ISRT）中使用心率测量以及将测量数据与前欧洲精英足球之前确定的结果和现有UEFA数据进行比较，维尔海因发现，在2008年欧洲锦标赛开始时，俄罗斯国家队的所有球员在大量运动结束之后的15~60秒休息期间，心率会出现明显下降。在2008年欧洲锦标赛期间，通过这样做，"我们的球员能够在半决赛再次做到最快地跑动和冲刺。"（Verheijen, 2009）。在2008年欧洲锦标赛上，俄罗斯球队打进了半决赛。提高足球体能的训练包含1/1对抗（见图18.1），1对1守门员对抗（专项训练；见图18.2），1对1再加交叉对抗2名进攻者，3对3对抗再加守门员（见图18.5），4对4、5对5对抗再加守门员（见图18.4），

和7对7、8对8对抗再加守门员（见图18.6）。维尔海因还增加了爆发力耐力训练（见图18.3）（Verheijen）。

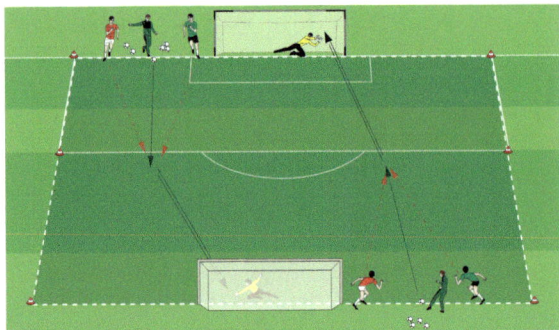

图18.1 1对1对抗

过程

- 双罚球区、两个大球门以及守门员。
- 球员配对站在每个球门的右边或左边进行1对1对抗，教练带球站在中间。
- 沿着中线方向以可控的方式直接传球。
- 两名球员在球后方开始跑动并射门。

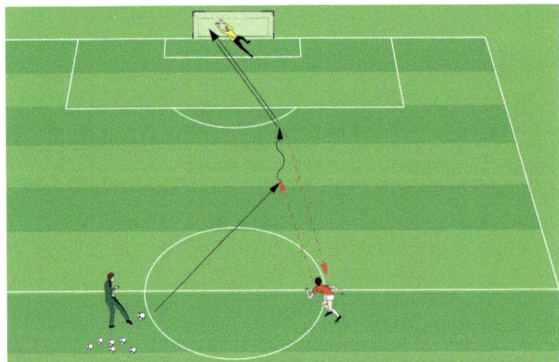

图18.2 1对1守门员对抗——冲刺耐力（专项训练）

过程

- 教练带球站在中线后面大约10米位置。
- 教练朝着守门员防守的球门传球。
- 球员追赶球，以最快速度控球并尽可能快地射门。

- 然后慢跑回起始位置。

- 教练根据训练水平和目标安排训练负荷。

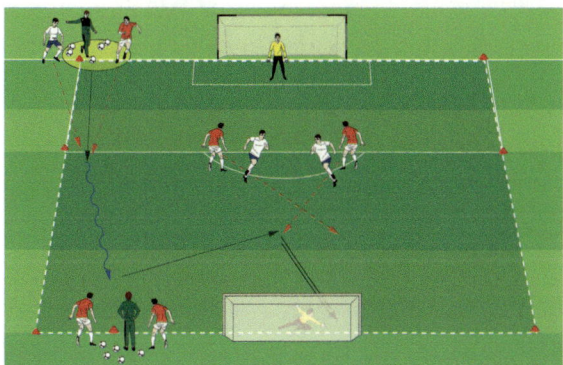

图18.3 爆发力耐力——以最少传球方式冲刺

过程

- 两名传中球员在罚球区面对面站立。

- 场地大小为35米×40米。

- 2×2名进攻球员站在中间（短－长；传中）。

- 教练直接向前传球。

- 快速跑向球并在底线方向传中给两名前锋。

- 教练根据训练水平和目标指导训练负荷。

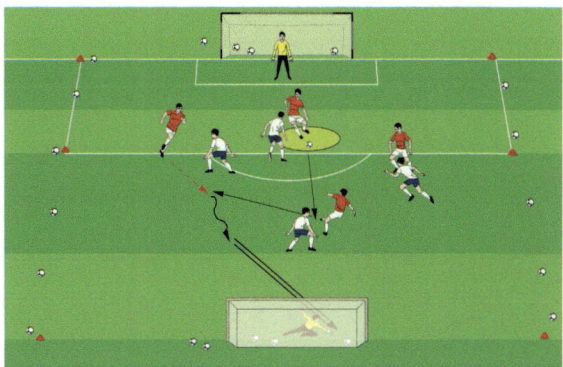

图18.4 4对4对抗再加守门员、5对5对抗再加守门员

过程

- 在大小为40米×35米且设置了两个大球门的场地上进行4对4对抗再加守门员、5对5对抗再加守门员的训练。
- 两支球队以菱形阵型进行训练以便达到更高的整体跑动表现。
- 在边线和球门旁边放置好大量替换球。
- 教练根据训练水平和目标指导训练负荷。

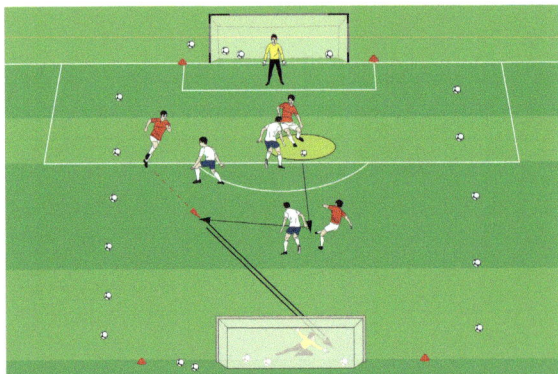

图18.5 3对3对抗再加守门员——较高速度且快速恢复

过程

- 在大小为30米×20米且设置了两个大球门的场地上进行3对3对抗再加两名守门员的训练。
- 保持节奏。
- 放置好替换球。
- 教练根据训练水平和目标指导训练负荷。

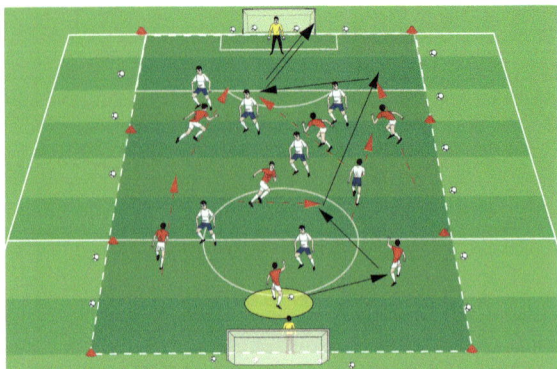

图18.6 7对7对抗再加守门员、8对8对抗再加守门员——恢复耐力

过程

- 在大小为80米×40米且设置了两个大球门的场地上进行7对7对抗再加守门员，8对8对抗再加守门员的训练。

- 完成几个回合训练并短暂休息。

- 保持较快节奏。

- 放置好替换球。

- 教练根据训练水平和目标指导训练负荷。

维尔海因的5对5对抗训练形式（守门员再加4名球员对抗守门员再加4名球员）是一种特别的训练形式，球员在大小为40米×35米且设置了两个大球门（见图18.4）的场地上进行训练。两支球队以1-2-1阵型对抗。场地有足够的宽度且场边摆放足够的备用球，这样可以显著地锻炼球员的跑动能力。为了确保所有球员都完成了相同的跑动重复次数，也可以在两个场地上以锦标赛形式组织这种"以比赛形式进行的速度周期性"训练（如4分钟完成最大强度跑动并休息3~5分钟）（Verheijen，2009）。在维尔海因看来，教练通过这种训练形式可以做到以下几点。

- 密切注意行动。

- 控制训练的量和强度（如使用心率带）。

- 在技术战术重点方面做出适当的调整（人数优势或劣势的比赛以及在较大的场地上进行恰当的8对8对抗训练，见图18.6）。

- 激发儿童和青少年自然的运动行为。这些行为具备高频性、间歇性、高强度和爆发性（振荡运动模式）等特点。

- 在竞技游戏中必须考虑动机和趣味性。

根据雷蒙德·维尔海因博士的观点，这里必须强调的是在青少年足球运动中，很多天才会不断消失，因为青少年球员并没有达到逐步提高的体能要求！这意味着一开始的练习较少且时间较短，而且比赛的时间也很少。例如，当职业球员每周完成6个训练单元时，青少年天才球员则只需最多4个训练单元！"（Verheijen，2009）。在维尔海因看来，结合球的足球体能是长期计划的一部分。这是一种通过具体的技术战术训练单元慢慢进行锻炼，然后取得成功的训练方式。

在我们看来，这再次印证了这样的事实：维尔海因一直坚持以竞技比赛为基础的足球训练和教学理念，而且始终按照这种理念制定训练内容和方法。因此，具备爆发力和（针对男性和女性球员的）训练周期模式的足球体能理念主张，在青少年训练中，训练时间、训练量和强度必须有所不同。

足球是一种以间歇性高强度为特征的竞技运动。它与速度、力量、协调能力和耐力密切相关。这意味着，在比赛过程中，球员必须重复完成简短且高强度的动作（Gahlul and Hofmann, 2015）。

通过使用来自精英足球的这个例子（而非基于周期性原则和超级补偿模式），我们想向青少年球员表达的是，根据雷蒙德·维尔海因博士的知识和经验体系，在足球体能训练中可以按照恰当的训练形式经常使用球。这些训练形式包括基础、中级和过渡训练以及更高级别的训练。

- 荷兰训练理念中与运动相关的动作技能目标。
- 技术战术能力和技能培养，以便在与队友和对手一起活动时可以一直灵活地使用。
- 行动速度培养。

在不中断内容和方法的情况下，可以转换到高级和较高能力训练。

目前，全世界都可以通过不同的方法完成直接和间接运动表现和培养诊断以及耐力能力预测。[1]

a）直接：记录跑动表现。

b）间接：体能测试。

荷兰格罗宁根大学的人类科学运动研究所在1998年发明了间歇往返跑测试。这种测试方式从现有间歇跑动范围（往返跑动测试和间歇性恢复测试）扩大到直接运动表现诊断（同时也是训练辅助）。莱明克、维尔海因和维舍（Lemmink, Verheijen and Visscher, 2004）通过测试，认为这个方法特别适用于足球专项，"可以以更加

---

[1] 在常氧（正常氧气供应）情况下，所有耐力练习都会导致细胞内ATP浓度下降，从而引起有氧能力提升以及线粒体增加（Hottenrott and Neumann, 2010）。

符合足球专项特点的方式测量耐力"。

自2009年以来，间歇往返跑动测试就采用了音频格式并附带详细说明的小册子，上面有训练实际应用说明（Universitair Centrum ProMotion Groningen, 2009）。

球员"在大约三十秒的跑动时间里以一定的速度跑动，期间有15秒有效休息时间（在八米区间里慢慢完成整理动作"（Universitair Centrum ProMotion Groningen, 2009）（见图18.7）。在20米距离内，按照制定的稳步提速方案来回跑动。根据音频指导，初始跑动速度为9.66千米/时，接着每隔90秒增加0.97千米/时。当速度达到12.88千米/时时，每隔90秒的速度增加值降为0.48千米/时。结果由完成跑动部分的次数决定。

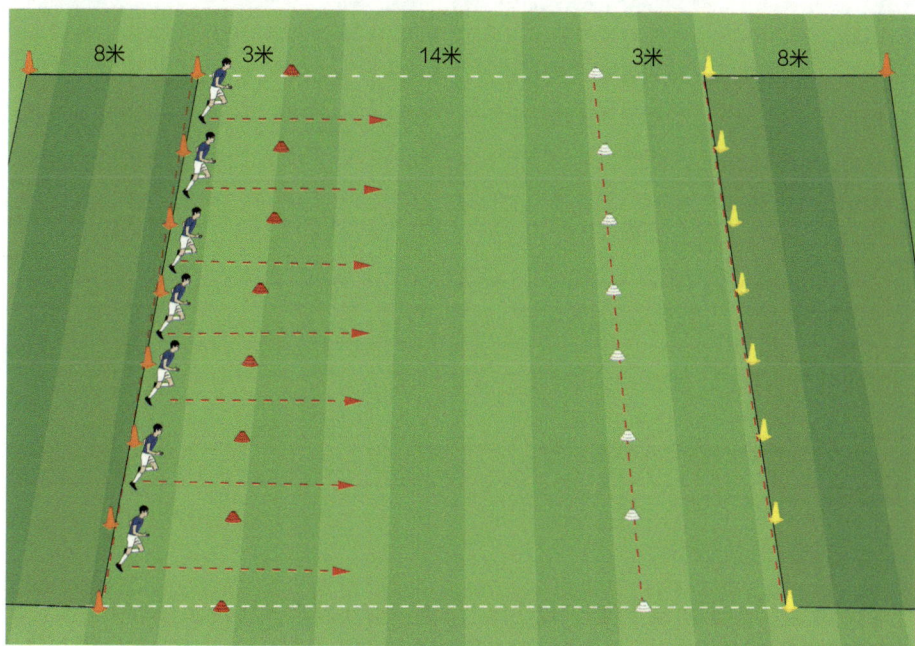

图18.7 荷兰的间歇往返跑动测试（ISRT）——针对球员的体能测试

根据我们将测试作为附加的测试和训练方法的实际经验，可以在水平较高的青少年训练中使用ISRT，但是在充满竞争性的青少年足球运动中，关于这种方法的有效性和可靠性仍然缺少相关验证（Hoff, Kähler and Helgarud, 2006; Meyer and

Fraude, 2006）[1]。

　　这里所列举的例子必须清楚地说明方法清单以及足球训练和比赛的相关知识。在20世纪60年代，精英球员在每一场比赛中跑动超过4 000米，那么球员的跑动能力会被认为非常出色（Weineck, 2004）。今天在竞技性运动中，大多数职业球员根据自身的站位往往跑动1 000 ~ 1 400米。在整个赛季，职业球员跑动总数接近400千米。这等同于德国科隆到法国巴黎之间的距离（Reinhold, 2008）。此外，现在的职业足球要求更高，而且在空间和时间方面的要求也更严苛。

表18.1　成为当今职业球员的必要条件（ft-Redaktion, 2014）

根据不同的标准制定每场比赛的跑动表现			
团队战术行为	个人跑动表现	能量参数	高或度活动和恢复
转换到防守：在3~5秒完成20~30米跑动	根据专项位置，每场比赛跑动10~14千米	平均心率为175~180次/分	73%的比赛阶段少于30秒
在反击之后，进行4~6次阵地进攻	根据专项位置，平均冲刺距离：17~22米	85%~90%的最大心率：28~30分钟	1/3比赛阶段持续大约15秒
70%的射门得分在快速反击之后	根据专项位置，冲刺的总距离：300~800米	90%~95%的最大心率：18~20分钟	52%的休息时间持续15秒
70%的射门进球在2~4次传球之后	根据专项位置，完成30~55次冲刺	95%~100%的最大心率：8~12分钟	每隔35~43秒完成一个比赛行动

　　如表18.1所示，球员必须达到以下耐力要求。

- 承受较长时间的间歇性疲劳。
- 在高强度情境下，能够长时间踢球。
- 能够跑得非常快。

　　2004年，霍夫和赫尔格鲁特指出，如果比赛球员的最大摄氧量平均提升6毫升/（千克·分），就相当于场上有12名球员在比赛[2] 斯托格尔等人（Stöggl et al., 2010）则强调了VO_{2max}和完成跑动距离之间所存在的重要关系——冲刺和夺冠的次数。

1　阿贾克斯往返跑是另一个针对职业球员的测试。这个测试侧重敏捷性和无氧乳酸能力（Tossavaine, 2004）。

2　作为对比：职业的男性球员具备55~68毫升/（千克·分）的最大摄氧量。

根据西格勒、盖泽尔和拉姆（Siegle, Geisel and Lames, 2012）的研究，在某种程度上，将足球运动中的跑动距离和跑动强度作为球员的能力和疲劳的绝对指标仍然存在争议。这些慕尼黑运动科学家们发现，阵形和得分对于职业球员的跑动表现有重大影响（$p<0.01$）。相反，对方球队的能力对跑动表现的影响呈现出不太重要的趋势（$p=0.067$）。这些发现指出，除了可变的跑动能力，其他的因素（如之前所列出的比赛中重要的动机和团队战术因素等）也是必须考虑的。而且，这些因素还应当作为以后实例研究的主题。

但是，当今计算机分析工具所显示的结果为精英足球训练设计提供了重要的信息。而且，这些信息一般也适用于青年足球竞技中心的职业联赛（也可以查看阿迪达斯教练精英球队系统）。

"体能训练就是足球训练，足球训练就是体能训练"。

（源自：Van Lingen, 2001, p.159）

除了跑动能力数据、战术能力、疲劳和恢复[1]，提高耐力、速度和爆发力的有效方法对于教练都是非常重要的。如果本章一开始所引用的说法是适用的，那么实践情况必须符合以下两点。

1. 必须有实验证据证明，实践情况至少不会与这个说法自相矛盾。
2. 必须引入训练形式，以便满足各个训练意图。

"在欧洲锦标赛上，对方的速度比我们快——而且以后也不会慢下来"。

——德国国家球队教练尤尔根·克林斯曼

（源自：Süddeutsche Zeitung on September 6, 2004）

至少在克林斯曼教练发表了上述言论及维尔海因出版了德语著作和进行了德语讲座后（Verheijen, 2009），关于高强度间歇训练（HIIT/HIT）还是大训练量的耐

1　由于不在本书范畴，这里将不再探讨精英足球的有氧耐力和无氧耐力测试。相反，我们参照了布罗伊希、斯伯里奇、布伊特拉戈、马斯和梅斯特尔的看法（Broich, Sperlich, Buitrago, Mathes and Mester, 2012）。

力训练（HVT/UT）能够在较短的时间里更有效地提高在足球运动中的耐力及冲刺和跳跃能力理论上和实践上一直存在争议。[1]

此外，儿童和青少年的运动模式表明间歇训练必须分为：低、中和高强度。通过观察，大约95%的儿童活动都不超过15秒。研究显示，间歇练习比耐力跑更受孩子们喜欢（Gahluland, 2015）。

表18.2参照训练计划中的训练标准，对训练中的HIIT和HVT进行了证明。

表18.2 训练中的HIIT和HVT

3~5次/周	HIIT	HVT
强度	90%~95%最大心率	65%~75%最大心率
持续时间	15秒~4分钟	>45分钟
间歇	15秒~3分钟	-
训练量	约20分钟	>45分钟
频率	1~3次/周	3~5次/周

目前，有关HIIT对于足球动员耐力、冲刺和启动力量提升效果的研究，都表明了其有效性。接下来，我们将介绍3种在训练中（以对比和组合形式）有效且实用的使用HIIT和HVT的方法。

- 针对男性职业球员。
- 针对职业足球俱乐部的青少年足球训练。
- 针对业余和半职业球员。

最后，我们还将阐述HIIT和HVT所产生的主要体能表现和变化特点（Hottenrott and Heumann, 2010; Hägele et al., 2009; Broich, Brauch and Mester, 2008）。

第一个方法：斯托格尔等人（Stöggl et al., 2010）通过两个研究测试了HIIT对于

1 为了完整阐述，这里将参照耐力运动所使用的阈值训练（THR）和极化训练法（POL）。在THR中，所选择的练习强度可以促进乳酸阈值变化。POL是HVT和HIIT的组合，而且经常以70（HVT）：20（HIIT）：10（中等强度）比例进行练习（Stöggl and Sperlich, 2014）。最初的研究结果指出，在典型的耐力运动（跑动、北欧式滑雪、骑车）中，POL（相对于之前提到的训练类型）可以让最大摄氧量提升到最高。

跑动表现的影响和持续效果（见表18.3）。测试在一个速度小组和一个控制小组中进行，采用两个为期12天的不同的HIIT模块（以90%~95%的最大心率完成12~14个HIIT单元的练习）以及休息时间。

表18.3　关于国家队球员的高强度间歇（HIIT）和速度训练研究结果

HIIT 模块变化	沿着标志杆交叉跑动运球和1对1运球比赛	速度模块	接近比赛情境的形式
高强度活动	共12个单元，每个练习每次进行15秒（15秒练习－15秒间歇）	12个单元的5~10米变向冲刺（交替冲刺）	每对球员使用5米×10米的场地，共12~14个单元，每个练习每次进行4分钟
间歇时间	在每个单元中，每个练习每次进行15秒，休息15秒，每组完成后休息3分钟	每次冲刺后休息20秒，完成每组后休息3分钟	70%~77%的HR_{max}，休息3分钟
重复次数	共12个单元，每个单元包含4组，8×15秒	每组有6个冲刺，共3组	4
训练内容	运球	冲刺	2对2、3对3、4对4和4对2对抗训练
效果	● 通过持续作用提升最大摄氧量 ● 冲刺表现没有提高 ● 通过持续作用提升反复冲刺表现	● 最大摄氧量没有发生变化 ● 冲刺和交替冲刺表现提升	● 通过持续作用提升最大摄氧量 ● 冲刺表现没有提升 ● 通过持续作用提升反复冲刺表现

控制组能够在6周里完成正常的足球训练。在训练过程中，可以采用大量高强度的间歇性方法进行耐力训练。在训练期间，最大摄氧量水平一直保持不变。

足球训练中特别重要的是发现了进行4×4分钟或15秒练习-15秒间歇的足球专项训练内容，可以让球员在赛季和寒假时一直保持比赛季初更高的能力水平（查看上文）。

斯托格尔等人（Stöggl et al., 2010）在研究中发现，在小场地中使用足球专项比赛可以产生积极效果，强度提高主要是因为带球跑动（约8%）会花费更多的能量，而采用2对2练习形式及2对4的球员人数处于劣势的形式会对体能提出更多要求。他们同时还认为，教练的鞭策对于球员保持必要训练强度很重要（在研究中，强度为84%~91%）。

为了使用15秒-15秒这种HIIT方式来提升冲刺能力，斯托格尔等人（Stöggl et al., 2010）建议开始使用这个方式前，提升强度以便提高球员的最大加速能力。

斯托格尔等人（Stöggl et al., 2010）认为，可以通过使用速度模块，使用冲刺距离为40米的上坡冲刺、利用阻力工具练习冲刺或跳跃等方式增加最大摄氧量。

为了在比赛阶段保持或者甚至提升最大摄氧量，我们建议每周练习两个HIIT单元，"这样在4~7周之后仍然可以看到2周HIT模块训练的持续效果"（Stöggl et al., 2010）。在训练过程中提升最大摄氧量、反复冲刺、冲刺和加速能力时，我们建议使用之前提到的修改了的15秒-15秒HIIT训练方式（将距离扩大到40米同时增加冲刺次数）。

为了避免对HIIT模块的效果产生负面影响，我们推荐在完成一周的HIIT训练之后休息两天，以及在完成整个HIIT模块训练之后休息3天。

第二个方法：2010年，在斯伯里奇等人的带领下，德国科隆体育大学竞技体育研究中心和训练科学和运动信息学研究所对德国甲超的其中一支球队U14球队进行研究。这项研究主要是将球队准备阶段高强度间歇训练和大运动量的耐力训练进行对比（见表18.4）。

表18.4 根据斯伯里奇等人（Sperlich et al., 2010）的研究，针对每个训练单元的两种设计，包括训练内容和间歇（TU=训练单元；HIT[1]=高强度训练；VT=大运动量训练；B=间歇）

序号	高强度训练计划			大运动量训练计划		
	训练内容	间歇（分钟）	总时间（分钟）	训练内容	间歇	总时间（分钟）
1	8×1分钟 6×1分钟	1 1	29	6×6分钟	3	51
2	4×4分钟	3	29	4×12分钟法特莱克跑	2	54
3	4×4分钟	3	29	3×30分钟法特莱克跑	5	65
4	12×30秒冲刺 6×2分钟	0.5 2	31	4×12分钟法特莱克跑	2	54
5	4×4分钟	3	29	3×15分钟法特莱克跑	3	51
6	5×800米	2.5	25	2×25分钟法特莱克跑	5	55
7	10×400米	1.5	30	耐力跑（8千米或9千米）	0	60
8	4分钟，1分钟， 1分钟，4分钟， 2分钟，4分钟	2	26	5×10分钟法特莱克跑	1	55
9	15×200米	1.5	29	4×10分钟法特莱克跑	3	69
10	12×30秒冲刺 6×2分钟	0.5	31	3×15分钟法特莱克跑	3	51
11	4×4分钟	3	29	耐力跑（8千米或9千米）	0	60
12	4×4分钟	3	29	2×30分钟法特莱克跑	5	65
13	4×4分钟	3	29	2×25分钟法特莱克跑	5	55
均值 ± 标准差			28.8±1.7			57.3±5.9

在青少年球员中，相对于VT计划，训练量减少一半的HIIT训练干预计划能够对耐力表现（最大摄氧量，1000米成绩）、纵跳和冲刺次数产生更积极的效果（见表18.5）。结果可以总结如下。

---

1 在运动科学文献中，HIT和HIIT的缩写是可以互换的。这同样适用于VT和HVT。

- 与HVT相比，在HIIT计划中，球员更多以80%~100%的HR_{max}强度活动。在主观感觉疲劳和测量动脉乳酸浓度[1]方面，球员的反馈与上述数据一致。

- 相较于初始测试，在HIIT之后，最大摄氧量显著提升7%，同时1000米成绩提升明显（在HIIT之后平均减少10秒，而在VT之后平均减少5秒）。

- 在HIIT和VT后冲刺能力显著提高。研究小组认为，这些会对同时进行的足球专项训练产生积极作用。

- 在两个小组进行两种训练干预的过程中，纵跳能力保持不变[2]。同样的，体重、体脂和体格大小也一样保持不变。根据研究小组的观点，同时进行的足球专项训练无法提高纵跳能力。因此，必须补充力量和协调能力训练。

- 随着学业压力增长以及青少年球员娱乐活动地增加，HIIT可以帮助球员减少训练时间，同时能力也不会下降和停滞。

- 如果能够每周进行3次HIIT训练，同时坚持练习5周，那么最大摄氧量和1000米成绩可以出现显著提升。

但是，在关于青少年足球的HIIT研究中（高强度间歇训练的模块周期[3]）发现，在研究设计范围里，HIIT并不会导致最大摄氧量增加。研究者将这种情况归因为每个单元的总运动时间和训练模式类型。他们提出"由于血液再生机制，针对高强度耐力模式的功能适应性是否是最佳的"这一问题。此外，其他干扰研究也仍待解决。

---

1 目前，在竞技足球运动中，乳酸主要被看作副作用，肌肉疲劳的主要因素，酸中毒引起肌肉受伤的主要因素以及过度训练。按照德国科隆体育大学竞技体育研究中心目前的发现，对于青少年球员和精英球员，乳酸在以后也可以看作能量（也是在大脑方面），信号分子，组织适应调节器，胶原蛋白触发因子以及伤口修复的辅助因子。

2 加鲁尔和霍夫曼（Gahlul and Hofmann, 2015）在最近针对34名澳大利亚青少年球员的研究中，验证了这个遗漏的重要影响并提出了假设"显然，一般训练的效果是非常显著的，而诸如应用间歇训练的其他特定的训练并没有展现出任何明显的效果（在提高纵跳方面）"。他们推荐研究持续周期更长的训练计划。

3 相对于典型的周期划分（Matwejew, 1972 and 1981），模块周期划分规则（Issurin, 2003; Issuri and Shakliar, 2002）喜欢将不同的动作技能和体能能力组合到一起。它侧重于根据适应性目标的持续影响增加运动负荷。集中负荷运动必须生成与训练相关的刺激，从而在高水平的训练中帮助培养专项运动能力（Schurr, 2014）。

第三个方法：作为德国足球协会体能教练和德国多特蒙德足球俱乐部的负责人，A. 施伦贝格尔（A. Schlumberger）博士认为，球员在比赛中需要不断进行冲刺、跳跃、射门和过人的动作变化，动作快速且充满爆发力。在竞技运动中，一名球员平均完成1 000~14 000个行动，每4~6秒完成1个（Schlumberger, 2006）。

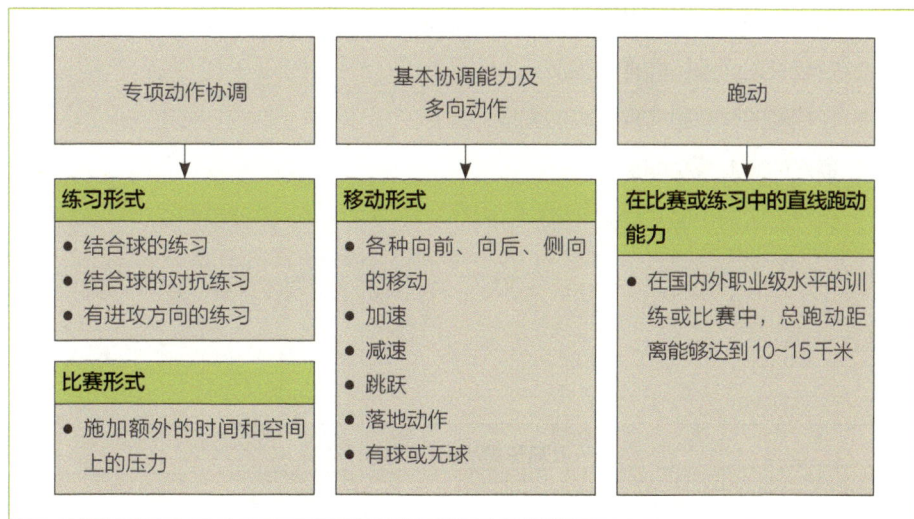

专项动作协调	基本协调能力及多向动作	跑动
练习形式 • 结合球的练习 • 结合球的对抗练习 • 有进攻方向的练习 **比赛形式** • 施加额外的时间和空间上的压力	**移动形式** • 各种向前、向后、侧向的移动 • 加速 • 减速 • 跳跃 • 落地动作 • 有球或无球	**在比赛或练习中的直线跑动能力** • 在国内外职业级水平的训练或比赛中，总跑动距离能够达到10~15千米

图18.8 针对职业足球的专项体能训练的基础（Schlumberger, Associothon of German Soccer Instructors and Westphalia, April 26, 2010）

体能专家施伦贝格尔认为，青少年球员尤其应进行以持续高强度下的具有经济性和技巧性的动作为特点的足球专项体能训练。这些训练是达到职业要求的基础。图18.8对这个方法做了总结。

这位德国多特蒙特的体能专家和我们都认为，与体能相关的能力和足球专项协调能力存在密切联系（见第1~7章）。

他认为足球专项耐力训练的目标如下。

- ⊘ 在足球运动中，可以做好90~120分钟针对任意典型动作序列的最佳运动表现准备。
- ⊘ 在个人行动中，可以发挥最佳能力实现高强度爆发力表现。
- ⊘ 在比赛期间，可以发挥最佳能力实现重复高强度爆发力表现。
- ⊘ 在较长期间保持同样的强度。
- ⊘ 在相同的时间里实现更高的强度。
- ⊘ 良好的心血管功能。
- ⊘ 良好的肌肉代谢功能。

施伦贝格尔（Schlumberger, 2006）为训练的3个领域推荐了以下内容（见图18.9）。

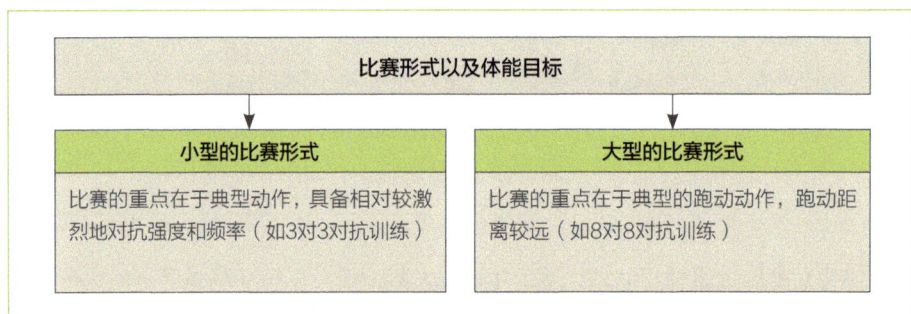

比赛形式以及体能目标	
小型的比赛形式	**大型的比赛形式**
比赛的重点在于典型动作，具备相对较激烈地对抗强度和频率（如3对3对抗训练）	比赛的重点在于典型的跑动动作，跑动距离较远（如8对8对抗训练）

图18.9 在时间和空间环境中，以不同侧重点优化足球运动的比赛形式——专项速度和耐力

1. 专项协调能力——比赛

他建议将遵循简单到复杂的训练原则，从有意识到下意识自动完成训练作为主要方法。在里特尔（Little, 2009）看来，训练方法可以如表18.5所示。

表18.5　通过比赛形式优化耐力的训练方法以及提升耐力的最有效的特定方法（Stigelbauer, 2010, p.67）

训练目标/领域	%HR$_{max}$	乳酸（毫摩尔/升）	总时间（分钟）	持续时间	重复（次数）	休息时间	训练例子
从有氧转换到无氧	80~90	3~6	30~60	6~30分钟	1~8	<1分钟	5对5训练 6对6训练 7对7训练 8对8训练
最大摄氧量	90~95	6~12	12~35	3~6分钟	4~8	0.5：1~ 1：1休息比率	3对3训练 4对4训练
无氧	>85	>10	4~16	20秒~ 3分钟	2~4组× 4~8次	1：1~ 1：4休息比率	2对2训练 3对3训练 控球练习

2. 基本协调能力——多方向动作

在这里，施伦贝格尔（Schlumberger, 2006）提出了以下运动量设计方式，并使用了准备时期的例子。

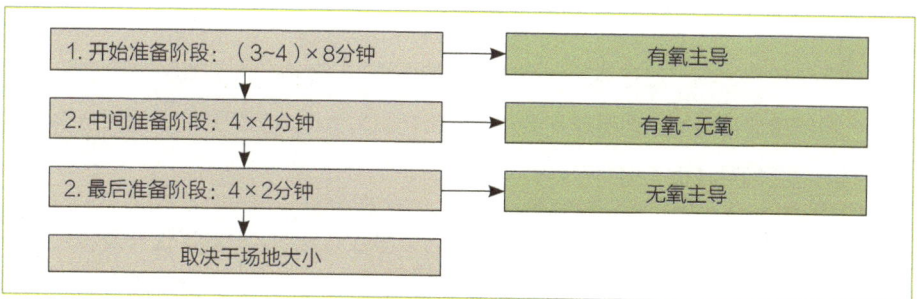

图18.10　多方向动作的运动量设计

这个方法可以在准备阶段和赛季时以练习和足球专项跑（还可以克服天花板效应[1]）的方式作为实践训练。根据霍夫等人的看法，运球跑就是其中一个例子（Hoff et al., 2002）。

1　天花板效应在最大摄氧量达到65毫升/（千克·分）时开始出现。球员有时候会在小场地比赛的练习过程中出现明显的天花板效应。他们觉得没有挑战性。这时，可以安排球员进行运球跑来提高练习的难度（Stigelbauer, 2010）。

3. 跑

对于耐力优化，多特蒙德的职业体能专家建议，在耐力跑和法特莱克训练法中主要采用（有氧）持续性训练方法，而且可以大量且高强度地使用这种方法。此外，这种训练方法还具备恢复作用。

- 补偿性、低强度的训练刺激（注重免疫系统）。
- 姿势稳定特性（注意姿势）。
- 因为强度低，所以优化肌肉最佳适应。
- 个性化跑动训练以便改正不足之处。
- 心理平衡（学会控制，保持如同开车时总是将脚放在油门踏板上的心态）。

因此，施伦贝格尔（Schlumberger, 2010）和斯蒂格尔鲍尔（Stigelbauer, 2010）明确支持在业余和半职业足球训练开始时根据开始的水平采用不同的训练形式，同时还将这种形式作为主要的训练方法来提高耐力。在职业足球运动领域，施伦贝格尔特别建议采用之前阐述的分成3个部分的足球专项耐力训练，同时强调必须特别注意不同的训练原则。将这些原则与渐进负荷刺激原则、阈值以上训练刺激组合到一起。

基于HIIT和HVT的重要方面和变化。

HIIT训练是目前"足球体能训练所选择的方法"（Sperlich, 2013），因为它有助于最大摄氧量显著增加，但是却不会对速度和起跳力量造成负面影响，同时所需要的训练时间也会相对减少（相对于HVT）。

从心理学的角度看，心血管参数的变化可以导致心脏增大，心率提升及每分钟心输出量更高，同时由于血液流动加快，氧气输送能力随之提高。这样便会导致VO_2动力学加快（Stöggl et al., 2010）。拉伊亚等人（Laia et al., 2009）发现，无氧训练可以增加无氧酶活性和膜转运蛋白，同时增强肌肉缓冲能力。这些变化会导致以下情形。

- 减少细胞内氢离子的抑制作用。

- 增加PCG-1 a的最大活性。[1]

- 参与葡萄糖和游离脂肪酸输送和氧化的蛋白质会增加。

- 毛细管密度增加。

- 增加快肌纤维训练刺激。

在表18.6中，霍普和海格勒（Hoppe and Haepele, 2013）总结了高强度间歇训练（HIIT）和大运动量耐力训练（HVT）的重要特性以及副作用。

表18.6　高强度间歇训练（HIIT）和大运动量耐力训练（HVT）的重要特性

HIIT	HVT	HIIT和HVT的共性
• 在训练中采用不同的练习方式 • 更少的训练时间，更多的有氧、无氧，中心性因素和外周性因素的适应 • 即使是耐力训练球员也需要训练刺激 • 提高骨骼肌的缓冲能力 • 动员更多肌肉纤维的能力 • 贴近足球专项要求，以便更好地适应比赛负荷 • 与儿童和青少年的天生运动行为相符合 • 没有长期效果的数据	• 大训练量 • 单调乏味的训练 • 速度损失 • 较简单 • 更容易控制 • 更好研究	• 有氧代谢过程的适应 • 根据训练状态，在较短时间里就可以取得明显训练效果 • 存在过度负荷的风险 • 由于长期使用，存在能力停滞的风险 • 提升恢复能力

1　PGC-1a负责线粒体生物合成。线粒体是细胞的能量站——这里，特别指的是肌肉细胞。它会对力量、耐力和脂肪燃烧产生积极作用。这里，不再详细阐述AMP蛋白激酶在连接训练刺激命令（训练计划s.l）方面的重要性（Schurr, 2014）。

以下是赞成者和反对者在青少年足球竞技训练中采用HIIT的总结。

赞成者

- 与足球存在直接联系:"足球体能能力直接与专项协调能力相关联"（见第三个方法）。
- 使用球吸引和激励球员进行体能训练。
- 可以控制力青少年球员的训练负荷的增加。
- 避免过度负荷和受伤。
- 考虑逐步增加负荷的原则。
- 强调最大爆发力、最快恢复、耐力和保持快速恢复。
- 在培养职业足球天才新秀的过程中,技术和战术能力是关键因素。

反对者

- 场地太小。
- 类似的训练刺激无法带来其他长期的提升,特别是在加速和冲刺速度方面（最大爆发力）。
- 逐渐增加负荷量和强度导致能力受限。
- 没有探讨将再生耐力跑动作为恢复和耐力保持的重要性。
- 在赛季训练中,调节高强度活动和恢复方面缺少有目的的个性化训练（包括针对运动相关主要动作技能要求的单独训练）。
- 专项足球练习会导致速度受限,包括3个方面:（1）专项协调能力——比赛;（2）基本协调能力——多方向动作;（3）跑——必须进行训练（Schlumberger, 2010）。
- 没有任何关于力量测试标准化的内容。

正反两方的争论表明，足球体能训练是一个体系，体系的一端是标准化的训练，而另一端是教练的主观经验。在这个体系中间，专家可以安排有球或无球的混合式练习。在高水平训练领域，运动科学家需要进行更深入的研究，从而提高国际青少年足球训练水平。

因此，感兴趣的教练可以根据自己的需求和决策领域对这三个针对目前HIIT训练的方法进行检验，仔细考虑这些方法，密切跟进其他研究结果。[1]

---

1 加鲁尔和霍夫曼（Gahlul and Hofmann, 2015）阐述了青少年球员进行冲刺间歇训练的方法。在这个训练中，40米冲刺间歇训练只需进行12个训练单元（每周两个单元）就可以对有氧和无氧耐力因素产生显著作用。这个训练干预还可以作为年龄介于13~14岁青少年球员进行大量耐力跑动（对照组）的训练补充形式。而且，这种方法可以产生更好的训练效果。

CHAPTER
19

第19章 足球周期性体能训练——以德甲联赛为例

德国足球甲级联赛的球队如何在球场上进行贯穿整个赛季的足球体能训练？我们将在此探讨这个问题，同时介绍一种已经在其中一支德甲球队中实施的足球体能训练计划。在本书中，我们只是阐述这些练习和比赛的形式。关于验证过程，读者可以见第18章的练习。

以下是足球体能训练周期的例子（见图19.1）。

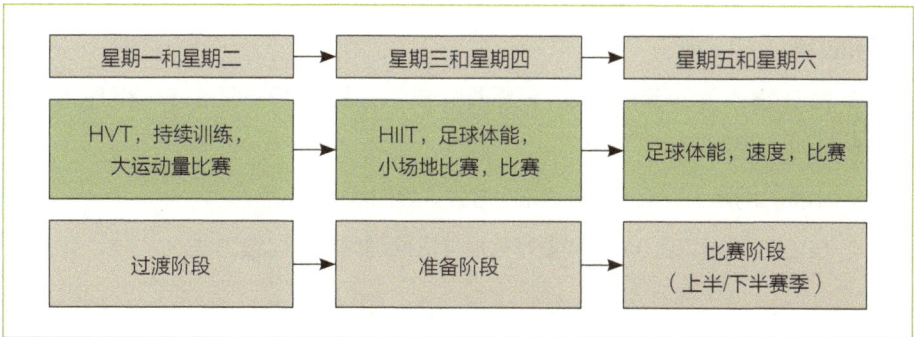

星期一和星期二	星期三和星期四	星期五和星期六
HVT，持续训练，大运动量比赛	HIIT，足球体能，小场地比赛，比赛	足球体能，速度，比赛
过渡阶段	准备阶段	比赛阶段（上半/下半赛季）

图19.1 德国甲级联赛男子球队足球体能训练的周期训练概况

通过足球技战术训练的方式提高体能

目的: 根据球员当前的运动表现数据、心率和乳酸浓度测量以及结合教练的观察，每周至少可以采用一次HIIT训练方法进行足球专项体能训练。同时，这些因素还可以与战术、技术、创新性和趣味比赛结合起来训练。在比赛过程中，必须严格遵循运动和恢复时间，同时在训练过程中不进行技战术指导。比赛形式可以采用排位赛的形式，将失败者扣分和获胜者加分作为提升积极性的方法。得分可以转换成年度排

名并制作成大满贯图表粘贴在休息室。以下是训练例子（见图19.2）。

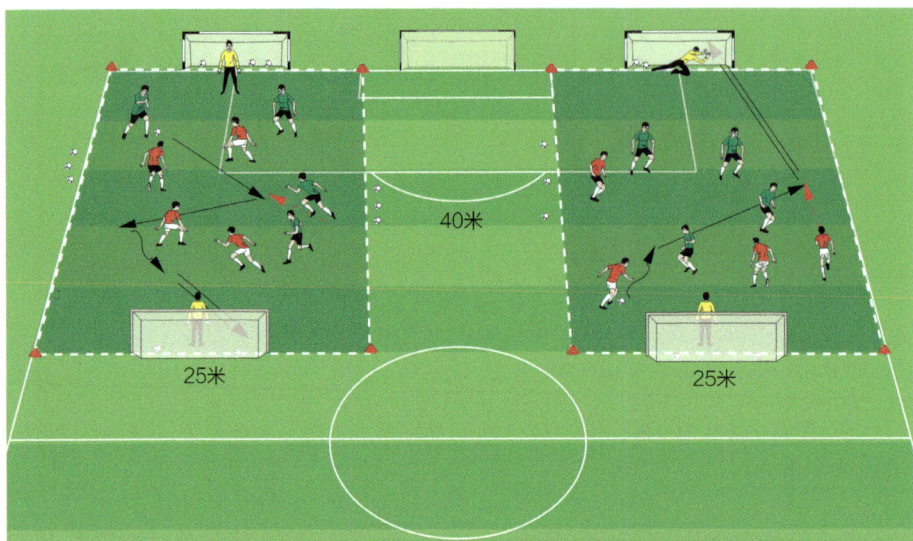

图19.2 4对4到6对6的对抗练习

组织和过程

- 两个40米×25米的场地，设置两个球门，每个球门前面各有一名守门员。

- 4对4比赛。

- 比赛时间是12×2.5分钟再加2分钟恢复时间。

- 在场地旁边和球门后面放置好替换球以便确保快速继续比赛。

变化

- 降低强度：35米×20米场地：6×2分钟再加3分钟恢复时间。

- 在50米×30米场地上进行5对5训练：10×3分钟再加2分钟恢复时间。

- 提高强度：在55米×35米场地上进行6对6训练：10×4分钟再加3分钟恢复时间。

- 2名或3名守门员站在另一个设置了小型或青少年足球球门的场地上。只有直接射门或二过一传球才可以计分。

体能训练——小场地比赛

目的: 在进攻战术中,进攻者必须在传球(意思是,射击)之前,冲向空当,接着以最快速度将自己跑动路线上的球控好。在非常短的时间里,球员必须在极其紧迫的空间里多次应对1对1的进攻和防守情形。通过训练,球员即使处于疲劳状态也可以在训练过程中精准传球。以下是几个训练例子(见图19.3和图19.4)。

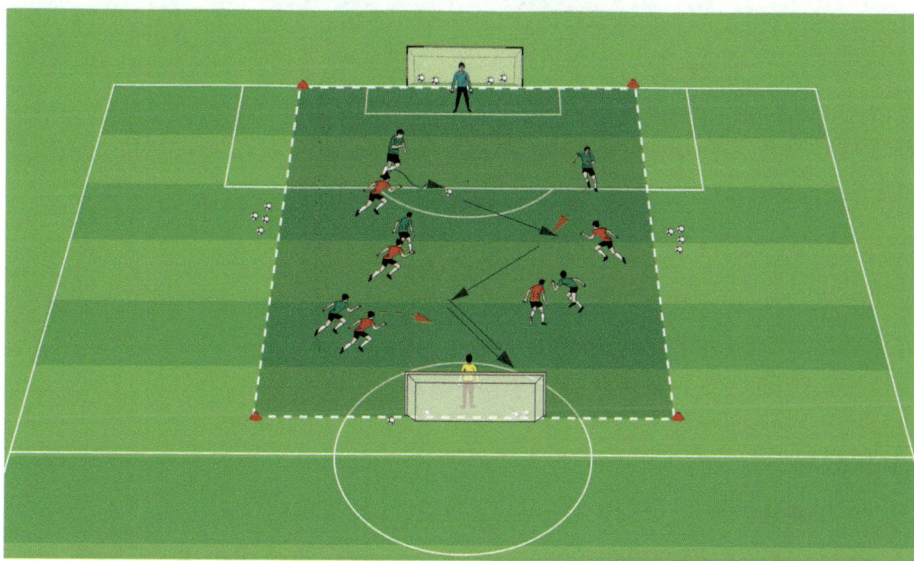

图19.3　小场地比赛:5对5比赛

组织和过程

- 场地大小为50米×30米,设置两个球门,同时有守门员防守球门。
- 5对5训练:球员只可以将球踢向空当(不可以踢向同伴脚下)。

执教要点

- 冒险传球或主动要球。
- 不要太早传中。
- 球员必须懂得,对手也一样很难在空当中抢断球。

变化

- 较大场地:更频繁的传球和威胁传球。

◉ 时间压力：在10秒、8秒或5秒内射门。

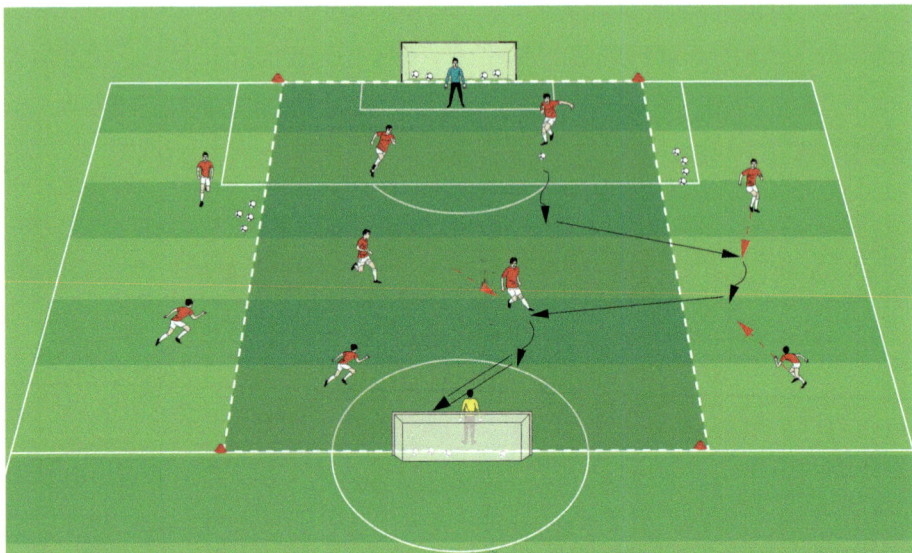

图19.4 小场地比赛：9对9训练（为了更直观地进行场地组织，此处没有画出对手）

组织和过程

◉ 设置两个球门，守门员站在半场上，进行9对9训练。

◉ 标记两个20米宽的外部区域。

◉ 在场地中间可以减慢节奏。在外面区域，球员必须将球传向空当。这意味着，可以在将球传到跑动线路上或带球（假动作）进行1对1。

执教要点

◉ 从中间向边路传球，传向空当！保持冲刺速度。

◉ 在压力之下，也可以将球踢向边路。

◉ 用力准确传球。

变化

◉ 在场地中间，只可以将球传到跑动线路上。

◉ 在中路采用传向空当的方式，在边路则可以放慢节奏。

准备期——使用HIIT、HVT和球进行练习

目的: 在准备阶段,根据第18章的阐述以及使用HIIT(高强度间歇训练)和HVT(大运动量训练)方法,球员必须努力实现的主要目标是提高耐力(见表18.3至表18.6)。在练习中,可以通过增加强度、训练量、重复次数、场地大小、比赛人数(如5对5训练到7对7训练)、额外任务(如所有球员必须穿过中线)以及恢复时间来制造HIIT形式的训练。以下是几个训练例子(见图19.5~图19.8)。

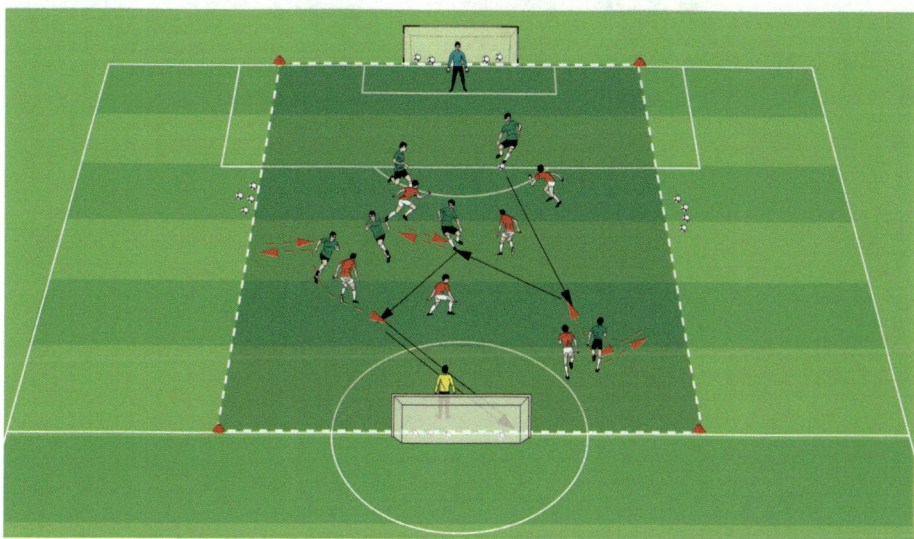

图19.5 强度:6对6纵深比赛

组织和过程

- 在大小为55米×25米且设置了两个球门的场地上进行有守门员防守的6对6训练。
- 比赛时间为16×2分钟再加2分钟主动恢复时间。

执教要点

- 向纵深传球以便提高速度。
- 球员之间相互指导。
- 只有在最后的训练回合,当球员越来越多地感到疲劳和需要休息时,教练才可以进行指导。

◎ 球员站在自己的专项位置。

变化

◎ 场地变大（训练重点HVT）。

◎ 场地变小（训练重点HIIT）。

◎ 规则：控球球队每次横传，对手就获得罚点球机会，每次练习结束后执行。

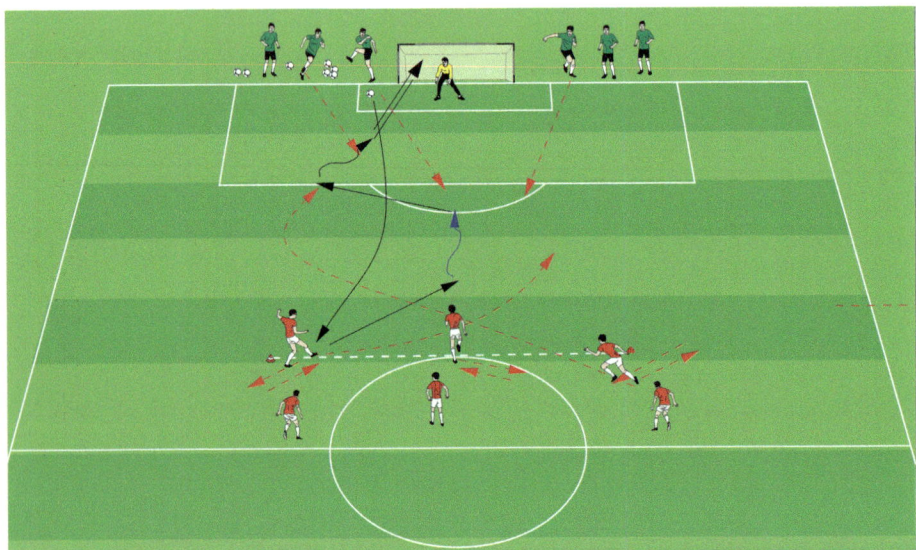

图19.6 强度：团队射门

组织和过程

◎ 6~8名防守者带球站在有守门员防守的球门旁边。

◎ 6~8名进攻者站在大约30米外面对防守者。

◎ 一名防守者将球传给一名进攻者，接着每一组的3名球员开始在场地上进行3
对3对抗训练。

◎ 以最大强度完成8~10次重复训练。

◎ 进行5分钟的恢复和有控制的力量训练。

执教要点

◎ 在传球之后，练习开始。

◎ 两组球员立刻进行对位防守。

变化

- 增加球员人数。

以下是两个水平要求较低的训练例子。

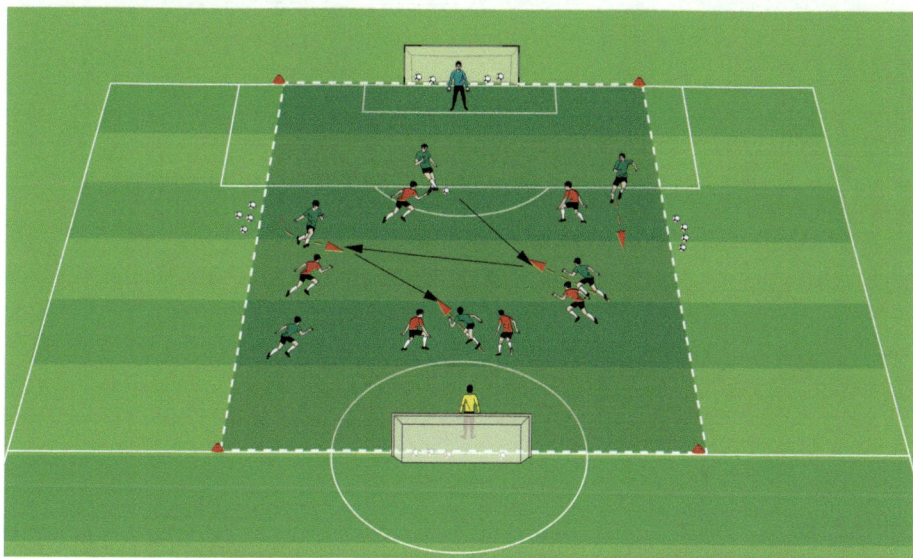

图19.7 6对6比赛

组织和过程

- 场地大小为55米×35米，两个球门由守门员防守，进行6对6对抗训练。
- 6×3分钟再加3分钟被动恢复时间（如喝水暂停）。

执教要点

- 精准且自信的传球。
- 在接球和控球时，开放的身体姿势。
- 保持控球权。

变化

- 在休息期间公布技术任务。
- 一球定胜：在第一次射门进球之后结束该回合训练。
- 当球员粗心犯错时可以打断比赛，接着比赛继续进行3分钟。

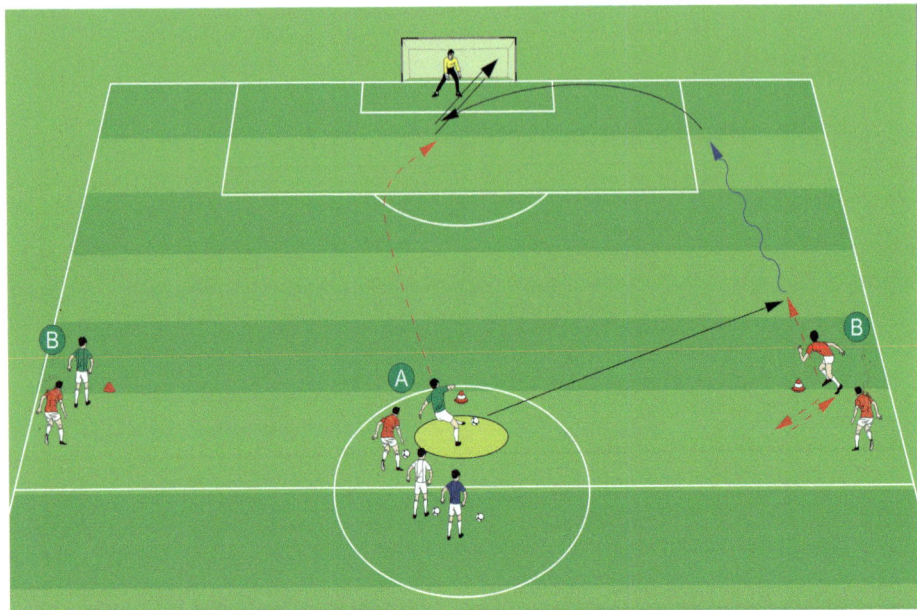

图19.8　传中射门

组织和过程

- 分两组。球员A带球站在距离守门员防守的球门45米位置；球员B不带球，站在左边或右边。
- 球员A传球给球员B。球员B空中接球带球，接着将球传到球员A的跑动线路上。球员A凌空抽射，结束训练。
- 轮换任务，完成3个回合训练（从场地两边）。
- 获胜者得到10分，第二名获得8分，以此类推。

执教要点

- 准确且快速地传球。
- 在第一次触球时，停球并带球。
- 在快速跑动中传中。

变化

- 变化距离。射门规则：必须以头球射门。

谁是最佳球员？个人大满贯成绩！

*目的：*比赛总是会出现新的挑战，特别是当比赛正在进行时。因此，我们不仅在训练场地上将联赛或个人比赛形式加入大满贯，而且还增加了各种不同的团队和个人比赛。这些比赛可以侧重于耐力、技术或速度。

> 通过各种不同的体能比赛，激发斗志、雄心和动力。

在团队比赛中，获胜一方的每一名球员都可以获得1分。在个人比赛中，可以有所区别：第一名得3分，第二名得2分，以此类推。比赛特别适用于各种不同的引导技术和指教方法：有时候表扬，有时候坚决纠正，有时候发火！接下来，我们还介绍了几种比赛形式（见图19.9~图19.11）。

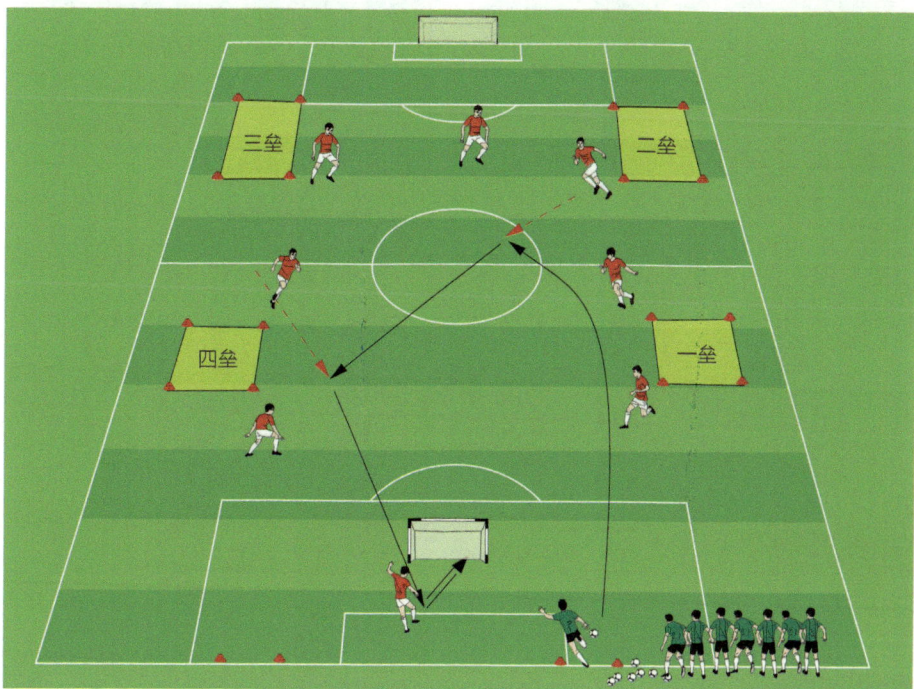

图19.9　棒球足球

组织和过程

🔸 在3/4的场地上标出4个垒，并组织两支有8名球员的球队。

- ⊙ 穿蓝色运动服的球队站在点球点（圆圈）；穿红色运动服的球队防守。

- ⊙ 在最接近踢球点的反向小球门旁边或后面标记终点线。

- ⊙ 第一名穿蓝色运动服的球员将静止的球踢向场地，接着立刻跑向第一个垒。

- ⊙ 穿红色运动服的球队尝试在小球门方向进行短传配合。如果跑动者此时仍在跑动，那么他必须立刻返回。

- ⊙ 一旦穿红色运动服的球队重新做好组织，第二名穿蓝色球员可以将球踢进场地。

- ⊙ 一个垒不可以站立两名球员。

- ⊙ 全垒打得10分。常规跑垒得1分。

- ⊙ 持续时间是2×8分钟或4×6分钟。

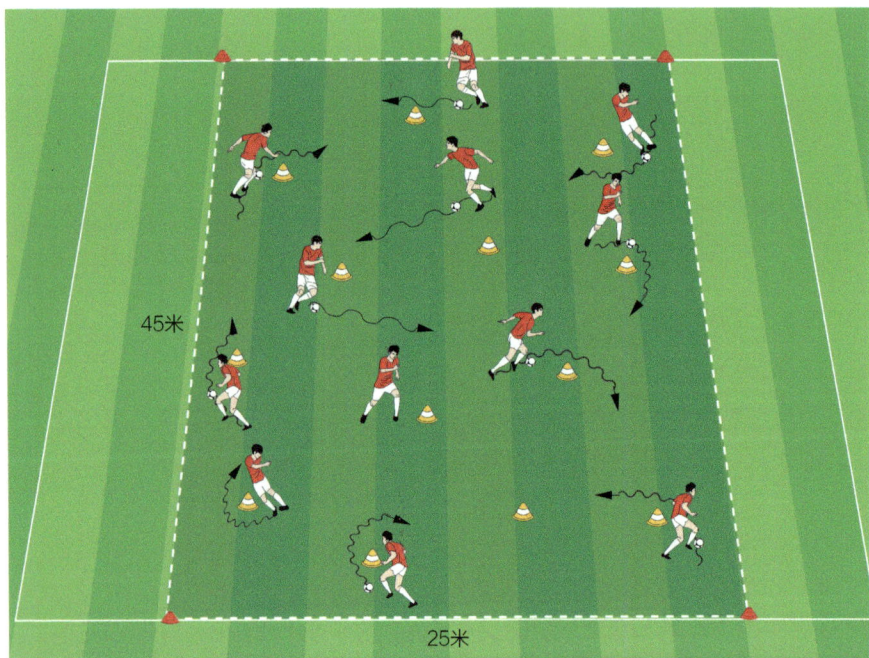

图19.10 混乱运球

组织和过程

- ⊙ 在大小为45米×25米的场地上放置各种不同颜色的锥桶。

- ⊙ 12名球员在运球时完成特定假动作（如跨步、贝肯鲍尔360度转身、拖、齐达内马赛回旋、脚内侧拉球等）。

> 在极其复杂的情形和时间压力之下,在场地混战过程中必须时刻保持高速度。

变化

> 在特定颜色的锥桶位置指定特定的假动作(制造变化压力)。

比赛

> 收集不同颜色的锥桶。

> 在运球时跑过20个锥桶。

> 不同的颜色顺序。

> 结合向4个球门射门,意味着在向球门1射门之后,运球靠近红色锥桶。

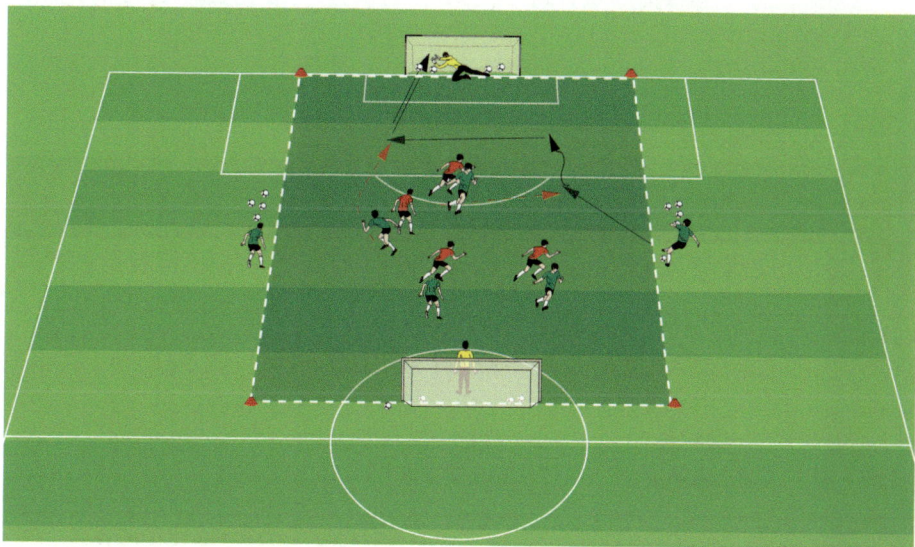

图19.11 射门比赛

组织和过程

> 场地大小为40米×20米,设置两个有守门员防守的球门,进行4对4对抗训练。

> 教练从不同的位置将球踢进场地。

> 球员立刻射门。

执教要点

- 快速熟悉站位同时立刻调整状态适应新情形。
- 防守者：确保脚放在球前面。
- 如果球员选择带球，那么必须以快速跑动方式运球。

变化

- 场地变大或变小。
- 投掷界外球时必须达到髋关节高度，同时具有挑战性（投向对手身上或者双脚前方）。或者同时踢出两个球：教练喊出用哪个球比赛（增加复杂性）。

接下来，通过7个周期训练计划总结，我们列举了一个作为赛前准备的体能训练例子。

主要目标：确定开始基础

日期	训练I 9:00~10:00	训练II 10:30~11:30	训练III 15:00~16:30
一	场地测试	场地测试	6×60米（60%），比赛
二	内部分析 最大摄氧量	内部分析 最大摄氧量	7×50米（70%） 11对11/8对8 3×8分钟
三	内部分析 最大摄氧量	内部分析 最大摄氧量	8×40米（80%） 11对11/8对8 3×8分钟
四	力量/稳定/协调能力		9×30米（90%） 11对11/8对8 4×13分钟
五	力量/稳定/协调能力	比赛，年轻球员 对年长球员	
六	力量/稳定/协调能力	8×40米（80%） 11对11/8对8 3×13分钟	休息
日	休息	休息	休息

图例

绿色区域：大训练量训练（HVT）。

橙色区域：高强度训练（HIIT）。

白色区域：力量/稳定性/协调能力。

TA：训练分析。

R：休息。

ST：网式足球。

主要目标：日常力量、稳定性、协调能力和足球

7月5日至7月11日

日期	训练I 9:00~10:00	训练II 10:30~11:30	训练III 15:00~16:30
一	力量/稳定/协调能力	7×50米（70%） 7对7/5对5 4×3.5分钟	跑/传中/射门
二	力量/稳定/协调能力	8×40米（80%） 11对11/8对8 3×13.5分钟	休息
三	力量/稳定/协调能力	小场地比赛 4×3.5分钟	跑/位置练习/射门
四	力量/稳定/协调能力	10×20米 11对11/8对8 3×8分钟	休息
五	力量/稳定/协调能力	一般力量训练 5对2/6对3 定位球/传中	晚上7点与同区域球队比赛 （45分钟/45分钟）
六	力量/稳定/协调能力	一般力量训练 恢复 10×20米	休息
日	休息	休息	晚上7点与同区域球队比赛 （45分钟/45分钟）

主要目标：在参加训练营之前强化训练

7月12日至7月18日

日期	训练 I 9:00~10:00	训练 II 10:30~11:30	训练 III 15:00~16:30
一	力量/稳定/协调能力	一般力量训练 恢复	休息
二	休息	休息	休息
三	力量/稳定/协调能力	位置打法/分组训练 /射门	8×5米 4对4/3对3 3×3分钟（休息30秒）
四	力量/稳定/协调能力	2×（6×15米） 7对7/5对5 4×6分钟	休息
五	力量/稳定/协调能力	2×（8×5米） 4对4/3对3 3×3分钟（休息30秒）	出发至训练营
六	力量/稳定/协调能力		下午7点（60/30） 与第三级别球队比赛
日	力量/稳定/协调能力	一般力量训练 恢复	休息

主要目标：吃——睡——训练

7月19日至7月25日

日期	训练I 9:00~10:00	训练II 10:30~11:30	训练III 15:00~16:30
一	力量/稳定/协调能力	跑/传中/射门	8×5米 4对4/3对3 3米3分钟（休息30秒）
二	力量/稳定/协调能力	2×（6×15米） 小场地比赛 4×6分钟（-9×2.5）	跑/定位球/ 传中/射门
三	力量/稳定/协调能力	8×5米 位置打法 4对4/3对3	专第一级别球队比赛
四	力量/稳定/协调能力	跑道/定位球/ 传中/射门	2×（6×15米） 7对7/5对5 4×6.5分钟
五	力量/稳定/协调能力	一次触球 小场地比赛 4对4/3对3	跑/定位球/ 传中/射门
六	力量/稳定/协调能力	9×30米（90%） 11对11/8对8 3×13.5分钟	休息
日	力量/稳定/协调能力	休息	与国外同级别球队比赛

主要目标：足球体能

7月26日至8月1日

日期	训练I 9:00~10:00	训练II 10:30~11:30	训练III 15:00~16:30
一	休息	休息	休息
二	力量/稳定/协调能力	11对11/8对8 3×7.5分钟	跑/传球/ 传中/射门
三	力量/稳定/协调能力	跑/定位球/ 传中/射门	与国外球队比赛
四	力量/稳定/协调能力	一般力量训练 4对4/3对3	9×30米（90%） 11对11/8对8 4×11分钟
五	力量/稳定/协调能力	10×20米 11对11/8对8 3×7.5分钟	休息
六	一般力量训练 5对2/6对3 定位球/传中	休息	与国外同级别球队比赛
日	足球技术 第一次触球	休息	训练展示

主要目标：开始发力

8月2日至8月8日

日期	训练 I 9:00~10:00	训练 II 10:30~11:30	训练 III 15:00~16:30
一	休息	休息	休息
二	力量/稳定/协调能力	位置训练	跑/定位球/ 传中/射门
三	ST 5对2/6对3 定位球/传中	休息	晚上7点与英超球队比赛 （45分钟/45分钟）
四	力量/稳定/协调能力	位置训练	2×（8×5米） 2×（7×1.5米向前/向后） 4对4/3对3
五	休息	休息	跑/定位球/ 传中/射门
六	力量/稳定/协调能力	10×20米 11对11/8对8 3×7.5分钟	休息
日	一般力量训练 5对2/6对3 定位球/传中	小型赛会比赛	小型赛会比赛

主要目标：全身心关注杯赛第一轮，低训练量

8月9日至8月15日

日期	训练I 9:00~10:00	训练II 10:30~11:30	训练III 15:00~16:30
一	力量/稳定/协调能力	一般力量训练/恢复 10×20米 4对4/3对3	休息
二	休息	休息	休息
三	力量/稳定/协调能力	2×（8×5米） 4对4比赛	跑/定位球/ 传中/射门
四		10×20米 11对11/8对8 3×7.5分钟	
五			11对11 定位球
六			小场地比赛 定位球
日			全国锦标赛第1轮

后记

（源自：P. Ingendaay, March 24, 2015,Frankfurter Allgemeine, 70, p.27）

由于选择的主题领域过于复杂，无法全面涵盖，所以本书并没有完整地阐述所有内容。本书只是提供了一些经过测试和验证的训练方法以及阐述了一些关于运动的科学发现。本书主要涉及关于在场地上进行足球体能训练的重要领域。此外，这些内容对于很多教练、执教者以及具备和不具备教练证书或学位的后勤人员都是很有用的。为此，国际上最新的运动科学研究成果为教练员的训练和与运动相关的问题提供了概念性的基础，而非解决方案。因此，在面对诸如足球体能训练等复杂的领域时，实践的结果比运动科学研究更具有说服力。反之，在这个领域发表一般性和具体的研究结果，主要有助于通过以前的技术分析防止训练过程中的错误和（出于善意的）盲目的行动，并以可持续和负责任的方式实现自我目标。

在这方面，我们尽可能多地阐述了关于足球体能训练的新旧领域内容，这样教练就不需要使用大量的设备。但是，希望相关独立进行家庭训练且积极进取的球员不要只局限于此。

我们希望，关于青少年、男子和女子体能训练的"潘多拉宝盒"已经稍稍开启。教练仍然必须尽责地利用这个"宝盒"，清楚哪些方面可以在自己球队中使用以及哪些方面不可以。同时，在非常艰难且要求很高的体能训练过程中，最重要的是可以在良性竞争的氛围中进行积极训练。通过理性地分析、吸引人的方法以及多变的现代体能训练来学会更好地踢球！同时，努力争取成为一名职业球员而非仅仅停留在优秀年轻球员的层面！成功是相对的！切记！

当所有的"配料"都添加完毕，"美味佳肴"就做成了！在本书可以找到很多这些方面的"配料"。因此，读者、教练决定了大量充满希望的球员谁能够继续免于受伤，以及谁在能够某一天站在最高领奖台上挥手，或者在赛场上收获教练大大的拥抱。

此外，我们还在书中列出了很多经过多年研究而筛选的资源，并将这些资源列在本书后面的参考文献中。这些内容不仅是本书的参考文献，教练员也可以自行检索，从中进一步学习本书内容以外的复杂题材。

此时，特别是职业球员，在某种程度上已经达到了巨大身心压力和紧张的边缘。对于信任我们的球员而言，更重要且可信的是进行长期、持续、有目的性、具备协调能力、趣味性的体能训练。根据专家看法以及个人经验，未来仍有机会采取积极的行动出版新的内容。为此，我们也将为读者介绍相关内容。

其他运动科学研究也是很有必要的，特别是关于足球运动测试和测量的领域。在高水平的训练中，这些方面的研究可以为教练提供其他针对自身球队的重要分析系统、计划训练辅助器材以及训练实施方式（Singh, Voigt and Hohmann, 2015）。在此之前，我们希望读者能够好好地阅读本书。欢迎您提出意见和建议！

写于恩斯赫德、科隆和勒沃库森

2015年3月

参考文献

Anderson, K. G. & Behm, D. G. (2005). Trunk muscle activity increases with unstable squat movements. *Can. J. Appl. Physiol., 30*, 33-45.

Bangsbo, J. (2003). *Fitness training in-soccer. A scientific aproach.* Spring City: Reedswain Publishing.

Bauersfeld, M. & Voss. G. (1992). *Neue Wege im Schnelligkeitstraining.* Münster: Phillipka Verlag.

Beck, J. & Bös, K. (1995). *Normwerte motorischer Leistungsfähigkeit-Eine Realanalyse publizierter Testdaten.* Bundesinstitut für Sportwissenschaft: Köln.

Beck, J., Bös. K., Klaes., L. & Rommel, A. (2006). Entwicklung und Betrieb einer Datenbank zur motorischen Leistungsfähigkeit (SPODAT 2006). In J. Edelmann-Nusser & K. Witte (Hrsg.), *Sport und Informatik* (IX, S. 151-158). Aachen.

Beilenhoff, A. (2015). Mit CrossFit in die Rückrunde. *fussballtraining, 33* (1 und 2), 18-27.

Behm, D. & Anderson, K. (2006). The role of instability with resistance training. *Journal Strength Cond. Res. 20,* (3), 716-722.

Behringer, M., vom Heede., A. & Mester, J. (2009). Krafttraining im Nachwchs-leistungssport. In. G Neumann, (Red.), *Talentdiagnose und Talentprognose im Nachwuchsleistungssport* (S. 178). Sportverlag Strauß: Köln.

Berkmark, A. (1989). Stability of the lumbar spine: A study in mechanical engineering, *Acta Orthop. Scand., 230,* 20-24.

Bieri, K., Gross, M., Wachsmuth, N., Schmidt, W., Hoppeler, H. & Vogt, M. (2013). HIIT im Nachwuchsfußball-Blockperiodisierung von hochintensivem Intervalltraining. *Deutsche Zeitschrift für Sportmedizin, 64* (10), 307-312.

Braun, K. (2014). Bayers Talente geben Gas! *fussballtraining, 32* (3), 14-25.

Broich, H. (2009). *Quantitative Verfahren zur Leistungsdiagnostik im Leistungsfußball.* Unveröffentlichte Dissertation. Deutsche Sporthochschule Köln.

Broich, H. (08.07.2013). *Bayer Leverkusen. Holger Broich: "Besser aufgehoben als bei den Bayern".*

Broich, H., Brauch, S. & Mester, J. (2008). Evaluierung der Laufdistanzen in unters-chiedlichen Geschwindigkeitsbereichen im Profifußball. *Leistungssport, 38* (4), 8-12.

Broich, H., Sperlich, B., Buitrago, S., Mathes, S. & Mester, J. (2012). Performance assessment in elite football players: Field level test versus spiroergometry. *Journal of Human Sport & Exercise,* Volume 7, Issue 1, 287-295.

Bruscia, G. (2015). *Handbuch Functional Training.* Aachen: Meyer & Meyer Verlag.

Buckwitz, R. & Stein, R. (2014). Aktuelle Entwicklungen im Kurzsprint der Männer und daraus abgeleitete Schwerpunktsetzungen für das Training. *Leistungssport, 3*, 42–44.

Buffett, W. (04.03.2014). Zitiert in der *Frankfurter Allgemeinen Zeitung, 53,* 25.

Caldwell, B. P. & Peters, D. M. (2009). Seasonal variation in physiological fitness of a semiprofessional soccer team. *Journal of Strength and Conditioning Research, 23* (5), 1370–1377.

Coban, J. (16.03.2015). "Wir dürfen nur schwarze Schuhe tragen". *kicker, 24,* 22.

Coen, B., Urhausen, A., Coen, G. & Kindermann, W. (1998). Der Fußball-Score: Bewertung der körperlichen Fitness. *Deutsche Zeitschrift für Sportmedizin, 49*, 187–192.

Collins, P. (2010). *Kettlebell conditioning-functional strength & power drills.* Aachen: Meyer & Meyer Verlag.

Cometti, G., Mafiuletti., N.-A., Pousson, M., Chatard, J. C. & Maffulli, N. (2001). Isokinetic strength and anaerobic power of elite, subelite and amateur french soccer players. *International Journal of Sports Medicine, 22*, 45–51.

Cronin, J.-B., Hansen, K.-T. (2005). Strength and power predictors of sports speed. *Journal of Strength and Conditioning Research, 19,* 349–357.

Dante (02.12.2013). Zitiert im *kicker*-Interview mit Zitonni, M., 13.

Delecluse, C.-D., Van Coppenolle, H., Willems, E., Van Leemputte, M., Diels, R. & Goris, M. (1995). Influence of high-resistance and high-velocity training on sprint performance. *Medicine and Science in Sports and Exercise, 27*, 1203–1209.

Di Salvo, V., Baron, R., Tschan, H. et al. (2007). Performance charakteristics according to playing position in elite soccer. *Int. J. Sports Med., 28*, 222–227.

Dollemann, G. (1998). *Interval Sprint & Interval Shuttle Run Test.* Abschlussarbeit des Instituts für Bewegungswissenschaften. Rijksuniversiteit Groningen.

Durastanti, C. & Durastanti, P. (2008). *Fußballschule für Kinder und Jugendliche-testen-bewerten-gezielt trainieren.* Onli Verlag: Leer.

Ekstrand, J. (2013). Playing too many matches is negative for both performance and player availability-results from the on-going UEFA Injury Study. *Deutsche Zeitschrift für Sportmedizin, 64*, 1, 5–9.

Faries, M. D. & Greenwood, M. (2007). Core training: Stabilizing the confusion. *Strength Cond. J., 29* (2), 10–25.

Feldbusch, E., te Poel, H.-D. & Herborn, D. (2015). *"Faire Zweikampf-und Körperschulung einmal anders!"* DVD. Köln.

Frankfurter Allgemeine Zeitung (4. März 2014). So wurde Warren Buffet reich. *Nr. 53,* S. 25

Freiwald, J. (2009). *Optimales Dehnen. Sport-Prävention-Rehabilitation.* Balingen: Spitta Verlag.

Fröhlich, M., Schmidtbleicher, D. & Emrich, E. (2007). Vergleich zwischen zwei und drei Krafttrainingseinheiten pro Woche-ein metaanalytischer Zugang. *Spectrum der*

Sportwissenschaften, 19 (2), 6–21.

Fröhlich, M., Gießing, J. & Strack, A. (2009). *Kraft und Krafttraining bei Kindern und Jugendlichen-Schwerpunkt apparatives Krafttraining.* Marburg: Tectum.

Fröhner, G. & Tronick, W. (2007). Prophylaxe von Verletzungen und Fehlbelastung-sfolgen durch Belastbarkeitssicherungim Nachwuchsleistungssport. *Leistungssport, 37* (1), 11–17.

ft-Redaktion (2014). Fitness mit Ball à la Suisse. *fussballtraining, 32* (6+7), 52–63.

Fuchs, R. K., Bauer, J. J., Snow, C. M. (2001). Jumping improves hip and lumbar spine bone mass in prepubescent children: A randomized controlled trial. *J. Bone Miner Res.2001 Jan:16* (1): 148–156.

Gahlul, S. A. & Hofmann, P. (2015). Sprint-Intervalltraining bei jugendlichen Fußballern. *Leistungssport, 2,* 31–35.

Gambetta, V. (2007). *Athletic developement: The art & scienceof functional sportsconditioning.* Human Kinetics.

Geisler, I. (2013). Ropetraining-vielfältig und belastungsintensiv. *fussballtraining, 31* (6+7), 48–55.

Geisler, I. (2014). Kleine Rolle, große Wirkung! Leistungsreserve Faszien-Training. *fussballtraining, 32* (6+7), 72–78.

Granacher, U. (2015). WVL-Projekt Krafttraining im Nachwuchs Leistungssport (Kings-Studie). *Leistungssport, 2,* 36–38.

Greier, K. & Riechelmann. H. (2012). Ballspielverletzungen im Schulsport und Möglich-keiten der Prävention. *Deutsche Zeitschrift für Sportmedizin, 2012: 63,* 168–172.

Grosser, M. (1991). *Schnelligkeitstraining.* BLV Sportwissen: München.

Güllich, A. (1996). *Schnellkraftleistungen im unmittelbaren Anschluss an maximale und submaximale Krafteinsätze.* Sport und Buch Strauß GmbH: Köln.

Gustedt, C. (2013). Zum Einfluss von Rumpfkraft und-stabilität auf die sportliche Leistungsfähigkeit. *Leistungssport, 43* (2), 11–15.

Hägele, M., Wahl, P., Sperlich, B. & Mester, J. (2009). Aktiv oder passiv-der Effekt unterschiedlicher Erholungsprotokolle nach hochintensivem Intervall-Training (HIT). *Leistungssport, 39* (6), 10–14.

Hartmann, O. (25.09.2014). WM unter der Lupe. *kicker, 40* (80), 88–89.

Hirtz, P. (1997). *Bewegungskoordination und sportliche Leistung integrativ betrachtet.* Hamburg: Czwalina.

Hodges, P. W. & Richardson, C. A. (1996). Inefficient muskular stabilization of the lumbar spine associated with low back pain. A motor control evaluation of transversus abdominis. *Spine, 21,* 2640-2650.

Höhner, O. (2012). Herausforderungen an die Talentforchung im Fußball. *Deutsche Zeitschrift für Sportmedizin 63* (9), 270–271.

Hoff, J. (2005). Training and testing physical capacities for elite soccer players. *Journal of Sports Sciences, 23* (6), 573–82.

Hoff, J., Wisløff, U., Engen, L., Kemi, O. & Helgerud, J. (2002). Soccer specific aerobic endurance training. *British Journal of Sports Medicine, 36*, 218–221.

Hoff, J. & Helgerud, J. (2004). Endurance and strength training for soccer players: Physiological considerations. *Sports Medicine, 34* (3), 165–180.

Hoff, J., Kähler, N. & Helgerud, J. (2006). Training sowie Ausdauer und Krafttests von professionellen Fußball-Spielern. *Deutsche Zeitschrift für Sportmedizin, 57* (5), 116–124.

Hoff, J. & Helgerud, J. (2004). Endurance and strength training for soccer players. Physiological considerations. *Sports Medicine, 34*, 165–180.

Hohmann, A. (2001). Leistungsdiagostische Kriterien sportlichen Talents. *Leistungssport, 31*, 14–22.

Hohmann, A., Lames, M. & Letzelter, M. (2002). *Einführung in die Trainingswissenschaft.* Wiebelsheim: Limpert Verlag.

Hossner, E. J. (1995). *Module der Motorik.* Schorndorf: Hofmann.

Hottenrott, H. & Neumann, G. (2010). Ist das Superkompensationsmodell noch aktuell? *Leistungssport, 40* (2), 13–19.

Hotze, N. (2014). "Hier schießt niemand aus der Hüfte". Borussia. *Das Mitgliedermagazin, 81,* 62–65.

Hyballa, P. & te Poel, H.-D. (2015). *Modernes Passspiel.* Aachen: Meyer & Meyer. 3. Auflage.

Hyballa, P. & te Poel, H.-D. (2013). *Mythos niederländischer Nachwuchsfußball.* Aachen: Meyer & Meyer. 2. Auflage.

Iaia, F. M., Rampinini, E. & Bangsbo, J. (2009). High-intensity training in football. *International Journal Sports Physiology Performance, 4*, 291–306.

Ingendaay, P. (24.03.2015). Zerfallene Schönheit: Suárez erledigt Real. *Frankfurter Allgemeine Zeitung, 70,* 27.

Issurin, V. B. (2013). Training transfer: Scientific background and insights for practical application. *Sports Medicine, 43* (8), 675–697.

Issurin, W. (2003). Aspekte der kurzfristigen Planung im Konzept der Blockstruktur. *Leistungssport, 5,* 41–44.

Issurin, W. & Shkliar, W. (2002). Zur Konzeption der Blockstruktur im Training von Hochklassifizierten. *Leistungssport, 6,* 42–45.

Javanovic, M., Sporis, G., Omrcen, D. & Fiorenti, F. (2011). Effects of speed, agility and quickness training method on power performance in elite soccer players. *Journal of Strength and Conditioning Research, 25* (5), 1285–1292.

Kibler, WB., Press, J. & Sciascia, A. (2006). The role of core stability in athletic function. *Sports Med., 36* (3), 189–198.

Killing, W. (2008). *Leistungsreserve Springen.* Philippka Sportverlag: Münster.

Kindermann, W., Gabriel, H., Coen, B. & Urhausen, A. (1993). Sportmedizinische Leistungsdiagnostik im Fußball. *Deutsche Zeitschrift für Sportmedizin, 44* (6), 232-244.

Kleinöder, H. (2004). Kraft: Diagnostik und Training, Praxis-und Laborverfahren, isometrische, isokinetische und dynamische Diagnostik, Trainingsumsetzungen. In *Sport ist Spitze. Landesprogramm Talentsuche und Talentförderung. Ruhrolympiade* (58-65). Marl.

Kleinöder, H. (2009). Krafttraining in den Spielsportarten. In G. Neumann (Red.), *Talentdiagnose und Talentprognose im Nachwuchsleistungssport* (179-180). Köln: Sportverlag Strauß.

Kollath, E. (1996). *Bewegungsanalyse in den Sportspielen: Kinematisch-dynamische Untersuchungen mit Empfehlungen für die Praxis.* Köln: Sport und Buch Strauss.

Kollath, E., Merheim, G., Braunleder, A. & Kleinöder, H. (2006). Sprintschnelligkeit von jugendlichen Leistungs-Fußballspielern. *Leistungssport, 36* (3), 25-28

Kollath, E. & Buschmann, J. (2010). *Fußball Stabilisationstraining.* Meyer & Meyer Verlag: Aachen.

König, S., Memmert, D. & Moosmann, K. (Hgg.) (2012). *Das große Limpert-Buch der Sportspiele. Regeln, Technik und Spielformen von Mannschafts-und Rückschlagspielen.* Wiebelsheim: Limpert Verlag.

Kotzamanidis, C., Chatzopoulos, D., Michailidis, C., Papaiakovou, G. & Patikas, D. (2005). The effect of a combined high-intensity strength and speed training program on the running and jumping ability of soccer players. *J Strength Cond Res., 19* (2), 369-375.

Kröger, C. & Roth, K. (2014). *Koordinationsschulung im Kindes-und Jugendalter.* Hofmann-Verlag: Schorndorf.

Lames, M., Augste, C., Dreckmann, C., Görsdorf, K. & Schimanski, M. (2008). Der "Relative Age Effect" (RAE): neue Hausaufgaben für den Sport. *Leistungssport, 38* (6), 4-9.

La Torre, A., Vernillo, G., Rodigari, A., Maggioni, M. & Merati, G. (2007). Explosive strength in female 11-on-11 versus 7-on-7 soccer players. *Sport Science and Health, 2,* 80-84.

Lehmann, F. (1993). Schnelligkeitstraining im Sprint. *Leichtathletiktraining, 4* (5/6), 9-16.

Lemmink, K. A. P. M., Verheijen, R. & Visscher, C. (2004). The discriminative power of the Interval Shuttle Run Test and the Maximal Multistage Shuttle Run Test for playing level of soccer. *Journal of Sports Medicine and Physical Fitness, 44* (3), 233-239.

Little, T. (2014). Der Fitness-Trainer muss den Fußball kennen! *fussballtraining, 32* (1+2), 62-64.

Little, T. (2009). Optimizing the use of soccer drills for physiological development. *Strength and Conditioning Journal, 31* (3), 67-74.

Lockie, R. G., Murphy, A. J., Schultz, A. B., Knight, T. J. & Janse de Jonge, X. A. K. (2012).

The effects of different speed training protocols on sprint acceleration kinematics and muscle strength and power in field sport athletes. *Journal of Strength and Conditioning Research, 26* (6), 1539-1550.

Lopez-Segovia, M., Palao Andrés, J. M. & Gonzáles-Badillo, J. J. (2010). Effect of 4 month of training on aerobic power, strength and acceleration in two under-19 soccer teams. *Journal of Strength and Conditioning Research, 24* (10), 2705-2714.

Lottermann, St., Laudenklos, P. & Friedrich, A. (2003). Techniktraining-mehr als reine Ballarbeit. Ein Testverfahren zur Diagnostik technisch-koordinativer Fähigkeiten. *fussballtraining, 4,* 6-15.

Löw, J. (22.12.2014). "Es gibt keinen Fluch des Titels. Dieser WM-Titel steht." *kicker, 104,* 8-13.

Lüchtenberg, D. & Görgner, C. (2010). *Perfektes Krafttraining mit der SAK-Methode.* Stuttgart: Pietsch Verlag.

Lühnenschloss, D. & Diercks, B. (2005). *Schnelligkeit.* Schorndorf: Verlag Karl Hofmann.

Lutz, H. (2010). *Besser Fußball spielen mit Life Kinetik®.* München: BLV Buchverlag.

Magnusson, P., Simonsen, E., Henriksorenson, P. & Kjaer, M. (1996). A mechanism for altered flexibility in human skeletal muscle. *Journal Physiology, 497* (1), 291-298.

Mandelbaum, B. R., Silvers, H. J., Watanabe, D. S., Knarr, J. F., Thomas, S. D., Griffin, L. Y., Kirkendall, D. T & Garrett, W. Jr. (2005). Effectiveness of a neuromuscular and proprioceptive training program in preventing anterior cruciate ligament injuries in female athletes: 2-year follow up. *Am J Sports Med, 33*, 1003-1010.

Mann, R. (1999). Biomechanische Grundlagen des Kurzsprints. *Leichtathletiktraining, 10* (2), 24-31.

Martin, D., Nicolaus, J., Ostrowski, Ch. & Rost, K., (1999). *Handbuch Kinderund Jugendtraining.* Schorndorf: Hofmann.

Masuda, K., Kikuhara, N., Demura, S., Katsuta, S. & Yamanaka, K. (2005). Relationship between muscle strength in various isokinetic movements and kick performance among soccer players. *J Sports Med Phys Fitness, 45* (1), 44-52.

Matwejew, L. P. (1972). *Periodisierung des sportlichen Trainings.* Berlin: Bartels & Wernitz.

Matwejew, L. P. (1981). *Grundlagen des sportlichen Trainings.* Berlin.

McGill, S. M., Childs, A. & Liebenson, C. (1999). Endurance time for low back stabilization exercises: Clinical targets for testing and training from a normal database. *Arch. Phys. Med Rehabil., 80,* 941-944.

McGill, S. M. (2002). *Low back disorders. Evidence-based prevention and rehabilitation.* Champain (IL): Human-Kinetics.

McKeon, P. O., Ingersoll, C. D., Kerrigan, D. C., Saliba, E., Benett, B. C. & Hertel J. (2008). Balance training improves functional and postural contol in those with chronic ankle instability. *Med Sci Sports Exerc, 40*, 1810-1819.

Meier, H. (2011). Möglichkeiten des sensomotorischen Trainings-Slacklinetraining. *Leistungssport, 41* (5), 42-45.

Memmert, D. & Roth, K. (2003). Individualtaktische Leistungsdiagnostik im Sportspiel. *Spectrum der Sportwissenschaften, 15*, 44-70.

Memmert, D., Strauss, B. & Theweleit, D. (2013). Der Fußball-die Wahrheit. München: Süddeutsche Zeitung Edition.

Mester, J. & Kleinöder, H. (2008). Kraftstatus und Trainierbarkeit im Nachwuchsbereich. In Schriftenreihe des Bundesinstituts für Sportwissenschaft (Hrsg.) *Krafttraining im Nachwuchsleistungssport*. (S. 27-48). Leipziger Verlagsanstalt: Leipzig.

Meyer, T., Coen, B., Urhausen, A., Wilking, P., Honorio, S. & Kindermann, W. (2005). Konditionelles Profil jugendlicher Fußballspieler. *Deutsche Zeitschrift für Sportmedizin, 56*, 1, 20-25.

Meyer, T. & Faude, O. (2006). Feldtests im Fußball. *Deutsche Zeitschrift für Sportmedizin, 57* (5), 147-148.

Miller, F. P., Vandome, A. F. & McBrewster, J. (Hrsg.). (2010). *Pyramide Des Besoins de Maslow*. Alphascript Publishing.

Müller-Wolfarth, H.-W. & Schmidtlein, O. (2007). *Besser Trainieren!* München: Zabert Sandmann Verlag.

Myer, G. D., Paterno, M. V., Ford, K. R. & Hewett, T. E. (2008). Neuromuscular training techniques to target deficits before return to sport after anterior cruciate ligament reconstruction. *Journal Strength Cond Res., 22* (3), 987-1014.

Myer, G. D., Brent, J. L., Ford, K. R. & Hewett, T. E. (2008). A pilot study to determine the effect of trunk and hip focussed neuromuscular training on hip and knee isokinetic strength. *British Journal of Sports Medicine, 42*, 614-619.

Naul, R., Hoffmann, D., Nupponen, H. & Telama, R. (2003). PISA-Schock auch im Schulsport? Wie fit sind finnische und deutsche Jugendliche? *Sportunterricht, 52*, (5), 137-141.

Neumaier, A. & Mechling, H. (1999). *Koordinatives Anforderungsprofil und Koordinationstraining*. Köln: Sport & Buch Strauß.

Neumann, G. (2009). *Talentdiagnose und Talentprognose im Nachwuchsleistungssport*. 2. BISP-Symposium: Theorie trifft Praxis. Bonn.

Newman, M. A., Tarpenning, K. M. & Marino, F. E. (2004). Relationships between isokinetic knee strength, single-sprint performance, and repeated-sprint ability in football players. *J Strength Cond Res., 18*, (4), 867-72.

Ohlert, J. & Kleinert, J. (2014). Entwicklungsaufgaben jugendlicher Elite-Handballerinnen und-Handballer. *Zeitschrift für Sportpsychologie, 21*, (4), 161-172.

Oltmanns, K. (2009). *Gymnastik für das Aufwärmen*. Münster: Philippka Sportverlag.

Oltmanns, K. (2009b). *Sprungkraft systematisch aufbauen*. Münster: Philippka

Sportverlag.

Paradisis, G. P & Cooke, C. B (1996). The effects of combined uphill downhill training on sprint performance. *Journal Sport Science. 14*, 96.

Patra, S. (2011). Mit Power in die Rückrunde. *Fußballtraining, 29* (1+2), 70–83.

Pfaff, E. (2013). "Das Wichtigste war und ist, dass wir immer auf Augenhöhe agiert haben." Interview mit Holger Geschwindner in *Leistungssport, 3*, 49–53.

Pfeifer, K., Bös., Tittlbach, S., Stoll, O. & Woll, A. (2001). Motorische Funktionstests. In Bös, K. (Hrsg.), *Handbuch Motorische Tests.* (209–251). Hogrefe-Verlag: Göttingen.

Pieper, S. & Kleinöder, H. (2006). *Testverfahren zur Messung von Schnelligkeits-und Kraftfähigkeiten der Beine.* o. O. und Verlag.

Raab, M. (2000). *SMART. Techniken des Taktiktrainings–Taktiken des Techniktrainings.* Köln: Sport und Buch Strauß.

Redenius-Heber, J. & Weist, G. (2005). *Diagnostik von Defiziten in den koordinativen Komponenten elementarer Fertigkeiten im Sportspiel Fußball.* Unveröffentlichte Diplomarbeit, Paderborn, Universität.

Reinhold, T. (2008). *Leistungsdiagnostik im Fußball.* Saarbrücken: VDM Verlag Dr. Müller.

Richardson, C., Jull, G., Hodges, P. & Hides, J. (1999). *Therapeutic exercise for spinal segmental stabilization in low back pain: Scientific basis and clinical approach.* Edinburgh (NY): Churchill Livingstone.

Riegler, L. & Stöggl, T. (2014). Effizienzuntersuchung eines sechswöchigen Rumpfk-rafttrainings. Vergleich von Sling-Training und konventionellem Rumpfkrafttraining. *Leistungssport, 44* (1), 20–23.

Ronnestad, B. R., Kvamme, N. H., Sunde, A. & Raastad, T. (2008). Short-term effects of strength and plyometric training on sprint and jump performance in professional soccer players. *Journal of Strength and Conditioning Research, 22* (3), 773–780.

Ronnestad, B. R., Nymark, B. S. & Raastad, T. (2011). Effects of in-season strength maintenance training frequency in professional soccer players. *Journal of Strength and Conditioning Research, 25* (10), 2653–2660.

Roth, K. (1996). *Techniktraining im Spitzensport.* Köln, Sport und Buch Strauß.

Roth, K. (2005). Koordinationstraining. In A. Hohmann, M. Kolb & K. Roth (Hrsg.). *Handbuch Sportspiel* (327–334). Schorndorf: Verlag Karl Hofmann.

Roth, K. (2005). Techniktraining. In A. Hohmann, M. Kolb & K. Roth (Hrsg.). *Handbuch Sportspiel* (335–341). Schorndorf: Verlag Karl Hofmann,

Roth, K., Memmert, D. & Schubert, R. (2006). *Ballschule Wurfspiele.* Schorndorf: Hofmann.

Roth, K. & Kröger, Ch. (2011). *Ballschule. Ein ABC für Spielanfänger.* Schorndorf: Hofmann-Verlag.

Roth, K., Damm, T., Pieper, M. & Roth, C. (2013). *Ballschule in der Primarstufe.* Schorndorf: Hofmann.

Roth, K., Damm, T., Memmert, D. & Althoff, T. (2014). *Ballschule Torschussspiele*. Schorndorf: Hofmann.

Roth, K., Roth, C. & Hegar, U. (2014). *Mini-Ballschule. Das ABC des Spielens für Klein-und Vorschulkinder*. Schorndorf: Hofmann-Verlag.

Rowland, T. W. (2004). *Children's exercise physiology*. Champaign: Human Kinetics.

Sadres, E., Eliakim, A., Constantini, N., Lidor, R. & Falk, B. (2001). The effect of long-term resistance training on anthropometric measures, muscle strength, and self concept in pre-pubertal boys. *Ped Exerc Sci 13*, 357-372.

Sahin, H. (09.03.2015). "Die Defensive ist meine Stärke". *kicker, 22,* 18-19.

Sander, A., Keiner, M., Wirth, K. & Schmidtbleicher, D. (2012). Entwicklung von Sprintleistungen durch ein Krafttraining im Nachwuchsleistungssport Fußball. *Spectrum der Sportwissenschaften, 24* (2), 28-46.

Sander, A., Keiner, M., Wirth, K. & Schmidtbleicher, D. (2013). Leistungsunterschiede im schnellen und langsamen Dehnungs-Verkürzungszyklus bei Fußballspielern in Abhängigkeit von Alter und Spielklasse. *Leistungssport, 43* (4), 24-28.

Schiffers, M. (2014). Die Körpermitte mit dem Deuserband stark machen! Trainingsprogramm zur Verbesserung der Rumpfkraft. *fussballtraining, 32* (1+2), 66-75.

Schurr, S. (2014). *Trainingsplanung und-steuerung im Ausdauersport. Block-und klassische Periodisierung als alternative Planungsmodelle?!* Norderstedt: Books on Demand.

Schlumberger, A. (2006). Sprint-und Sprungkrafttraining bei Fußballspielern. *Deutsche Zeitschrift für Sportmedizin, 57* (5), 125-131.

Schlumberger, A. (2010). *Fitnesstraining bei den DFB-Junioren*. PPP-Vortrag im Rahmen der BDFL-Fortbildung der Verbandsgruppe Westfalen vom 26. April in der Sport-Centrum Kaiserau.

Schmidtbleicher, D. (1984). *Sportliches Krafttraining und motorische Grundlagenforschung*. Heidelberg.

Schmitt, H. (2013). Prävention und Therapie typischer Verletzungen und Überlastungsbeschwerden bei männlichen Fußballspielern. *Deutsche Zeitschrift für Sportmedizin, 64,* (1), 18-27.

Schöllhorn, W. I., Sechelmann, M., Trockel, M, & Westers, R. (2006). Nie das Richtige trainieren, um richtig zu spielen. *Leistungssport, 5,* 13-17.

Schöllhorn, W. I. (2003). *Eine Sprint-und Laufschule für alle Sportarten*. Aachen: Meyer & Meyer Verlag.

Schöllhorn, W. I., Hegen, P. & Eckhoff, A. (2014). Differenzielles Lernen und andere motorische Lerntheorien. *Spektrum der Sportwissenschaften, 2,* 35-55.

Siegle, M., Geisel, M. & Lames, M. (2012). Zur Aussagekraft von Positions-und Geschwindigkeitsdaten im Fußball. *Deutsche Zeitschrift für Sportmedizin, 63*, 278-282.

Silvestre, R., Kraemer, W. J., West, C., Judelson, D. A., Spiering, B. A., Vingren, J. L., Hatfiled, D. L., Anderson, J. M. & Maresh, C. M. (2006). Body composition and physical performance during a national collegiate athetic association division I men's soccer season. *Journal of Strength and Conditioning Research, 20* (4), 962-970.

Singh, A., Voigt, L. & Hohmann, A. (2015). Konzepte erfolgreichen Nachwuchstrainings (KerN). *Leistungssport, 2,* 11-16

Souid, K. (2011). *Zum Einfluss von Muskelkraft, Beweglichkeit und Schnelligkeit sowie neuromuskulärer Koordinationsfähigkeit auf die Verletzungsanfälligkeit des Gelenkes. – Grundlagen zu präventiven Maßnahmen im Elitefußball.* Dissertation am Institut für Biomechanik und Orthopädie der Deutschen Sporthochschule Köln.

Sperlich, B. (2013). HIT-derzeit DIE Methode im Fußball-Fintnesstraining. *fussball-training, 31* (6+7), 20-22.

Sperlich, B., Hoppe, M. W. & Haegele, M. (2013). Ausdauertraining-Dauermethode versus intensive Intervallmethode im Fußball. *Deutsche Zeitschrift für Sportmedizin, 64* (1), 10-17.

Sperlich, B., Eder, F., Broich, H., Krüger, M., Zinner, C. & Mester J. (2010). Vergleich von intensivem Intervalltraining vs. umfangsbetontem Ausdauertraining in der Vorbereitungsphase im U14-Fussball. *Schweizerische Zeitschrift für "Sportmedizin und Sporttraumatologie", 58* (4), 120-124.

Steinhöfer, D. (2003). *Grundlagen des Athletiktrainings.* Münster: Philippka-Sportverlag.

Steinhöfer, D. (2008). *Athletiktraining im Sportspiel.* Münster: Philippka-Sportverlag.

Steinhöfer, D. (2014). Langhanteltraining im Leistungssport ist kein Gewichtheben. *Leistungssport, 44* (1), 14-19.

Stigelbauer, R. (2010). *Spezielles Ausdauertraining im Fußballsport. High Intensity Training in Form von Kleinfeldspielen zur Entwicklung der maximalen Sauerstoffaufnahme.* VDM Verlag Dr. Müller AG & Co. KG: Saarbrücken.

Stöggl, T., Stiegelbauer, R., Sageder, T. und Müller, E. (2010). Hochintensives Intervall-(HIT) und Schnelligkeitstraining im Fußball. *Leistungssport, 40* (5), 43-49.

Stöggl, T. & Sperlich, B. (2014). Polarized training has greater impact on key endurance variables than treshold, high intensity, or high volume training.

Swiss Olympic (2003). Manual Swiss Olympic. *Qualitätsentwicklung Sportmed Swiss Olympic, Leistungsdiagnostik Kraft, Version 2.0.*

Stolen, T., Chamari, K., Castagna, C. & Wisloff, U. (2005). Physiology of soccer. An update. *Journal of Sports Medicine, 35,* 501-536.

Szymanski, B. (1997). *Techniktraining in den Sportspielen-bewegungszentriert oder situationsbezogen?* Hamburg, Czwalina.

Taube, W. (2012). Neurophysiological adaptions in response to balance training. *German Journal of Sports Medicine, 63* (9), 163-167.

te Poel, H.-D./Herborn, D. (2015). Faire Zweikampf-und Körperschulung. Fußballeinmal (ganz) anders! In: *sportunterricht. Lehrhilfen für den Sportunterricht*, 64. Jg., H.11, 9-14.

te Poel, H.-D. & Hyballa, P. (2015). *Modernes Passspiel international.* Aachen: Meyer & Meyer Verlag.

te Poel, H.-D. & Hyballa, P. (2011). Wenn das Fußballtalent im Mathematikunterricht an den Doppelpass denkt! Wechselwirkungen zwischen Schule und Fußball im Leben eines zukünftigen Nationalspielers. *Leistungssport, 4*, 33-38.

te Poel, H.-D. & Eisfeld, H. (1987a). Verbesserung der Schnelligkeit im Fußball. 1. Teil: Vorbemerkungen und Trainingseinheit zur Verbesserung der Koordination (ohne Ball). *fußballtraining, 5* (11), 3-10.

te Poel, H.-D. & Eisfeld, H. (1987b). Verbesserung der Schnelligkeit im Fußball. 2. Teil: Vorbemerkungen und zwei Trainingseinheiten zur (1) Verbesserung des Start- und Reaktionsvermögens (ohne Ball) und zum (2) Schnelligkeitstraining mit Ball. *fußballtraining, 5* (12), 31-35.

te Poel, H.-D. & Eisfeld, H. (1988). Verbesserung der Schnelligkeit im Fußball. 3. Teil: Allgemeine Vorbemerkungen zum Krafttraining im Fußball und Trainingseinheit zur Verbesserung der Sprint-/Startkraft. *fußballtraining, 6* (1), 21-28.

Timmermanns, W. (2010). *Injury prevention and strength training in soccer by mobility and flexibility.* DVD: Act2Prevent.

Tossavainen, M. (2004). *Testing athletic performance in team and power sports.* Oulu.

Ullrich, B., Alexander, N., Stening, J., Felder, H. & Hökelmann, A. (2014). Veränderungen der Ermüdungswiderstandsfähigkeit der Rumpfmuskulatur als Folge einer 10-wöchigen kraftausdauerorientierten Trainingsintervention bei Nachwuchsathleten. *Leistungssport, 44* (3), 12-24.

Ülsmann, T. (2012). *Konditionstraining für Fußballer.* Meyer & Meyer Verlag: Aachen.

Universitair Centrum Pro Motion Groningen. (2009). *Intervall Shuttle Run Test (ISRT).* Leer.

Valdez, N. (23.02.2015). "Schaaf ist jetzt ein anderer Mensch". *kicker, 18*, 78-79.

van Lingen, B. & Pauw, V. (1999/2000). Das Trainieren von Jugendfußballern. In R. Verheijen (Red.), *Handbuch Fussballkondition* (226-236). Leer: bfp Versand Anton Lindemann.

van Lingen, B. (2001). *Coachen van jeugdvoetballers.* Zeist: KNVB.

Verheijen, R. (Red.). (1999/2000). *Handbuch Fußballkondition.* Leer: bfp Versand Anton Lindemann.

Verheijen, R. (2009a). Warum die Russen so fit waren. *fußballtraining, 27* (1+2), 26-32.

Verheijen, R. (2009b). Trainieren Sie traditionell oder richtig? *fußballtraining, 27* (10), 6-14.

Verstegen, M. & Williams, P. (2006). *Core-Performance.* München: Riva Verlag.

Voss, G. & Witt, M. (1998). Bewegungsgesteuerte Neuromuskuläre Stimulation-BNS.

Leistungssport, 28 (1), 43–47.

Voss, G., Witt, M. & Werthner, R. (2007). *Herausforderung Schnelligkeitstraining.* Aachen: Meyer & Meyer-Verlag.

Wegmann, G. (2012). *Dehnen und Kräftigen für Fußballspieler. 51 Schulungsfilme zur Optimierung der körperlichen Voraussetzungen.* DVD: ohne Verlag und Ort.

Weineck, J. (2004). *Optimales Fußballtraining.* Balingen: Spitta-Verlag.

Weineck, J. (2007). *Optimales Training.* Balingen: Spitta-Verlag.

Weineck, J., Memmert, D. & Uhing, M. (2012). *Optimales Koordinationstraining im Fußball. Sportwissenschaftliche Grundlagen und ihre praktische Umsetzung.* Balingen: Spitta-Verlag.

Williams, A. M., Lee, D. & Reilly, T. (2000). Talent identification and development in soccer. *Journal of Sport Science, 18,* 657–667.

Wienecke, E. (2007). *FIT Gewinnt. Ran an die Leistungsreserven von Fußballern.* Münster: philippka.

Wild, K. (3.11.2014). Mission Messi. *Kicker, 90,* 8–11.

Wirth, A., Bob, A., Müller, S. & Schmidtbleicher, D. (2011). Vergleich unterschiedlicher Belastungsintensitäten zur Steigerung der Schnellkraft. *Leistungssport, 41* (1), 36–42.

Wirth, A., Schlumberger, A., Zawieja, M. & Hartmann, H. (2012). *Krafttraining im Leistungssport. Theoretische und praktische Grundlagen für Trainer und Athleten.* Köln: Sportverlag Strauß.

Wisloff, U., Castagna, C., Helgerud, J., Jones, R. & Hoff, J. (2004). Strong correlation of maximal squat strength with sprint performance and vertical jump height in elite soccer players. *British Journal of Sports Medicine, 38,* 285–288.

Wollny, R. (2002). *Motorische Entwicklung in der Lebensspanne.* Schorndorf: Hofmann.

Young, W.-B., McDowell M.-H. & Scarlett B.-J. (2001). Specificity of sprint and agility training methods. *Journal of Strength and Conditioning Research, 15,* 315–319.

Young, W.-B., James, R. & Montgomery, I. (2002). Is muscle power related to running speed with changes of direction? *Journal of Sports Medicine and Physical Fitness, 42,* 282–288.

Zafeiridis, A., Saraslanidis, P., Manou, V., Ioakimidis, P., Dipla, K. & Kellis, S. (2005) The effects of resisted sled-pulling sprint training on acceleration and maximum speed performance. *Journal Sports Medicine Physical Fitness. 45,* 284–290.

Zatciorsky, V. M. (1996). *Krafttraining. Praxis und Wissenschaft.* Aachen: Meyer & Meyer.

Zawieja, M. (2008). *Leistungsreserve Hanteltraining. Handbuch des Gewichthebens für alle Sportarten.* Münster: Philippka Sportverlag.

Zawieja, M. & Oltmanns, K. (2011). *Kinder lernen Krafttraining.* Münster: Philippka Sportverlag.

Zitouni, M. (13.10.2014). Hart am Limit. *kicker (84),* 12–13.

译者简介

曹晓东

中国体育科学学会体能分会委员、职业足球俱乐部青训体能总监和体能教练、中国足协体能讲师；美国国家体能协会认证体能教练（CSCS）；作为球队体能教练，所属球队获得2015年第一届全国青年运动会男子足球甲组冠军，并于2013年及2017年连续获得第12届和第13届全国运动会男子足球甲组冠军；作为体能教练、科研教练，工作于国家奥林匹克足球队、国家女子足球队、国家U22和U19男子足球队、国家女子足球青年队及多家中超俱乐部，参加了奥运会、世青赛、亚洲杯、亚运会、中超联赛、全运会等国内外赛事；近年来参与翻译了《足球与科学》《足球实战训练》《周期训练理论与方法（第6版）》《动中觉察》等图书；参与编写了《青少年运动员身体训练》《高水平足球运动员体能训练》《足球运动训练与比赛监控的理论及实证》等图书。

张杰

美国国家体能协会认证体能教练；曾担任全国运动会上海男子足球队体能教练、中国足球协会（青岛）青训中心体能教练、辽宁宏运和内蒙古中优等职业足球俱乐部一线队体能教练。

谭智元

上海体育学院在读硕士研究生。

鸣谢

封面设计：克劳迪娅·萨基（Claudia Sakyi）

封面照片：© Imago/Sportfotodienst

编辑：伊丽莎白·埃文斯（Elizabeth Evans）

构图：克劳迪娅·萨基（Claudia Sakyi）

内文版式：克劳迪娅·萨基（Claudia Sakyi）

护封照片：©Thinkstock/iStock/ingram_publishing

内文照片：特奥·特明克（Theo Temmink）、哈利·多斯特和汉斯－迪特尔·波尔

©picture-alliance：第41、77、81、87、119、135、325、374、375页

特温特足球俱乐部和赫拉克莱斯足球俱乐部青年队球员

第16章：埃迪·帕斯维尔使用Vario弹力带进行专业的守门员训练

第16章的16.2.6部分：德国科隆体育大学体育科学学士爱德华·费尔德布施（Eduard Feldbusch）使用壶铃进行个人训练。

第16章的16.2.7部分：北卡罗来纳州立大学最佳新人阵容入选人朱利叶斯·杜其夏尔（Julius Duchscherer）使用悬吊带进行个人训练。